ON THE
BASIS *of* SEX

ARMIE HAMMER　　JUSTIN THEROUX　　*with* SAM WATERSTON　　*and* KATHY BATES

JN118488

ビリーブ
未来への大逆転

R.I.P. R.B.G. 1933-2020

アメリカ社会を変えた
女性最高判事 RBG

> 私の夢は、社会のあらゆる階層で男性と女性が真の意味でパートナーとなり、
> 今よりも暮らしやすい世界が実現することです。
>
> （『ルース・ベイダー・ギンズバーグ』ジェフ・ブラックウェル&ルース・ホブデイ編 . 橋本恵訳 . あすなろ書房 , 2020. 7 頁）

　　ルース・ベイダー・ギンズバーグ（1933-2020）はアメリカの法学者、弁護士、そしてアメリカ合衆国連邦最高裁判事である。彼女はニューヨーク市ブルックリンで、ユダヤ系アメリカ人の両親の元で生まれ育った。父親はウクライナ人移民、そして母親はオーストリア人移民の家系である。本作でも随所で議論される通り、彼女が子どもの頃は、弁護士や陪審員はおろか、医者、警察官、兵士、消防士、パイロットなどほとんどの職業が男性に限られ、女性にはふさわしくないと当然のように考えられていた。ルースの母親は教育熱心で、娘に自立心をもった女性になってほしいと願っていた。ルースもまた、母親から人のために尽くす人になりなさいと教えられ、当時から人々の生活を変えるために何かしたいと考えていた。コーネル大学入学後、共産主義者を摘発する赤狩りによって憲法修正第一項「言論の自由」が守られていないことを知り、弁護士になる決意をしたのはもはや必然とも言えよう。

　　しかし、彼女がすぐさま弁護士への道を歩み始めたわけではない。卒業と同時に結婚した同窓のマーティン・ギンズバーグはハーバード法科大学院に進学したが、ルースは娘ジェーンを出産したからだ。出産後、子育てと弁護士になる夢の両立に悩んでいる時、義父から貴重なアドバイスをもらう。「本気で弁護士になりたいなら、自己憐憫はやめて奮起すればきっと道は見つかる」と。この助言を受けて出産の翌年、彼女も同大学院に進学する。その後、人生のあらゆる転機でこの助言を自分自身に問いかけながら前に進んだ。ちなみに彼女はもう一つ有意義な助言を義母からもらっている。それは、結婚式の日に教わった幸せな結婚の秘訣である。「時々耳が遠いふりをするといい」 ── この助言は、彼女の結婚生活のみならず、最高裁判所という職場で意地悪や無神経なことを言われた時、めげずに無視することに大いに役立ったのである。

　　夫が卒業後、ニューヨークで職を得たことを機に、ルースはコロンビア法科大学院に転学し、1959 年に首席で卒業した。だが当時、法律事務所は男性のみを採用していたこと、さらに、ユダヤ人、女性、母親であることから、彼女はなんと 12 社に断られたと本作品で語られている。しかし実際には彼女は実に 40 社以上に断られたのである。作品で

は印象が和らげられているが、たとえ優秀であっても、当時女性が職業に就くことがいかに困難であったかを物語っている。彼女は連邦地裁判事のロー・クラークを経て、1963年にラトガーズ法科大学院に職を得る。本作品においても、弁護士になれない彼女はラトガーズ法科大学院に教職を得たと語られる。このように事実と芸術性を巧みに融合させ、力強いものとなっているのも本作品の魅力の一つである。そして、彼女は1972年にコロンビア法科大学院で女性として初の終身在職権のある教授に就任した。

そんな1960〜1970年代は女性たちが男性と同等の権利を求めて運動を展開し、それまで男性に限られていた職業や学校への進出を求め始めた時代である。ルースの世代はさまざまな規制を強いられ、また受け入れてきたが、時代の変化を受け、彼女も法曹界での闘いを開始する。まさに本作が描く弁護士ルースの誕生である。彼女は社会が進化していても、時代遅れの法律が女性たちの才能と機会を阻んでいることが分かっていた。1960年代初めに、彼女はスウェーデンの司法制度について本を執筆し、それを機に法律を男女平等の市民権を推進する手段とみなすようになっていた。1964年の公民権法で、人種とともに性別による雇用差別が禁止され、1971年にルースはアメリカ自由人権協会（ACLU）に協力し、女性の権利プロ

ジェクトを立ち上げる。彼女はその後、5年間で顧問弁護士として6件最高裁で弁論し、5件に勝訴している。ルースが上告趣意書の執筆者の1人として引き出した歴史的な判決の一つが、作中でも言及されるリード対リード訴訟の連邦最高裁判決である。アメリカ史において約130年間、女性は有権者とされず（選挙権の性差別禁止条項成立は1920年）、その後50年間男性に付与されている権利を女性に与えないことも許容されるというのが支配的法理であった。しかしリード連邦最高裁判決で、遺産執行者の資格として男性を優遇するアイダホ州法は違憲とし、連邦最高裁史上初めて性に基づく区別が憲法違反とされた。

1980年、ルースはカーター大統領によりコロンビア特別区巡回区控訴裁判所判事に指名され、以後、彼女は弁護士として弁論するのではなく、判事席から正義のために法廷意見を陳述する立場になった。1993年クリントン大統領により合衆国最高裁判所判事に指名され、上院で96-3の賛成を獲得すると、サンドラ・デイ・オコナー（1930-）に次いで女性として史上二人目、さらには1969年にフォータス判事が辞任して以来初めてのユダヤ系合衆国最高裁判事となったのである。進歩派（リベラル派）として、彼女は女性の権利と社会的平等を一貫して擁護しながら、最高裁の役割として憲法的価値を中核とし人々の自由と平等

をより実現化することを目指した。

　率直に発言するルースは子ども向けの絵本やマグカップなどのグッズに描かれ、パロディ番組などのポップカルチャーで数多く取り上げられるようになる。アメリカのラッパーのノートリアス B.I.G. をもじった『ノートリアス R.B.G.』(notorious: 悪名高き) というタイトルのブログでも親しまれていた。2018 年にはドキュメンタリー映画『RBG 最強の 85 歳 (原題 *RBG*)』が CNN フィルムズにより制作され、アカデミー賞にノミネートされた。

　男女同権と公民権への貢献で彼女はサーグッド・マーシャル賞を受賞し、ハーバード大学、エール大学、プリンストン大学、コロンビア大学、スウェーデンのルンド大学を含む多数の大学から名誉法学博士号を授与されている。2002 年に全米女性の殿堂入りをし、2004 年にフォーブス誌から「世界でもっとも影響力のある 100 人の女性」、2015 年にタイム誌から「世界でもっとも影響力のある 100 人」のひとりに選ばれた。

　2010 年にジョン・ポール・スティーブンス判事が引退後、最高齢の連邦最高裁判事となったルースは生涯現役を貫き、2020 年 9 月 18 日 87 歳で多くの人々に惜しまれながら、2010 年に他界した「最高の支援者」であった夫の元へ旅立った。

武藤美代子 (愛知教育大学)

女性の権利、平等と
公民権獲得に立ち向かった
女性活動家たち

　2020 年 9 月 18 日、RBG の名で親しまれたアメリカ合衆国最高裁判事のルース・ベイダー・ギンズバーグ（以下ルース）が、87 歳で人生の幕を閉じた。アメリカで歴代 2 人目の女性判事で、リベラル派の代表格であり、弁護士として性差別撤廃の訴訟を数多く手がけ勝訴に導いた人物である。くしくも彼女が亡くなったのは、1920 年 8 月 26 日にアメリカ合衆国憲法修正第 19 条で、性別を理由に市民の投票権を否定することが禁じられ、女性の参政権が正式に認められた女性参政権 100 周年の年であった。

　ルースが性差別の撤廃、平等と公民権の獲得を求めて闘う 100 年以上も前に、性差による不平等さに不満を抱き、女性の権利と地位向上を求める活動はすでに始まっていた。社会改革のために運動を推し進めたくとも女性であることが足枷となることに苛立ちを感じ、既婚女性の法的権利の不在を疑問視し

た人々や奴隷制に反対する者らが立ち上がり、1848 年にニューヨーク州のセネカ・フォールズで女性運動の出発点となる会議が開かれた。この最初の女性の権利獲得のための大会を招集した 5 人のうちの 1 人は、女性参政権運動のパイオニアと呼ばれたエリザベス・キャディ・スタントン（1815-1902）であった。社会改革運動を進めていった白人の中産階級の女性らの中には、女性であるが故に政治、法律、教育、職業選択の機会をはじめ多岐にわたり不平等を被っていると感じていた者もいた。女性参政権実現に向けての運動が始まり、その後多くの女性活動家らの努力によって 1920 年にようやく女性に参政権が与えられたのである。

　白人女性らが中心に始まった女性運動に、のちに別の側面から新たな力が加わる。女性という不利な立場に加え、黒人であるが故に不平等な扱いを受けながらも、それに屈せず活躍した黒人

の女性活動家がいた。その存在を紹介したい。ルースは、ユダヤ系アメリカ人で、彼女が生まれ育った当時の社会は、ユダヤ系に対する偏見や差別があった。しかしながら、白人から黒人への差別や不当な扱いは比べ物にならないほど激しく、眼に余るものがあった。それに不満を持った人々が差別撤廃のために立ち上がり、1950年代の公民権運動へと発展していった。この運動の先駆けとしての役割を果たしたと言っても過言ではないのが、教育者、公民権活動家、政治家として多大な功績を残したメアリー・マクロード・ベシューン（1875-1955）である。彼女は、サウスカロライナ州で元奴隷の両親の下に生まれ、黒人女性の自立を目

指した実務学校を、1904年にフロリダ州デイトナビーチで開いた。教育や産業面で活躍できるアフリカ系アメリカ人（黒人）女性を育成する目的で創られ、その後ベシューン・クックマン大学へと発展していった。大学は現在共学で、小規模の私立大学ながら教育、ビジネス、看護をはじめとする多様な専攻分野を学ぶことができる。学長を務めたベシューンは、教育者としてだけではなく黒人女性の地位向上にも積極的に関与し、「全米黒人女性協会」（NACW）の会長を務め、さらに、黒人女性団体の力を結集しようと「全国黒人女性会議」（NCNW）を結成した。
　アメリカは「自由と平等」の理念を掲げながらも、女性が選挙権を得るまで

の道のりは長く、また、女性が高等教育を受け、専門職や政治をはじめとする社会のあらゆる場面に進出するまでに時間を要した。それは、実に1970年代以降になってのことであった。この映画は、ルースが法科大学院で学んだ1950年代から弁護士・大学教員として教鞭を執った1970年代までを舞台としている。本作で描かれる通り、女性が弁護士となり要職に就くことや家庭を持つ女性の社会進出は容易ではなく、法的にも男女が不平等な時代であった。

セネカ・フォールズで女性運動が始まり、1920年に女性参政権が実現しても法律上女性には男性と同等の権利が長年認められていなかった。ルースをはじめ女性を差別する州法や連邦法に対する性差別撤廃に尽力した人々の努力により、法律上は男女平等の社会となった。とはいえ、アメリカには未だ女性大統領が誕生していない。ヒラリー・クリントンは2016年の大統領選でドナルド・トランプに敗れた後、支持者たちへ敗戦の弁を語った際に、自身が破ることのできなかった女性の社会進出を阻む「ガラスの天井」（glass ceiling）が、誰かが考えている以上に早く打ち破られることを望むと話した。

それから4年後、ルースが亡くなった約2か月後の2020年11月の大統領選で、民主党のジョー・バイデン元副大統領がトランプ大統領を破り、翌2021年1月20日に大統領に就任した。副大統領には、ジャマイカ系とインド系の両親を持つカマラ・ハリスが就任し、ここに女性初の副大統領が誕生した。バイデン政権ではジェンダーと人種の多様性が重視され、閣僚級ポストに就く女性は史上最多となり、女性初の財務長官としてジャネット・イエレンが、国家情報長官にはアブリル・ヘインズが起用された。

いつの日かガラスの天井が破られ女性大統領が誕生し、大企業に女性社長が就任するのが当たり前となるジェンダーレスな（男女の社会的な差がない）日が来るであろう。ルースもそう願いながら、亡くなるまで生涯現役を貫いていたのかもしれない。

杉浦恵美子（名城大学）

Felicity Jones
（フェリシティ・ジョーンズ）

1983 年 10 月 17 日イギリス・バーミンガム生まれ。12 歳で子役デビュー。映画のみならず、テレビ・ラジオ・舞台と幅広く活動する。オックスフォード大学在学中の学生演劇の巡演で日本を訪れたことも。スティーブン・ホーキング博士の半生を描いた『博士と彼女のセオリー』（2014）に出演し、アカデミー主演女優賞をはじめとする数々のノミネートを獲得。2016 年にはラングドン・シリーズ『インフェルノ』や、『スター・ウォーズ』のスピンオフ映画『ローグ・ワン』の主演に抜擢されるなど、話題と注目を集め、彼女の知名度を確実なものにした。2019 年には映画編集者の兄、アレックスと映画制作会社を立ち上げ、プロデューサーとしても活躍している。本作に出演するにあたり、ルース本人とも会った彼女は、ルースの訃報を聞き、"ルース・ベイダー・ギンズバーグは、私たちに希望をくれました。公正性と正義のために闘った公人です。その責任は気軽に負えるものではありません。この困難な時代における光の道しるべとしてだけではなく、彼女の切れ味鋭いウィットや、類稀なる人間性もまた、惜しまれることでしょう。彼女は私たち皆に多くのことを教えてくれました。私自身、彼女がもうこの世にいないことを心から寂しく思います。"と哀悼の言葉を送っている。

ON THE BASIS of SEX

Armie Hammer
（アーミー・ハマー）

1986 年 8 月 28 日ロサンゼルス生まれ。ロシア・ユダヤ・イギリス・スコットランド・アイルランド・ドイツなど様々な血を引いている。石油王である曽祖父と複数の会社を経営する父親がおり、両親からは彼もビジネスマンになることを期待されていたが、16 歳の時に高校を中退、芝居の道を志す。『ソーシャル・ネットワーク』（2010）での双子役が評価され、『ローン・レンジャー』（2013）ではジョニー・デップとダブル主演を果たした。『君の名前で僕を呼んで』（2017）ではゴールデン・グローブ賞にもノミネートされ、2020 年にはヒッチコック監督『レベッカ』（1940）のリメイク版に主演するなど話題作が続いている。

Ruth Bader Ginsburg
（ルース・ベイダー・ギンズバーグ）

1933 年 3 月 15 日ニューヨーク生まれ、2020 年 9 月 18 日没。"アメリカで最も尊敬された女性" ── クリントン政権時代に歴代 2 人目となる女性の米最高裁判事で、87 歳でその生涯を閉じるまで、現役であり続けた。憲法と権利、民主主義を守るため、少数派であっても反対意見を言い続ける彼女の姿勢は、若者たちから絶大な支持を集め、154 センチの小柄な体からゆっくりと力強く発せられる "I dissent.（反対します）" は、現代を象徴するフレーズとなった。若かりし日の彼女は本作で描かれている通りだが、彼女が人々に親しまれた理由は、彼女の揺るぎない信念や枯れない情熱だけではない。むしろその人間味にあるとも言える。彼女は高齢になってもなお、愛らしく、お茶目で、ユーモラスな女性であり続け、また、対立する保守派の判事とも敵視し合うのではなく、良好な関係を築けるバランス感覚を備えていた。

　本作のラストでも彼女の肉声が使われているが、ぜひ本作と合わせて、ルースを追ったドキュメンタリー映画『RBG 最強の 85 歳』（2018）などで、彼女の言葉をもっと聞いてみていただきたい。一言一句が追えなくとも、毅然とした彼女の声にきっと刺激を受けること請け合いだ。

Cast, Staff and RBG herself

Mimi Leder
（ミミ・レダー監督）

1952 年 1 月 26 日ニューヨーク生まれ。映画制作に携わっていた父親の影響で、幼少期より映画に親しんでいた。ベトナム戦争に反対する行進に参加したこともある。監督代表作『ディープ・インパクト』（1998）では、黒人俳優のモーガン・フリーマンをスタジオの「リアルではない」という反対意見を押し切り、米国大統領役に起用した。デヴィッド・リンチなどを輩出した米国の映画教育機関 AFI Conservatory の出身であるが、ちょうど本作で描かれるルースのように、彼女はこの学校に女性の入学が許された最初の世代である。本作について "特に女の子や若い女性に観てもらいたい。そして自分たちには無限の可能性があると気づいてもらいたい。" と語っている。

この映画の英語について

　法曹界と大学、どちらも高度な言語使用を専門とする世界である。そのどちらもを舞台とするこの作品の英語は、格式高く時に専門的でありながらも決して学習に不向きではない。以下、この映画の英語について、発音や語彙、表現に焦点を当てながら見ていきたい。

　作品の主な舞台であるハーバード大学、ニューヨーク、コロンビア大学、ラトガース大学は、いずれもアメリカ北東部に位置する。北東部英語の発音の特徴の一つは、後に母音が続かない場合の [r] 音が弱いことである。例えば、主人公ルースに仕える秘書はモリッツの裁判の趣意書をタイプライターで打ち終えた後、頻出語の"sex"が目につくことからルースに"Maybe you should try a less distracting word. Maybe…gender?"と代替語を使うことを提案する。gender の発音は [dʒéndər] であり、西部や南部だと舌を盛り上がらせて語尾の [r] が発音されるのに対し、ここでは [r] が発音されておらず [dʒéndə] のようになっている。ルースがモリッツに初めて電話をかけ

ようと、電話の交換手に "Denver, Colorado." と頼む時の発音も同様に [dénvə] となっており、[r] がほぼ消えている。モリッツの地元デンバーはアメリカ西部に位置しており、そこでの英語も言語学的には標準語に近いとされている。何より、主要な登場人物は弁護士に教授、判事と、話すことを専門としているだけあり、彼らの話し方は非常に明確で滑舌も良い。この作品の英語は概して学習者にも比較的聞き取りやすいと言えるだろう。

作品で使用されている語彙や表現に

ついても、俗語や砕けた表現はあまり多くなく、表現も丁寧できちんとしたものが多い。もっとも品がない会話がされているのは、建築現場の労働者にからかわれた際にルースの娘ジェーンが敢えて汚い言葉でやり返す場面であろうか。それ以外では dean や professor、privilege、civil rights、constitution、discrimination など学術的な語が多く使われている。表現についても、例えば授業中に自分の発言をクラスメイトに妨げられたルースは "If I may finish." と言いその妨害を止める

が、この言い回しもこの場所や相手ならではのもので、もし自宅で家族との会話中なら、"Can I finish?" など、全く違った言い方となるだろう。判事への呼びかけに使う "Your Honor" や口頭弁論を始める際の決まり文句 "May it please the court." は法廷独特のもので、これ以外の場で使うことはほとんどない。

法廷で "radical social change" をキーワードに性差別の撤廃を訴えかけたルースだが、そんな彼女も入学当初は自らを "Mrs. Ginsburg" と称している。男性の敬称は配偶者の有無にかかわらず Mr. で統一されているのに対し、女性が Miss、Mrs. と区別されるのは不平等だということで、既婚未婚問わず使える敬称の Ms. が 20 世紀に普及した。これに一役買ったのが、作品中ジェーンが支持していた活動家のグロリア・スタイネムである。今ではハーバードをはじめとする一部の大学で、入学時に各学生に「自分自身にどの代名詞の使用を希望するか」を調査し適用してくれるそうで、その選択肢は he や she のみにとどまらずジェンダーフリーな "ze [zee]" や "they" もあり幅広い。社会や人々の意識とともに、言語もまた変化していくのであろう。

大達　誉華（名城大学）

リスニング難易度表

　スクリーンプレイ編集部が独自に採点したこの映画の「リスニング難易度」評価一覧表です。リスニングのポイントを9つの評価項目に分け、通常北米で使われている会話を基準として、それぞれの項目を5段階で採点。また、その合計点により、映画全体のリスニング難易度を初級・中級・上級・最上級の4段階で評価しました。評価の対象となったポイントについては、コメント欄で簡単に紹介されています。英語を学ぶ際の目安として参考にしてください。なお、映画全体の英語に関する詳しい説明につきましては、「この映画の英語について」をご参照ください。

評価項目	易	→		難		コメント
会話スピード Conversation Speed	Level 1	**Level 2**	Level 3	Level 4	Level 5	ほとんどの場合において、どの登場人物の会話スピードも聞き取りやすい。
発音の明瞭さ Pronunciation Clarity	Level 1	**Level 2**	Level 3	Level 4	Level 5	どの登場人物も聞き取りやすい明瞭な発音である。
アメリカ訛 American Accent	Level 1	**Level 2**	Level 3	Level 4	Level 5	登場人物によってわずかに程度の差はあるものの、全体的に標準的である。
外国訛 Foreign Accent	**Level 1**	Level 2	Level 3	Level 4	Level 5	脇役の一人から、かすかに外国語訛りが聞かれるのみ。
語彙 Vocabulary	Level 1	Level 2	**Level 3**	Level 4	Level 5	教養の高い登場人物たちに適した中級レベルの語彙が聞かれる。
専門用語 Jargon	Level 1	Level 2	Level 3	**Level 4**	Level 5	法律や裁判で使われる専門用語が多く聞かれる。
ジョーク Jokes	**Level 1**	Level 2	Level 3	Level 4	Level 5	一部の登場人物はジョークや皮肉を使うが、全体的には少ない。
スラング Slang & Vulgarity	**Level 1**	Level 2	Level 3	Level 4	Level 5	ごく稀に、強調のために使われる。
文法 Grammar	Level 1	**Level 2**	Level 3	Level 4	Level 5	言葉の正確さが求められる場面が多いため、全体的に正しい文法が使われている。

映画全体を通して、発音の明瞭さ・会話スピードは聞き取りやすく、文法も適切でリスニング練習向き。自分の意見に説得力を持たせたいとき、議論をするとき、あるいは、大学の講義を聴くときなどに役立つ表現が豊富。日常会話から一段階レベルアップしたい学習者に特にオススメの作品である。

TOTAL SCORE : **18**	〜16 = 初級	17〜24 = 中級	25〜34 = 上級	35〜45 = 最上級

スクリーンプレイ・シリーズについて

『スクリーンプレイ・シリーズ』は、映画のセリフを 100% の英語および日本語訳で編集した完全セリフ集です。また、セリフの『英語学』的な説明ならびに『映画』のさまざまな楽しい解説を編集しています。

【スクリーンプレイ・シリーズの特徴】

◆(完全)セリフを完全に文字化しています。あなたが聞き取れなかったセリフを文字で確認することができます。

◆(正確)DVD 日本語字幕のような省略意訳でなく、忠実に日本語訳しているので、正確な意味が分かります。

◆(説明)左頁で、セリフや ト書きにある単語の意味や語句の英語学的説明があり、英語学習を極めることができます。

◆(解説)右頁に、単語や熟語などの構造・使用方法などの説明から映画シーンのさまざまな解説が編集されています。

◆(読物)『ト書き』を本物映画台本の専門的説明を省き、映画を読み物として楽しめるように執筆しています。

◆(分割)チャプター毎に DVD の時間表示もしているので、学習したい場面を探しやすくしています。

◆(知識)『この映画の英語について』などの冒頭編集ページや数ヶ所の『映画コラム』で楽しく学習できます。

◆(実践)『覚えておきたいセリフベスト 10』を対象に、繰り返し何度も発声練習しておけば、実生活でも使えます。

◆(無料)『リスニングシート(無料)』を活用すれば、映画別、段階別にリスニング能力のチェックができます。

『ドット・コード』について

【ドットコードとは?】

● グリッドマーク社が特許を有する「ドットコード音声データ再生技術」のことです。通常の文字印刷に加えて、パターン化された微小な黒い点の集合体(ドットコード)を印刷する一種の「二色刷り」です。

● 目次ならびに本文英文ページの『セリフ』箇所に印刷されています。ルーペなど拡大鏡で見ると確認できます。

● グリッドマーク社ホームページ(http://www.gridmark.co.jp)の「GridOnput」をご覧ください。

【ドットコードはどう使うの?】

● スクリーンプレイが別売している音が出るペン "iPen" と「iPen 音声データ」を入手いただくことが必要です。

● ドットコード印刷された本書の部分に "iPen" のペン先を当てると、"iPen" のスキャナーがドットコードを読み取り、装着された microSD メモリ内の iPen 音声データとリンクして、ペンのスピーカーまたは接続したイヤホンから『音声』が聞こえるというシステムです。

● さらに詳しい内容は、本書の巻末ページ「iPen の案内」をご覧ください。

【今までと何が違うの?】

● "iPen" と「iPen 音声データ」共用すれば、DVD がなくても、本書でリスニング学習が可能となります。

● 映画では「ちょっと早すぎる」という人も、ネイティブのゆっくりとした、クリアな発声で格段に聞き取り易くなります。

(なお、PD =パブリック・ドメインの『映画タイトル』は "iPen" 音声も生の映画音声を採用しています)

● "iPen" で学習した後に、最後はお好きな映画を、英語音声と一切の字幕なしで楽しめるようになりましょう。

『ドット・コード』印刷書籍の使用上のご注意

<本書の取り扱いについて>

■ ドット印刷箇所に鉛筆、油性ペンなどで文字や絵を書いたり、シールなどを貼ったり、消しゴムでこすったりしないでください。"iPen" が正常にドットコードを読み込まなくなる恐れがあります。

■ 水などの液体に十分ご注意ください。紙面が濡れたり、汚れたりすると読み込み不良の原因となります。

■ 購入時に正常だった書籍が、ドットコード異常になった場合、返品やお取り替えの対象となりません。

<音声再生について、等>

■ 紙面にペン先を当てる際は、確認音声が終わるまでしっかりと "iPen" に読み込ませてください。読み込み時間が十分でないまたは適切な使用方法でない場合、再生音声が途切れるなど動作不良の原因となります。

■ 本書の印刷以外に "iPen" のペン先を当てても音声は再生されません。

■ スクリーンプレイが発売している「iPen 音声データ」以外のデータで "iPen" をご利用になられた場合、"iPen" 本体ならびに「iPen 音声データ」の故障の原因となります。その際、当社は 一切の責任を負いかねますのでご了承ください。

■ 中古または不正に入手された "iPen" ならびに「iPen 音声データ」の動作不良について当社は一切の責任を負いかねますのでご了承ください。

本書のご利用にあたって

【目次ページ】

【本文ページ】

To be a Harvard "Man"

◆ ALL マーク

これが本書の英語セリフ音声全再生マークです。特殊なドットコードが印刷されています。マークに "iPen" の先端を当てると、該当映画の本文英語セリフ音声を全て通してお聞きいただけます。

◆ 本書の章分類

本書シリーズの章分類は、従来から原則的に 10 章に分割して編集しています。章題名の英文と日本文はスクリーンプレイによるものです。

◆ 1 マーク

これが本書のチャプターマークです。全て日本で発売されている標準的 DVD に準拠しています。全再生マークと同様に、"iPen" の先端を当てると、該当チャプター分の本文英語セリフ音声をお聞きいただけます。

◆ 英文セリフ (太文字)

英文に "iPen" の先端を当てると、該当したセリフ音声が聞こえます。原則として、初めの「：」から次の「：」で行替えになる直前までです。なお、英文セリフ以外には "iPen" に対応しておりません。ご留意ください。

◆ iPen マーク

"iPen" での外部音声録音記憶用の「空白」ドット番号です。録音方法その他は、本書巻末ページ「スクリーンプレイ iPen の案内」をご覧ください。

【時間表示について】

　本書各章の冒頭に印刷してある時間は、その映画シーンをサーチ（頭出し）するための「目安」です。

　表示されている時間は、映画の開始時点を [00：00：00]（ゼロ点）とした上での通過時間を表示しています。但し、ご使用になられる DVD、ブルーレイなどの映画ソフトならびに再生機器の機種により表示が異なる場合があります。この場合、「□□□□」欄にご使用機種の独自のカウンター番号をご記入ください。

ON THE BASIS OF SEX™

CONTENTS

前文・コラム

To be a Harvard "Man"

■■

1 *EXT./INT. Harvard UNIVERSITY AUSTIN HALL – DAY – A caption reads, "Inspired by a True Story – 1956." The song "Ten Thousand Men of Harvard" plays as well-groomed men march towards the hall. Amidst the pants and loafers is a blue skirt swaying, shoulder-length brown hair. As they enter the hall, we see RUTH BADER GINSBURG, who is in awe of the place she has entered. She finds an empty seat next to a male student.*

RUTH   : Anyone here?

At the front of the auditorium sits a row of professors, including ERWIN GRISWOLD.

GRISWOLD: My name is Erwin Griswold. I am the Dean of this place. Welcome to Harvard Law School.
: Take a moment to look around you. In this room, there are Rhodes and Fulbright scholars. Phi Beta Kappa members. Student body presidents. And a Harvard football team captain.

Cheers and pats on the back for the smiling sports hero.

ハーバードマンであること

屋外／屋内－ハーバード大学のオースティン講堂－昼－字幕に「事実の物語に感動して － 1956年」とある。『1万人のハーバード生』の歌が流れる中、きちんとした身なりの男たちが講堂へとどんどん歩いていく。ズボンとローファー靴のただ中に、青色のスカートが揺れ、肩までの茶色い髪が見える。皆が講堂に入り、足を踏み入れた所で畏敬の念にたたずむルース・ベイダー・ギンズバーグが目に入る。彼女は男子学生の隣の席が空いているのに気づく。

ルース　　　：ここにはどなたかが？

講堂の正面には、アーウィン・グリズウォルドを含む教授陣が並んで着席している。

グリズウォルド: 私の名前はアーウィン・グリズウォルド。ここの学部長です。ハーバード法科大学院へようこそ。

　　　　　　　：ちょっと自分の周りをよく見てごらん。ここには、ローズ奨学生、フルブライト奨学生。ファイ・ベータ・カッパの会員がいる。全学生の生徒会長。そしてハーバード大学フットボール・チームのキャプテンも。

笑顔のスポーツ・ヒーローの後ろでは拍手喝采が。

■ **Ten Thousand Men of Harvard**
ハーバード大学のファイトソングで、1918年のハーバード生A・パトナム作曲による。毎年恒例であるハーバード大学対エール大学のフットボールの試合前夜に、両大学のグリークラブによって歌われ、ファイトソングの中で最も頻繁に演奏または歌われる。新学期、「Ten Thousand Men of Harvard want victory today（ハーバードの1万人の男たちが勝利を望んでいる）」という歌詞で始まる曲を知ってもらえるよう、新入生が住むハーバードヤード（キャンパス）で演奏される。1956年500名のうち女性は9名、そのうちの1人であるギンズバーグと共に、映画でもハーバードヤードに「1万人」が出演している。

■ **loafer**
スリッポンタイプのモカシンに似たかかとが低く紐のないカジュアルシューズ penny loaferとも呼ばれ、甲にかかったベルトの真ん中にスリットがあり、コインを入れることができる。これは男子大学生が飲みに行った帰り、乗車賃を使ってしまった時でも、そこにいれてあるペニー銅貨（5セント）で電車賃を払えて（当時の物価）帰宅できるからとされる。

■ **Harvard Law School**
law schoolとは法律実務家を養成するための大学院で、通常3年制。ハーバード法科大学院は1817年マサチューセッツ州ケンブリッジ（p.63参照）に設立された。米国で最も古く世界で最も権威のある学校の1つである。3年間のプログラムの各クラスは約560人の学生がいて、米国の上位150のランクのロースクールの中で最大である。ほとんどの学生が初年度のクラスを一緒に受けるという、ハーバード大学のユニークな大規模クラスと名声により、ロースクールは司法、政府、ビジネス界で非常に多くの著名な卒業生を輩出している。司法試験の合格率は、2014年はクラスの95％、2019年にはほぼ99％と報告されている。2000年から2010年の間、最高裁判所の事務員の4分の1以上をハーバード法科大学院卒業生が占め、これは米国の他のどのロースクールよりも多い。

GRISWOLD: Together, you will become lawyers. This is a privilege you share. It is also a responsibility you accept.

: Consider: what does it mean to be a Harvard man?

: A Harvard man is intelligent, of course. But he is also tenacious.

: He is a leader devoted to the rule of law. He is mindful of his country.

: Loyal to tradition. And he is respectful and protective of our institutions.

INT. GINSBURG HARVARD APARTMENT – DAY - MARTIN GINSBURG is at the kitchen table, with their daughter JANE on his knee. Ruth approaches with two dresses. He looks up from a textbook before him.

MARTIN : ...shall be computed as a sub-section A of this section applied to such tax...

RUTH : Which one makes me look more like a Harvard man?

MARTIN : I'm thrilled to report that you look nothing like a Harvard man.

RUTH : Seriously, it's the Dean's dinner, Marty. You know how I am at these things. I need to make a good impression.

MARTIN : And you will, Kiki. But you've got it wrong. It's not the dress, it's you.

Jane starts crying.

---

lawyer 法律家, 弁護士 →p.185
privilege 特権 →p.179
share 共有する
also ～もまた, やはり, 同様に
responsibility 責任
accept 応じる, 受け入れる
consider よく考える, 熟考する
mean （言葉・事物が）意味する, ～の意味を持つ
be ～である ◊
intelligent 聡明な, 頭の良い
of course もちろん, 当然 →p.217
tenacious 粘り強い
devoted to 徹する ◊
rule of law 《法律》法の支配
mindful （～に）気を配る, （～を）忘れない
country 国, 国家 ◊
loyal to 忠実な ◊
tradition 伝統
respectful 敬意を示す
protective 保護するもの
institution （公共）団体, 協会 ◊
apartment 賃貸の共同住宅の1戸分の区画, アパート →p.199
on one's knee 膝の上に
approach ～に近づく →p.91
dress ワンピース, ドレス
look up 見上げる, 顔を上げる
before （場所・位置が）前に
compute 算出·計算する
as ［前置詞］（様態·状態）の とおりに, ～のように, ～として →p.113
sub-section 下位項目, 小区分
sub- ［接頭辞］下位の, 従属の
section 項目, 欄,（法令文の）項
apply to （規則·法などが）（人·事に）当てはまる →p.141
tax 税, 税金, 租税
make （人に～を）～させる →p.89
thrilled ［形容詞］興奮（ワクワク·感動·感激）した →p.85
report ［動詞］伝える, 知らせる
nothing 何も～ない, 少しも～ない
man 男性 ◊
seriously 深刻に, 真剣に,（文頭に用いて）冗談は抜きにして
dinner 夕食 →p.143
Marty マーティ →p.45
You know how I am at these things. ◊
need to ～する必要がある
impression 印象
Kiki →p.186コラム参照。
you've got = you have got = you have
get it 理解する
wrong （判断, 意見, 方法などが）間違っている →p.233
start 始める, 開始する ◊
cry （声をあげて）泣く

グリズウォルド：共に法律家になろう。これは君たちが分かち合う特権だ。それは責任を負うことでもある。

：よく考えてくれたまえ。ハーバードマンであるとはどういう意味か？

：ハーバードマンは聡明、当然だが。しかし粘り強くもある。

：法の支配に徹する指導者である。自国を忘れない。

：伝統に忠実。そして我が大学に敬意を払い保護する者である。

屋内−ハーバード大学内にあるギンズバーグのアパート−昼−マーティン・ギンズバーグが娘のジェーンを膝の上に抱いて台所のテーブルについている。ルースがワンピースを2着もって近づいてくる。彼は目の前の教科書から顔を上げる。

マーティン：…このような税に当てはまる本項下位Ａとして算出されると…

ルース：どちらがよりハーバードマンらしく見えるかしら？

マーティン：ワクワクして言わせてもらうと、君は絶対にハーバードマンには見えない。

ルース：冗談はやめて。学部長主催の夕食会なのよ、マーティ。これらのことにおいて私がどうなのかはわかっているでしょう。必要なのはいい第一印象なのよ。

マーティン：いい印象を与えられるよ、キキ。でも君は間違えている。いい印象はドレスじゃない、君だ。

ジェーンが泣き出す。

■ be
be動詞としてよく使われる意味は2種類ある。1つ目は「存在のbe」で、人や物が存在する「ある」、existの意味であり、liveの意味でも使われる。2つ目は「連結語のbe」で、「〜である」「〜と呼ばれる」「〜となる」の意味である。「存在のbe」の意味で使われた有名なセリフは、"I think, therefore I am." by Descartes「我思う、故に我あり」。同じく「存在する、生きる」の意味では "To be or not to be; that is a question" by Hamlet「生きるべきか、死ぬべきか、それが問題だ」である。この場面で学部長のセリフの to be a Harvard man のbeは、1つ目の意味にも2つ目の意味も含むとも言えるが、まず2つ目の「〜と呼ばれる」「〜となる」から同じ連結語の「〜である」に、そして将来的に1つ目の存在の「ある」へと移行していく、意味深い使い方がされている。さすがハーバード大学の学部長による新入生へのスピーチである。

■ devoted to
toのあとには名詞がくる、to不定詞ではない。

■ country
ここでは米国のこと。

■ loyal to
loyal to + 名詞の形で用いる。

■ institution
ここではハーバード大学を指す。通例、古い歴史を持つものや、その社会で極めて大切と考えられている組織に対して使う。

■ man
Harvard womanという言い方は当時まだ全くなく、ルースはハーバード生という意味で使ったのだが、マーティンはあえてmanに着目して、ハーバード男子学生、すなわち男性には見えないとジョークを言った。

■ You know how I am at these things.
彼女はこのセリフで、自分がパーティーや会食が苦手であると言っている。ドキュメンタリー『RBG 最強の85才』において、ルースは長年の友人に、Ruth was really quite recessive, in a way, shy, quiet, soft voice.(ルースは引っ込み思案で、恥ずかしがり屋、物静かで声も柔らかい)と描写される。

■ start
startは動名詞と不定詞の両方を目的語にとる動詞。

RUTH : You barely touched your tuna casserole.

Ruth picks up Jane.

RUTH : Come here, sweetie. Come on. Here we go. I put onions in. They help, right?
MARTIN : Definitely.
RUTH : I don't like either of these.

She leaves the room.

MARTIN : Okay, where were we?

INT. HARVARD UNIVERSITY CLUB - NIGHT - Young professors in suits chat with the other eight women of the class of 1956 as Ruth enters. Dean Griswold's wife HARRIET makes an announcement.

HARRIET : Ladies and gentlemen, please join us in the dining room as dinner is served. And professors, please escort the ladies in.

A PROFESSOR offers his arm to Ruth, who reluctantly obliges.

PROFESSOR: May I?

In the dining room, Ruth carefully eats her meal as she scans the room. The young professor conveys an anecdote to EMILY.

barely　かろうじて, ほとんど〜ない
touch　(物などに)触れる, (物を手・指などで)軽くつつく
tuna casserole　ツナキャセロール ●
pick up　持ち上げる

sweetie　→p.59
Come on　[口語]さあ →p.45
Here we go　[口語]行きましょう
put onions in ●
right?　〜ですね ●
definitely　[口語](完全な同意または強い肯定を表して)全くその通り ●
either of these　= either of these dresses
either　(否定文)どちらの〜も(ない) ●
leave　〜を去る, 出発する, 離れる →p.235
Okay　OK, オーケー →p.49
Okay, where were we? ●

club　(社交などのための)クラブ会館
chat　(くつろいで)雑談する, おしゃべりする ●
other　他の
wife　妻 →p.89
announcement　発表, 公表

ladies and gentlemen　紳士淑女の皆さま →p.103
lady　ご婦人, 淑女 →p.27
gentleman　男性方, 紳士
dining room　ダイニングルーム, 食堂 ●
as dinner is served ●
as　〜だから, 〜なので
serve　食事(飲み物)を出す, 給仕をする
escort　〜に付き添う, エスコートする ●
in ●
offer　[動詞]差し出す
reluctantly　しぶしぶ
oblige　願いを聞きいれる
may　[助動詞]〜してもよい, 差し支えない
carefully　慎重に, 注意深く
scan　(素早く整然と場所を)見通す, 見渡す
convey　語る, 伝える, 知らせる
anecdote　逸話, 秘話

ルース	：ツナキャセロールにほとんど手をつけてないじゃない。

ルースはジェーンを抱き上げる。

ルース	：おいで、いい子ね。さあ。行きましょ。玉ねぎをいれたんだけど。おいしくなる、でしょ？
マーティン	：その通り。
ルース	：どっちも好きじゃないわ。

彼女は部屋を去る。

マーティン	：さて、どこだったっけ？

屋内－ハーバード大学のクラブ会館－夜－スーツ姿の若い教授たちが1956年入学の他の8人の女子学生と談笑しているところにルースが入ってくる。グリズウォルド学部長の妻ハリエットがアナウンスする。

ハリエット	：紳士淑女の皆さま方、どうぞ夕食の準備ができましたのでダイニングルームへお越しください。先生方は、どうかご婦人方のエスコートを。

1人の教授がルースに腕を差し出し、彼女は渋々手を差し出す。

教授	：よろしいでしょうか？

ダイニングルームで、ルースは部屋を見渡しながら注意を払って食事をしている。若い教授がエミリーに逸話を披露する。

■ tuna casserole
エッグヌードル（平打ち麺）とツナ缶を主な材料とするキャセロール（煮込み料理）である。缶詰の豆や缶詰のコーンを加えることもある。ポテトチップス、コーンフレークまたは缶詰の揚げタマネギを一番上に敷き詰めてあることが多い。米国の一部地域ではありふれた料理である。新鮮な材料を全く使うことなく作ることができるという点で便利な料理。

■ put onions in
= put onions in tuna casserole

■ right?
= am I right?; Is that right?
付加疑問的に「違いますか？そうでしょ？」と相手に同意を求めたり、念を押すときに使う。
ex. You are from Tokyo, (am I) right? ((相手に念を押して)あなたは東京出身ですね?)

■ definitely
= certainly

■ either
either of + 複数名詞で、通例2つのうちのどちらか片方を指す。
ex. I don't know either of them. (私は彼ら2人のうちどちらも知らない)
either A or Bだと「AかBのどちらか」という意味になり、主語によって動詞が変わる場合は、動詞に近いほうの主語に合わせる。
ex. Either you or he needs to go to the meeting. (あなたか彼か、どちらかが打ち合わせに行く必要がある)

■ Okay, where were we?
自分が読んでいた箇所がどこだったかと独り言を言っているのだが、膝の上に娘のジェーンをのせて本を読んでいたため、ジェーンと自分でweを使っている。

■ chat
= talk; speak; have a conversation
名詞も同じ形。
ex. I had a nice chat with you. (あなたと楽しいおしゃべりができました)

■ dining room
家庭やホテルで、特に正餐に使う部屋。日本語では食堂と訳すよりダイニングルームの方が意味に沿っている。

■ as dinner is served
ここでのasはbecauseに置き換え可能。

■ escort
= accompany

■ in
in the dining roomが省略されている。

PROFESSOR: He said, "Professor, have you corrected our papers?" And I said, "Correcting them will take a lifetime. I'm merely grading them."

Griswold taps his glass to get everyone's attention.

GRISWOLD: Esteemed colleagues. Ladies. This is only the sixth year women have had the privilege to earn a Harvard law degree.
: This little soiree is our way of saying welcome. My wife Harriet and I are very glad all nine of you have joined us.

Everyone applauds.

GRISWOLD: Let us go around the table. And each of you ladies report who you are, where you're from. And why you're occupying a place at Harvard that could have gone to a man.

As Griswold sits, Ruth and the other women exchange anxious glances. Harriet singles out the closest:

GRISWOLD: Yeah.
HARRIET　: Well, why don't you get us started, dear?

correct　添削する

paper　(学校の)課題、レポート ↩

lifetime　一生、生涯 ↩
merely　単に(〜に過ぎない) ↩
grade　〜に成績をつける

Griswold taps his glass ↩
tap　軽くたたく、コツコツたたく
get　得る
attention　注意、注目
esteem　尊敬する、尊重する ↩
colleague　同僚
lady　ご婦人、淑女 ↩
earn　(単位・学位などを)取る、取得する、(地位を)得る、獲得する
degree　(教育の)学位、称号
soiree　(特に特別な目的を持った)社交会、夜会、〜の夕べ ↩

applaud　拍手する

around　〜のまわりを
each　それぞれ、各〜 →p.49

you're　= you are
be from　〜の出身である ↩
from　(出所・起原)〜から(の)
occupy　(地位などを)占める
go to 〜　(仕事・名誉などが)〜に与えられる

as　= when
exchange　かわす、取りかわす
anxious　不安な、心配そうな
glance　[名詞]ちらっと見ること、一瞥
single out　(1人・1つだけを)選び出す
closest　closeの最上級(空間的に)近い
yeah　= yes うん →p.153
why don't you 〜?　〜したらどうですか? →p.31
get us started　私たちに始めさせる ↩
dear　あなた ↩

教授　：彼が「教授、我々のレポートを添削してください
　　　　ましたか？」と言ったので、私は「添削した
　　　　ら一生かかるよ、私は成績をつけるだけだ。」と
　　　　ね。

グリズウォルドが皆の注意を集めるためグラスを叩く。

グリズウォルド：尊敬する同僚諸君。ご婦人方。女性がハーバー
　　　　ド法科大学院の学位をとる恩恵にあずかってか
　　　　ら今年でたったの６年目。
　　　：このささやかな夕べは我々の歓迎の意を表する
　　　　ものです。我が妻ハリエットと私はあなた方９
　　　　人が入学されたことをとても嬉しく思う。

全員が拍手する。

グリズウォルド：テーブルを一回りしよう。それぞれ自分のこと
　　　　や出身を。そして男性にいくはずだったハー
　　　　バードの場所をなぜ占めているのかを述べるよ
　　　　うに。

グリズウォルドが座り、ルースと他の女子学生は心配そうな視線
を交わす。ハリエットが一番近くの学生をさす。

グリズウォルド：いいね。
ハリエット　：では、あなたから始めていただけるかしら？

■ paper
学生が提出する宿題や課題のこと。日本
語のレポートに該当する米語。課題とい
う意味としてreportは使われない。英国
英語では、exam paper として試験の問
題用紙や答案用紙を表す時もある。
ex. I wrote a paper on the problem
of global warming.（私は地球温暖化
の問題に関するレポートを書いた）
■ lifetime
時間の表現の場合、「かかる」という意味
の動詞は take を使用する。
■ merely
onlyより形式ばった語。副詞なのでbe動
詞の後に、普通動詞では前に置く。
■ Griswold taps his glass
グラスを叩く音で歓談中の列席者の注意
を引く行為は慣例的に行われる。しかし、
日本の食事マナーにおいて、器を箸など
で叩くことは縁起が悪くタブーとされて
いるように、欧米諸国においても、グラス
を傷めるという理由で、推奨されてはいな
い。
■ esteem
ここでは過去分詞の形なので形容詞とな
り「尊敬される」、「尊敬されている」の
意になる。
■ lady
woman に対する丁寧語。Your lady と
して用いられると、面と向かっての呼びか
けとなる。ここでは女子学生が９人いるた
め、複数形となっている。
■ soiree
フランス語からの借用語。[swɑ́:rei]と発
音する。舞台業界では、昼公演をマチネ、
夜（夕）公演をソワレ、また服飾用語では
夜会服のこともソワレと呼ぶので、日本語
でも馴染みがある語。
■ be from
= come from
ex. Where are you from[Where do
you come from]?（どこのご出身です
か?）
■ get us started
get＋目的補語＋過去分詞で、「〜させる、
してもらう」の意。過去分詞に強勢が置
かれ、身心への被害を示す。財布を盗ま
れるような、物の被害には have が用い
られ、have a purse stolen となる。
■ dear
一般には、夫婦、親子、兄弟姉妹など親し
い間柄での呼びかけに用いられるが、こ
の場面では女性に対して、親しみを込め
て呼びかけるために使われている。

One of Ruth's classmates, HENNIE CALLAGHAN, rises.

HENNIE : I'm Hennie Callaghan. Father's a lawyer back in Minneapolis. He used to give me drafts of contracts to use for drawing paper.

: But at some point, I got more interested in reading them than drawing on them. In a few years, it's gonna be Callaghan and Callaghan.

GRISWOLD: That was fine. Next.

EMILY rises.

EMILY : Emily Hicks. Hello. Connecticut. When I finished Mt. Holyoke, my mother wanted me to get married.

: But I didn't want to do that. And I didn't want to be a teacher or a nurse. So, when I...

GRISWOLD: Ha. That's not a very good reason. Next.

Emily slumps into her seat. Ruth stands, but knocks over the young professor's ashtray.

RUTH : Sorry. I'm Ruth Ginsburg, from Brooklyn.

GRISWOLD: And why are you here Miss Ginsburg?

RUTH : Mrs. Ginsburg, actually. My husband Marty is in the second-year class.

: I'm at Harvard to learn more about his work. So, I can be a more patient and understanding wife.

---

classmate 同級生, 級友
rise 立ち上がる →p.209

back ↻
Minneapolis ミネアポリス ↻
used to よく～した, (～するのが)常だった, (～する)習慣だった →p.117
draft 下書き, 草稿, 草案
contract 契約書
use 使う
drawing paper 画用紙
point 時点, 瞬間, (特定の)時
than ～に比べて, よりむしろ, ～よりも
draw 絵を描く
in (所要時間)～で, (達成まで)～かけて ↻
few 少しの
gonna = going to →p.49
Callaghan and Callaghan ↻

finish 修了する
Mt. Holyoke マウント・ホリヨーク大学 ↻
Mt. = Mount
get married ～と結婚する ↻
that ↻
nurse 介護士, 看護師, 保育士
Ha はあ, ほう →p.203
reason 理由 →p.135

slump into どさっと崩れ落ちる
knock over ひっくり返す
ashtray 灰皿

Brooklyn ブルックリン ↻

actually [副詞](事実関係を訂正して)本当は, 実際は, 実のところ →p.201
husband 夫
the second-year [形容詞]2年生の
work [名詞]仕事, 研究
patient [形容詞]辛抱[忍耐・我慢]強い
understanding 理解力のある

ルースの同級生の1人、ヘニー・キャラハンが立ち上がる。

ヘニー ：ヘニー・キャラハンです。父がミネアポリスで弁護士をしています。父は画用紙の代わりに契約書の下書きをくれたものでした。

：でもある時点で、そこにお絵描きするより読んだ方がずっと面白いと興味をもちました。数年後には、「キャラハン＆キャラハン」になることでしょう。

グリズウォルド：それはいい。次の人。

エミリーが立ち上がる。

エミリー ：エミリー・ヒックスです。よろしく。コネチカット出身です。マウント・ホリヨーク大学を卒業した時、母は私に結婚を望んでいました。

：でも私はそうしたくなかったのです。先生にもなりたくないし、看護婦にもなりたくない。そこで私は…

グリズウォルド：はぁ。全然理由になっていない。次。

エミリーは椅子に沈み込む。ルースが立とうとして、若い教授の灰皿をひっくり返す。

ルース ：すみません。ルース・ギンズバーグ、ブルックリン出身です。

グリズウォルド：なぜここにきたのかね、ミス・ギンズバーグ？

ルース ：実のところ、ギンズバーグ夫人です。私の夫マーティが2年生のクラスにいます。

：夫の仕事をよりよく理解するためにハーバードへきました。そうすれば、もっと辛抱強くて理解力のある妻になれると思ってです。

■ **back**
ミネアポリスのあるミネソタ州は中西部、五大湖の西側にある。ハーバード大学のある、ニューイングランドの中心をなすマサチューセッツ州からすると、東部の人たちにとっては都落ちの位置とみなされる傾向にあるのでbackという単語を入れたと思われるが、別段訳す必要はない。

■ **Minneapolis**
米国ミネソタ州南東部、ミシシッピ川に臨む都市、世界最大の穀物取引地。

■ **in**
基準は現時点でこれからの予定や約束を表すときにinを使う。また、達成の意味を含まずに、単に行動を続ける期間を表す時はforを使う。
ex. I'll be back in an hour.（1時間後に戻ります）, I want to learn French in a year.（私は1年でフランス語を覚えたい）

■ **Callaghan and Callaghan**
ここでは弁護士事務所の名前。父親の名字と自分の名字で共同経営の会社名をあらわす。親子でなければ違う名字となる。例えば2人で共同経営をしている会社名は、お互いの名字をとりScrooge and Marley（『クリスマスキャロル』より）となり、経営者が2人以上の場合はJohnson and Brothers（Bros.）のように会社名が付けられる。

■ **Mt. Holyoke**
1893年設立。セブン・シスターズ（p.119）の1つ。米国最古の女子大であり、3,000以上あるとされる米国の大学の中で難関校の1つとされる。広大な敷地と美しいキャンパスは有名で米国の中でも指折りである。卒業生には19世紀世界文学市場の天才詩人と言われるEmily Dickenson（1830 - 1886）、アプガー指数を生み出して20世紀中葉の乳児死亡率の低下に貢献した医師Virginia Apgar（1909 - 1974）などがいる。

■ **get married**
ex. Ruth married Martin.（ルースはマーティンと結婚した）受け身形のRuth was married to Martin.は「結婚していた」という状態を示す表現である。

■ **that**
前の文章のto get marriedを指す。

■ **nurse**
男女区別なく用いるが、日本語でも「看護婦・看護士」と区別していたように、男性看護師をmale nurseと呼ぶこともある。

■ **Brooklyn**
ニューヨーク市の南部の区、経済的に恵まれない人々が比較的多い地区。

Emily and the other young women chuckle; however, Griswold is not pleased.

INT. GINSBURG HARVARD APARTMENT – NIGHT – Ruth complains to Martin about the dinner.

RUTH	:	Come to dinner. The beans will be boiled. The chicken will be stewed. And you will be grilled.
	:	We came to Harvard to be lawyers. Why else?
MARTIN	:	It's truly an asinine question.
RUTH	:	He's never gonna take me seriously.
MARTIN	:	No. That's not true. You're the smartest person here. And you're gonna be the most prepared.
	:	So, just stand up and say what you know. In a place like this, that's all that matters.
RUTH	:	In my experience, even small mistakes are glaring when you stick out.
MARTIN	:	Well, then you're very lucky. Because you... are very short.
RUTH	:	Oh, yeah?
MARTIN	:	Yeah.
RUTH	:	Well, why don't you come down here and say that to my face?

She pulls him into a kiss. He lifts her and carries her to the bed.

MARTIN	:	Mrs. Ginsburg.

---

chuckle （心地よく）クスクス笑う

please 楽しませる，喜ばせる ●

complain 不満〔文句・不平・苦情〕を言う，正式に訴える，愚痴をこぼす ●

beans インゲン豆 ●
boil 茹でる
stew 煮込む，とろ火で煮る
grill グリルで焼く ●

Why else? ●
else そのほかに，ほかに

asinine 愚かな，馬鹿げた

never 決して〜ない，少しも〔全く・絶対に〕〜ない →p.175
take someone seriously 真面目に受け止める
smart 頭の回転の速い，頭の切れる，賢い，利口な →p.149

prepared 準備〔用意〕の整った →p.201
just （命令文とともに）ちょっと〜だけなんだけれど →p.47
stand up 立ち上がる ●
in a place like this こういう場所では
matter （事が）重要である，重大である →p.197
experience 経験，体験
even （話し手の主観的な気持ちを強めて）〜（で）さえ，〜（で）すら，〜までも
glare にらみつける
stick out 目立つ
then 〔副詞〕それなら，その結果，ひいては
short 背の低い ●
why don't you 〜? 〜したらどうですか? ●
come down 低くなる，下へおりる

pull 引き寄せる
lift 持ち上げる

エミリーと他の若い女性たちがクスクス笑う。だがグリズウォルドは気に食わない。

屋内－ハーバード大学内にあるギンズバーグのアパート－夜－夕食会についてルースはマーティンに不満を言う。

ルース	：夕食会に来てみてよ。インゲンは茹でられる。鶏肉はトロトロと煮込まれる。そしてあなたはジリジリと焼かれる。
	：私たちは法律家になるためにハーバード大学へきたの。それ以外になんだと言うの？
マーティン	：本当に愚かな質問だ。
ルース	：彼は私のことを絶対に真面目に受け止めてくれない。
マーティン	：いや。そんなことはない。君はここで一番頭のいい学生だ。それに一番準備ができている。
	：だから、ただ立ち上がって知っていることを言えばいい。こういった場所では、それが一番重要だ。
ルース	：私の経験では、目立つと小さなミスでさえもにらまれる。
マーティン	：まぁ、でも君はとても幸運だよ。だって君は…とても小柄だから。
ルース	：あら、そう？
マーティン	：うん。
ルース	：じゃあ、ここへ来て私の顔を見てそう言ってくれる？

彼女は彼を引き寄せてキスをする。彼は彼女を抱き上げてベッドへと運ぶ。

マーティン　：ギンズバーグ夫人。

■ please
感情を表す動詞は受身形で表現され、日本語では能動態の表現になる。
ex. be pleased（喜ぶ）、be excited（わくわくする）、be satisfied（満足する）

■ complain
He is always complaining to me.（彼はいつも私に文句ばかり言っている）のように、alwaysなどの高頻度を表す副詞と共に進行形で用いられると、習慣的な言動に対する話し手の非難や批判、苛立ちなどを表す。
ex. She complained about the food.（彼女は料理のことで苦情を言った）、We complained about the noise to the police.（警察に騒音のことを訴えた）
→p.215 claim参照。

■ beans
映像からは green beans「さやいんげん」と見受けられる。一般に green beans, string beans を beans と略して使われる。

■ grill
本当に焼かれるのではなく、比喩表現として使われている。すなわち女学生が男性の教授たちに嫌味や偏見に満ちた扱いをたっぷり受けていることを言っている。

■ Why else?
= What else can it be?（そうでなくて一体何だろう？）

■ else
whichを除く what、where、who、howなどの疑問詞、no-、any-、some-、every-の付く語の直後に付けて用いる。
ex. Do you want anything else?（他に何かいりますか）、Who else will come to the class?（他に誰が授業に来るの？）

■ stand up
ここでは意見を言うために、椅子から立ち上がることを意味している。

■ short
⇄ tall（背が高い）
「背が低い」はsmallではなく、shortを使う。

■ why don't you ～?
会話表現ではよく使われ、このwhyはnotを伴って、勧誘・提案・意見などを表す。
ex. Why don't you drop by for a cup of coffee?（コーヒーでも飲みに寄ってかない？）

ステイタスになる奨学金制度

映画冒頭、「新入生の多くはローズなりフルブライトの奨学生かファイ・ベータ・カッパの会員であろう」とステイタス度プンプンで述べられる。

ローズ奨学制度とは、Cecil John Rhodes（1853 – 1902）の遺産をもとに始められた世界最古の国際的な奨学制度である。1902 年以降、オックスフォードのローズトラストが奨学生を決定する。最初はオックスフォードの大学院生対象だったが、後に欧州共同体へ、そしてローズの死からわずか 5 年後に初の黒人学生が奨学金を得る。女性に与えられるようになったのは 1977 年であるが。

奨学生の選別には、遺言により 4 つの基準がある。

1. 執筆した論文や学校での成績
2. スポーツ選手のように、ある一点に集中して才能を発揮できるエネルギー
3. 真実、勇気、義務への執着、弱者への同情と保護、やさしさ、無欲さ、友情
4. 道徳を重んじ、周囲の人間に興味を持っていること

米国では、ローズ奨学生選考委員会が、「聡明で協調精神のある、将来の良き市民たる能力を持つ」ことを基準として選ぶ。奨学生として卒業すると様々なドアが開かれ、一流企業や団体から招待状が舞い込み、パワーエリートの道を歩むことになる。

次にフルブライト奨学金制度。米国の学者、教育者、大学院生、研究者などを対象とした国際交換プログラムである。1946 年、James William Fulbright（1905 – 1995）上院議員の提唱で「フルブライト教育交流計画」は発足した。

この制度の根幹は、

- ・ 外国の若者がアメリカで学ぶ援助をすること
- ・ アメリカの若者が外国で学ぶ援助をすること

いわば米国との相互留学生のための資金援助を行う点で、他の奨学制度とは異なる。フルブライトは、国同士の交流関係よりも国民同士の交流関係、その相互理解こそが「新しい思考方法」であると捉えた。「教育・文化交流という方法による米国国民と他国民との間の相互理解の増進」の理念は、いまだに貫かれている。

　3つ目はファイ・ベータ・カッパ（Phi Beta Kappa）。これはラテン語の諺「Philosophia Biou Kubernetes（philosophy, life's steersman）」（学究への情熱は、人生の道案内である）のアクロニムで、かつては「ΦBK」と表記された。1776年創設、大学の学業優秀者の中から選抜される終身会員制の全米組織で、その会員になることは大学生にとって最高の栄誉である。

　逸話を一つ。ニューヨーク・タイムズ紙日曜版の結婚欄に、応募カップルから20〜30組が経歴・写真入りで掲載される。ひと昔前まではWASP[1]で資産家の息子・娘の結婚しか載っておらず、花婿はアイビー・リーグ[2]、花嫁はセブン・シスターズ[3]を卒業、家系も紹介された。現在は肌の色など関係なくプロフィールも多彩だが、次の4項目は必ず紹介されている。

1. どこの大学で修士号あるいは博士号（PhD）を取ったか
2. 大学院、大学の専攻は何か
3. 現在の職業
4. 両親の職業

今なお、掲載されるほとんどの花婿・花嫁は大学卒業時、サマ・カム・ラウディ（summa cum laude：最優秀卒業生）かマグナ・カム・ラウディ（magna cum laude：2番の成績で卒業）で、「ファイ・ベータ・カッパ」の会員である。

　　　　　　　　　子安　惠子（金城学院大学）

WASP[1] White Anglo-Saxon Puritan（アングロサクソン系で新教徒の白人）アイビー・リーグ[2]、セブン・シスターズ[3]については p.119 glossary 参照。

Martin's Illness

2 *INT. LECTURE HALL – DAY – Ruth sits in the lecture theater surrounded by male students. PROFESSOR ERNEST BROWN enters and begins lecturing.*

BROWN : I am Professor Brown. This is Introduction to Contracts. Hawkins versus McGee. State the case, please.

Several students, including Ruth, raise their hands. The professor looks at the seating chart of students.

BROWN : Mr. Pruitt.

PRUITT rises.

PRUITT : Uh, good morning. I'm Donald Pruitt. I'm really honored to be here…

BROWN : Hawkins v McGee.

Pruitt flips through his textbook:

PRUITT : Oh, Hawkins versus McGee. It's uh…a fascinating breach-of-contract case where, um… Oh, eh, Charles Hawkins hurt his hand. And McGee…

the lecture hall	大講義室・階段教室 ➊
lecture	講義
surround	取り囲む, 周りを囲む
male	男性の, オスの ➊
professor	教授 ➊
Brown	アーネスト・ブラウン →p.207
enter	～に入る ➊
begin ～ing	～しだす, ～を始める ➊
Introduction to Contracts	契約法入門 ➊
Hawkins versus McGee	ホーキンス対マッギー →p.242, →p.231 Levy v Louisiana参照
versus	～対～ ➊
state	～を述べる, 説明する
the case	➊
case	訴訟(事件), 事例, 裁判
several	いくつかの, 何人かの
including	[前置詞]～を含めて ➊
raise one's hand	手をあげる
look at	～を見る
seating chart	座席表, 席次表
Mr.	君 ➊

be honored to …	～することを光栄に思う

flip through	～にぱらぱらと目を通す, 走り読みする

fascinating	興味をそそる
breach-of-contract	[形容詞]契約違反の
breach	違反, 不履行
hurt	傷つける, 怪我をする

マーティンの病気

DVD　00：09：52

□□□□□□

屋内－大講義室－昼－ルースは男子学生に囲まれて大講義室に座っている。アーネスト・ブラウン教授が入ってきて、講義を始める。

ブラウン ：私はブラウン教授だ。これは契約法入門の授業である。ホーキンス対マッギー。この裁判を説明してくれたまえ。

ルースを含め、学生何人かが手をあげる。教授は学生の座席表を見る。

ブラウン ：プルーイット君。

プルーイットが立ちあがる。

プルーイット：あー、おはようございます。ドナルド・プルーイットです。ここにいられて光栄に…

ブラウン ：ホーキンス対マッギーだ。

プルーイットは自分の教科書に目を通す。

プルーイット：えぇ、ホーキンス対マッギー。それは、えーと、興味をそそる契約違反の訴訟でして。ええと、あぁ、あー、チャールズ・ホーキンスは自分の手を怪我してしまった。そしてマッギーは…

■ the lecture hall
階段席のある大教室のこと。

■ male
maleとfemaleは人間のみならず他の生物でも使える表現。

■ professor
米国では大学教員を指す言葉。肩書きとして用いる場合、苗字の前に省略記号Prof.と表記する。米国の大学では、professor（教授）、associate professor（准教授）、instructor（専任講師）という職位がある。英国の大学は講座制なので、professor（教授）、reader（助教授）、senior　lecturer、lecturer、assistant lecturer（講師）という職位になっている。

■ enter
「ある考えが頭や心に浮かぶ、湧いてくる」という意でも使われる。
ex. The bus entered a tunnel.（バスはトンネルに入った）. A new idea entered my head.（新しい考えが私の頭に浮かんだ）

■ begin 〜ing
開始した動作が継続していることに重点を置く場合に動詞をing形にすることが多い。ここでのlectureは動詞「講義をする」として使われている。

■ Introduction to Contracts
授業の科目名。そのため頭文字が大文字になっている。

■ versus
versus の縮約形はvs.またはvとなる。

■ the case
ここでは定冠詞が付いているので、直前のホーキンス対マッギーの裁判のこと。→p.242参照。

■ including
ex. Every member in the club agreed, including me.（私を含めてクラブのみんなが賛成した）

■ Mr.
「氏」「さん」が一般的な訳だが、ここでは男性教授と学生の関係なので、「君」が適当かと思われる。

35

BROWN : Can someone help him, please?

someone 誰か →p.165

FITZPATRICK sees Ruth's hand go up first. He raises his as well. Brown looks at Ruth and checks his seating chart.

go up 上がる
first [副詞]最初に, まず
He raises his ↻
as well 同様に, (〜も)また ↻
check （ちょっとしたことを)調べる, 確認する ↻

BROWN : Mr. Fitzpatrick.

Fitzpatrick rises.

FITZPATRICK: It was Charles's son who hurt his hand. Electrocution burn.

Charles's [所有格]チャールズの ↻

BROWN : And on what point does the case turn, Mr. Fitzpatrick?

on what point does the case turn どの点が争点となるのか ↻

FITZPATRICK: McGee promised to fix the hand by performing a skin graft. But McGee wasn't very familiar with the procedure. And the results weren't quite what he'd planned.

fix 治す, 治療する

perform 実行する, 行う
skin graft 皮膚移植
skin 皮膚
graft 移植
be familiar with 〜 〜に慣れている, 〜をよく知っている
procedure 処置, 治療, 手術, 手順
not quite 〜 〜というわけではない
what (…する)もの[こと] ↻
he'd = he had
let something lie そのままにしておく, 放っておく

Ruth can't let it lie. She decides to raise her hand.

BROWN : Question already, Mrs. Ginsburg?

RUTH : Correction, Professor Brown. McGee did not simply promise to fix George Hawkins's hand. He promised, quote: a one hundred-percent good hand.

let (人)が(人・事)に〜させる, (人・事)に(〜すること)を許す →p.221
already [副詞]すでに, もう ↻
correction 訂正
simply 単に, ただ〜のみで
quote 引用文, 引用語句 ↻

FITZPATRICK: That's the same thing.

same 同じ →p.141

BROWN : Is it? What say you, Mrs. Ginsburg?

Is it? ↻
What say you? ↻

ブラウン ：誰か彼を助けてあげてくれないか。

フィッツパトリックはルースの手が最初にあがるのを見る。彼は自分の手も同様にあげる。ブラウンはルースを見て、座席表を確認する。

ブラウン ：フィッツパトリック君。

フィッツパトリックが立ち上がる。

フィッツパトリック：手を怪我したのはチャールズの息子です。感電によるやけどです。
ブラウン ：この裁判ではどの点が争点となるのかね、フィッツパトリック君？
フィッツパトリック：マッギーは皮膚移植を行って手を治すと約束しました。しかしマッギーは処置に慣れていませんでした。そして結果は彼が計画していたものとは違いました。

ルースは放っておくことができなかった。彼女は手をあげることを決める。

ブラウン ：もう質問か、ギンズバーグ君。
ルース ：訂正です、ブラウン教授。マッギーは単にジョージ・ホーキンスの手を治すと約束したわけではありませんでした。彼は約束しました。以下、引用「100％良い手にする」と。

フィッツパトリック：同じことだ。
ブラウン ：同じことかね？　どう思う、ギンズバーグ君？

■ **He raises his**
= He raises his hand
前述に Ruth's hand とあるので hand が省略されている。
■ **as well**
会話ではjustを付けて、「〜と同様に」の意味になる。
■ **check**
ex. He checked the date.（彼は日付を調べた）、check the engine（エンジンの調子をみる）
■ **Charles's**
s で終わる単語にアポストロフィS (-'s) を付ける場合、-' のように s を省略することもできるが、-'s と -' では発音が異なる（ただし元が複数形であった場合は発音に変化はない）。
ex.Charles'[tʃárlz]-Charles's[tʃárlzɪz]、bosses'[bɔ́sɪz]-bosses's[bɔ́sɪz]
■ **on what point does the case turn**
on what pointが疑問文のため前に出ている。turn onは「（電気などを）つける」という意味があるが、ここでは「（〜の最も重要な）論点・争点となる」という意味。
ex. The trial turned on rating blame.（裁判は過失割合が争点となった）
■ **what**
= the thing that
関係代名詞。What he'd planned = The thing that he had planned（彼が計画していたもの）と、that以下が、前の the thingを修飾している。
■ **already**
疑問文で使われるときは主に、意外・驚きの気持ちを表し、ここでは「もう」「早くも」「こんなに早く」の意味合いで使われている。
ex. He has already finished the homework.（彼はもう宿題を終えました）
■ **quote**
「以下、引用開始」の意味で用いられる。引用を終える場合はunquote（引用終わり）を使う。コロン（:）はその後に続く文が引用文であることを表している。
■ **Is it?**
= Is it the same thing?
■ **What say you?**
= What do you think?; What is your opinion?（あなたはどう思う）
古い英語表現で、今でも裁判などで使われる場合がある。

RUTH : It is not. Words matter. McGee grafted skin from Hawkins's chest.

: Not only did this fail to fix the scarring, he had chest hair growing on his palm.

FITZPATRICK: Proving that a hand with a burn is worth two with a bush.

Laughter from the class.

RUTH : The Court denied Hawkins's damages...

FITZPATRICK: Hawkins did get damages! The court said he could have...

RUTH : If I may finish: Hawkins was denied damages for pain and suffering. The New Hampshire Supreme Court ruled he was entitled to damages only based on the contract being fulfilled.

: So, if Dr. McGee had set realistic expectations, instead of making grand promises, Hawkins's award likely would have been less.

BROWN : Was that an answer, Mrs. Ginsburg, or a filibuster?

As the class laughs, Ruth sits.

INT. HARVARD STUDENT UNION HALL– DAY - Ruth takes a swig of her beer. She stands before Martin and her friends, playing charades.

EMILY & FRIEND : Movie... Four words... Second word.

---

chest 胸

Not only did this fail to ⊙
fail ～しそこなう, 失敗する, しくじる →p.131
scarring 傷跡
he had chest hair growing on his palm ⊙
prove 証明する, 立証する
a hand with a burn is worth two with a bush ⊙
worth ～に値する
bush もじゃもじゃしているもの, しげみ
laughter 笑い声

Court 法廷, 裁判所
deny 否定する, 拒否する, (人)に～を与えない, 拒む ⊙
damages 損害賠償(金)
did get ⊙
he could have... ⊙
If I may finish 最後まで言わせていただければ
if もし～ならば
damages for pain and suffering 《法律》慰謝料 ⊙
pain (肉体的の)苦痛
suffering (精神的な)悲嘆, 苦悩
The New Hampshire Supreme Court ニューハンプシャー州最高裁判所
Supreme Court (国, または州の)最高裁判所 →p.235
rule 裁定する, 判決する
be entitled to ～を得る権利がある, ～する資格がある
based on ～ ～に基づいて, ～を根拠にして[ふまえて] →p.217
fulfill 果たす, 満たす, 実現する
realistic 現実的な
expectation 予想
instead of ～ing ～するかわりに ⊙
grand 大きい, 尊大な
award 裁定額, 賠償額
likely おそらく, たぶん
less もっと少ない, ～より少ない →p.145
filibuster 議事妨害
student union 学生会館 ⊙
take a swig of ～をがぶ飲みする, ～をゴクゴク飲む
charade シャレード →p.52 コラム参照

ルース ：同じじゃありません。言葉が重要です。マッギーはホーキンスの胸から皮膚を移植しました。
：傷跡の治療に失敗しただけでなく、ホーキンスの手のひらに胸毛をはやしてしまった。

フィッツパトリック：傷のある手はもじゃもじゃがある２つの手に値するという証拠だね。

クラスからの笑い声。

ルース ：法廷はホーキンスの損害賠償金を棄却し…
フィッツパトリック：ホーキンスは確かに賠償金をもらった！法廷は彼がもらえると証言した…
ルース ：最後まで言わせていただければ、ホーキンスは慰謝料を却下されました。ニューハンプシャー州最高裁判所は履行された契約に基づいた賠償金のみ受け取る権利があると判決を下しています。
：だから、もしマッギー医師が尊大な約束をする代わりに現実的な予想をしていたら、ホーキンスの賠償額はおそらくより少なかったでしょう。

ブラウン ：ギンズバーグ君、それは答えかね、議事妨害かね？

クラスの学生たちが笑っている中で、ルースは座る。

屋内－ハーバード大学学生会館－昼－ルースはビールをゴクゴクと飲む。彼女はマーティンと友達の前に立ち、シャレードをして遊んでいる。

エミリー&友達：映画… ４つの単語… ２番目の単語。

■ **Not only did this fail to**
not only（～だけでなく、～のみならず）を強調するために倒置が起こり、Not onlyのあとにdidが挿入されている。thisはマッギーがホーキンスの胸の皮膚を移植したことをthisに置き換えている。

■ **he had chest hair growing on his palm**
[have＋目的語＋doing]で、「人・物・事が目的語に～させる、～させ始める、～させておく」という意味になる。特にここでは「(ある行為の結果)目的語が～している状態である、～しているのを経験する」という意味である。

■ **a hand with a burn is worth two with a bush**
英語のことわざA bird in the hand is worth two in the bush.（手の中にある1羽の鳥はしげみの中の2羽の鳥の価値がある。明日の100より今日の50）をホーキンスの例に言い換えたもの。

■ **deny**
SVO₁O₂の文型をとって、「(法律などが)O₁にO₂を与えることを拒絶する。O₁の要求を拒む」
ex. He was denied admittance.（彼は入場を拒否された）、The boss denied him a chance to speak.（上司は彼に話す機会を与えなかった）

■ **did get**
didがgetを強調している。動詞を強調したい時は動詞の前に助動詞doをたす。

■ **he could have …**
= he could have got damages

■ **damages for pain and suffering**
損害賠償金のうち精神的な被害に対して慰謝する賠償金のこと。その他、payment for pain and sufferingやcompensation for mental sufferingなどとも言う。

■ **instead of ～ing**
instead of ～ingとwithout ～ingはどちらも「～しないで」と日本語訳する場合があるが、違いがある。A instead of BはAとBを同時に行えず、A without BはAとBを同時に行える。
ex. He watches TV instead of studying.（彼は勉強しないでテレビを見ている）、I walked out without being noticed.（私は気づかれずに外に出た）

■ **student union**
学生自治会の総称として使われる。hallやbuildingをつけなくても、これだけで学内にある学生会館などの建物自体を指すこともある。

Then Ruth holds up seven fingers.

FRIEND	: Seven. Seven.
MARTIN	: Uh, oh.
EMILY & FRIEND	: Fourth word.

Ruth thinks, then starts scratching. The men laugh.

EMILY	: Ape! Gorilla!
FRIEND	: Monkey!
EMILY	: Monkey Business!
FRIEND	: Ape! Monkey! Ape!

Ruth does her best Marilyn Monroe. Posing. Back arched. Butt out.

FRIEND	: Monkey on my back!

The men laugh more. Martin laughs so hard his stomach hurts. Ruth reminds them.

FRIEND	: Second word. Seven.
EMILY	: Seven Brides for Seven Brothers.
FRIEND	: What's that have to do with monkeys?
MAN 1	: And....
EMILY	: Oh! Oh! Oh! The Seven Year Itch!
MAN 1	: Time!
RUTH	: Yes!

Martin gets up and kisses her.

---

then [副詞]それから, 次に ↻
hold up あげる

scratch 体をかく

Ape 類人猿 ↻

Monkey Business ↻

Marilyn Monroe マリリン・モンロー ↻
back 背中
arch 弓形に反らせる
butt out おしりを出す

Martin laughs so hard his stomach hurts ↻
stomach (胃・大腸・小腸を含む)腹, おなか
remind 思い出させる, 気づかせる →p.145

Seven Brides for Seven Brothers ↻
have to do with ~ ～と関係がある

The Seven Year Itch ↻

それからルースは7本の指をあげる。

友達	: 7。7。
マーティン	: あー、ああ。
エミリー&友達	: 4番目の単語。

ルースは考えて、体をかき始める。男性たちは笑う。

エミリー	: 類人猿！　ゴリラ！
友達	: サル！
エミリー	: 『モンキー・ビジネス』！
友達	: 類人猿！　サル！　類人猿！

ルースは一生懸命マリリン・モンローの真似をする。ポーズをとる。背中を反らせる。おしりを突き出す。

友達	: 背中の上にいるサル！

男性たちはさらに笑う。マーティンは笑いすぎて腹が痛くなる。
ルースは彼らに念を押す。

友達	: 2番目の単語。7。
エミリー	: 『掠奪（りゃくだつ）された7人の花嫁』。
友達	: サルと何の関係があるの？
男性1	: あと…
エミリー	: あ！　あ！　あ！　『七年目の浮気』！
男性1	: 時間だ！
ルース	: 正解！

マーティンは立ち上がり、ルースにキスをする。

■ **then**
= next
順序を示すために、このセリフのように first と共に使われることも多い。
ex. He stayed in Paris then went to Italy.（彼はパリに滞在して、それからイタリアへ行った）、We'll have Caesar salad first, and then lobster.（まずシーザーサラダを食べて、それからロブスターにしよう）

■ **Ape**
ape はしっぽがないサルのことを指す。monkey はしっぽがあるサルのことを指す。ゴリラやチンパンジー、オランウータンは ape に分類され、ニホンザルやマントヒヒは monkey に分類される。

■ **Monkey Business**
『モンキー・ビジネス』。1952年の米国のコメディー映画。monkey business には「悪ふざけ、いたずら」という意味がある。

■ **Marilyn Monroe**
マリリン・モンロー（Marilyn Monroe 1926-1962）は、米国の女優およびモデル。戦時中に工場で働いていたところをスカウトされる。様々な映画に出演、『モンキー・ビジネス』にも出演した。1953年の映画『ナイアガラ』で初主演を務め、その後『紳士は金髪がお好き』や『七年目の浮気』など主演作が大ヒットし、一躍トップスターとなった。

■ **Martin laughs so hard his stomach hurts**
= Martin laughs so hard that his stomach hurts.
笑いすぎた結果、腹が痛くなるというように、何かの結果で何かが起こる場合 that を省略できる。

■ **Seven Brides for Seven Brothers**
『掠奪（りゃくだつ）された7人の花嫁』。1954年の米国映画。アカデミー作曲賞を受賞した作品で、1982年にはブロードウェーで舞台として上演された。納屋を作る場面のダンスが有名である。

■ **The Seven Year Itch**
『7年目の浮気』。1955年の米国のコメディー映画。マリリン・モンローが主役を演じている。地下鉄の通気口に立ったマリリン・モンローの白いスカートが巻きあげられるシーンはあまりにも有名である。タイトルの itch は名詞では「熱望」という意味の他に「むず痒さ」、動詞では「～したくてうずうずする」という意味の他に「～がかゆい」という意味があるので、ルースは4番目の単語のジェスチャーとして体をかく。

MARTIN	: Ruthless Ruthy strikes again!	ruthless 無慈悲な, 無情な strike 襲う, 攻撃する again 再び, また, もう一度
She jabs him in the gut playfully with an elbow.		jab すばやく突く gut 腹, おなか playfully ふざけて, 冗談半分に elbow ひじ
MAN 1	: Okay. Next round's riding on you.	round 一試合, 一勝負〔回・ラウンド〕 ride (on) (物事の成り行きが) 〜にかかっている, 〜次第だ
MARTIN	: Alright.	alright よろしい, よし, では(話の切り出し, 転換) ◑
Martin picks his clue from a hat.		clue ヒント, 手がかり hat 帽子 ◑
RUTH	: Don't worry. He's very good.	
MARTIN	: Thank God, because she actually broke up with someone for being bad at charades.	Thank God ありがたい ◑ break up with (交際相手と)別れる
FRIEND	: You didn't really?	
RUTH	: It was a manifestation... of his being an idiot.	It was a manifestation of his being an idiot ◑ manifestation 表れ, 表示 idiot 愚か者, 馬鹿者
MARTIN	: See?	
EMILY	: Don't worry. I'm comfortable being smarter than you.	be comfortable 〜ing 〜することが快適である
MAN 2	: Oh, thank you.	
FRIEND	: Alright. Everybody ready?	ready 準備した, 用意のできた, 整った, (人が)すぐに〔いつでも〕〜できる ◑
Martin begins.		
MAN 1	: A song.	
Martin curls his lip, shakes his arms, and gyrates his hips.		curl one's lip 口をゆがめる, 唇をゆがめる gyrate 回転する, 体をくねらせる ◑
MAN 1	: By Buddy Holly. Bill Haley.	Buddy Holly バディ・ホリー ◑ Bill Haley ビル・ヘイリー ◑

マーティン ：無慈悲なルーシーはまたしても襲いかかる！

彼女はふざけて肘で彼のお腹をつつく。

男性1 ：よし。次は君の番だ。
マーティン ：わかった。

マーティンは帽子から自分のヒントを取り出す。

ルース ：心配しないで。彼はとても上手なの。
マーティン ：よかった。だって彼女はシャレードが下手とい
　　　　　　　　う理由で男と別れたことがあるんだから。
友達 ：嘘でしょ？
ルース ：あれはしるしだったのよ、彼が馬鹿だっていう。

マーティン ：わかっただろ？
エミリー ：心配しないで。私はあなたより賢いことが苦に
　　　　　　　　ならないわ。
男性2 ：ああ、ありがとう。
友達 ：よろしいですか。みなさん、準備は？

マーティンは始める。

男性1 ：歌だ。

マーティンは唇をゆがめ、腕を振り、おしりを振る。

男性1 ：バディ・ホリー。ビル・ヘイリー。

■ **alright**
= all right
対話やくだけた文章で用いられる。この綴りは正しい綴りでないとする意見も多いが、新聞、雑誌、私的な手紙などによく見られ、標準語法となりつつある。しかし、正式な書き言葉では all right の方がよく使われる。

■ **hat**
日本語では頭からかぶるものを一般的に帽子と言うが、英語には一般的な総称がない。つばのある帽子はhat、つばのない帽子はcapと言い、使い分ける。

■ **Thank God**
= Thank goodness
悪いことが起こらなくて嬉しかった時に使う言葉。
ex. Thank God I'm safe!（ありがたい、助かった）

■ **It was a manifestation of his being an idiot**
= It was a manifestation that he was an idiot.

■ **ready**
= prepared; all set; set
ex. Are you ready to go home?（帰る準備はできましたか）、We are ready for school.（学校へ行く準備はできている）、Lunch is ready.（昼食の準備ができました）

■ **gyrate**
発音は[dʒáiəreit]。

■ **Buddy Holly**
バディ・ホリー（Buddy Holly 1936-1959）米国のロックミュージシャン。当時は大きなバンドが主流だったが、お金がないため4人でギター2本とベースとドラムでバンドを組み演奏をした。後にこのスタイルがバンドのスタイルとして定着する。チャーター機に乗っていたところ墜落し、若くして亡くなる。ビートルズなど多くの人たちに影響を与えた。

■ **Bill Haley**
ビル・ヘイリー（Bill Haley 1925-1981）米国のミュージシャン。1950年代中頃におこるロックンロールブームの先駆者の1人。映画『暴力教室』のオ　プニングとして使われた『ロック・アラウンド・ザ・クロック（Rock Around the Clock）』はロックンロールの最初で最大のヒット曲と言われ、全世界で2,500万枚売り上げた。

MAN 1	: By Elvis.	Elvis　エルビス・プレスリー ↺
MAN 2	: Three words. First word.	

He points to a blue book.

MAN 2	: Table?	
MAN 1	: A glass? A book?	
RUTH	: Reading!	
MAN 2	: Blue! Blueberry Hill!	Blueberry Hill ↺
MAN 1	: No, that's Fats Domino.	Fats Domino　ファッツ・ドミノ ↺
MAN 2	: Third word. Third word. Carpet.	
MAN 1	: Dancing?	

Pointing to his feet, Martin does a bit of fancy footwork.

a bit of　ちょっとした ↺
fancy　軽快な
footwork　足さばき, 足技

FRIEND	: Nice moves!

Martin winces, clutching his belly. And cries out.

wince　(痛みなどに)ひるむ, たじろぐ
clutch　しがみつく, ぐいとつかむ
belly　腹, 腹部
cry out　叫ぶ, 大声をあげる

EMILY	: No sound effects!	sound effects　音響効果
MAN 1	: Blue Suede Shoes!	Blue Suede Shoes ↺

Martin winces and drops to the floor.

MAN 2	: Come on, Marty, you're a lightweight.	come on　[口語]さあ ↺ Marty　マーティ ↺ lightweight　つまらない, まじめでない

Ruth knows something's wrong. She rushes to Martin.

wrong　(人の)具合が悪い

RUTH	: Marty? Marty! Help! Help!

男性1	：エルビス。
男性2	：3つの単語。最初の単語。

マーティンは青い本を指さす。

男性2	：テーブル？
男性1	：グラス？　本？
ルース	：読書！
男性2	：青！　『ブルーベリー・ヒル』！
男性1	：違うよ、それはファッツ・ドミノだ。
男性2	：3番目の単語。3番目の単語。絨毯。
男性1	：ダンス？

自分の足を指しながら、マーティンはちょっとした軽快な足技をする。

友達	：すばらしい動きだわ！

マーティンは痛さにたじろぎ、自分の腹をぐっとつかむ。そしてうめく。

エミリー	：音はなしよ！
男性1	：『ブルー・スエード・シューズ』！

マーティンは痛みにたじろぎ、床に倒れる。

男性2	：いい加減にしろ、マーティ、つまらないぞ。

ルースは何かがおかしいと気づく。彼女はマーティンに駆け寄る。

ルース	：マーティ？　マーティ！　助けて！　助けて！

■ **Elvis**
エルビス・プレスリー（Elvis Presley 1935 - 1977）米国のミュージシャンおよび映画俳優。ビル・ヘイリーと同じロックンロールブームの先駆者の1人。後のアーティストに多大な影響を与えたことから、キング・オブ・ロックンロール（ロックの王様）と称される。1956年に発売したシングル『ハートブレーク・ホテル（Heartbreak Hotel）』は世界的にも大ヒットし、その後も数々の名曲を出している。

■ **Blueberry Hill**
『ブルーベリー・ヒル』。1940年に発表された歌。1950年代にファッツ・ドミノがロックンロールバージョンで歌ったことにより一躍有名になる。エルビス・プレスリーもこの曲をカバーしている。

■ **Fats Domino**
ファッツ・ドミノ（Fats Domino 1928-2017）R&Bとロックンロール歌手、作曲家、ピアニスト。独自のピアノ演奏スタイルで、黒人だけでなく白人からも支持された黒人ミュージシャン。ロックンロールに多大な貢献をした人物と言われる。

■ **a bit of**
数えられない名詞に付く場合は「少量の、ちょっとした」という意味。抽象名詞に付く場合は「1つの」という意味。a＋名詞に付くと「少々〜」という意味。a piece of よりは略式で、少量の意味が強くなる。
ex. a bit of paper（紙切れ）、a bit of advice（1つの忠告）、a bit of a problem（少々問題だ）

■ **Blue Suede Shoes**
『ブルー・スエード・シューズ』。1956年にカール・パーキンスが発表したシングル曲。多数の人にカバーされており、エルビス・プレスリーもカバーした。エルビスがカバーした際にパーキンスは入院しており、『ブルー・スエード・シューズ』はエルビスの曲として定着してしまった。

■ **come on**
会話表現の中で、色々な意味合いで使用される一言。「さあ」「来て」「お願いだから」「冗談でしょ」など、様々な用途で使用されるので、前後の内容や話す人の口調から理解する必要がある。
ex. Come on! Everybody's waiting.（早く！みんな待ってるよ）

■ **Marty**
= Martin
親しみを込めて名前を省略して呼ぶ。

MAN 1	: Is he alright?
MAN 2	: Go get some help!

get some help　手を借りる

INT. HOSPITAL WAITING ROOM – NIGHT - Ruth sits in the waiting room anxious for news about Martin. She approaches the NURSE'S station.

waiting room　（駅・病院などの）待合室
anxious for　～を切望している
station　（人・物が配置される特定の）場所

RUTH	: Excuse me.
NURSE	: Just a moment, please.

Excuse me.　すみません ↻
Just a moment, please　少し待ってください
just　（命令文とともに）ちょっと～だけなんだけど ↻
moment　瞬間・時間 ↻

A nurse picks up the phone.

RUTH	: Excuse me.
NURSE	: Just a moment, I need to make a call. Yes. Can we have the results today?

make a call　電話をかける

result　結果

She notices an emergency room DOCTOR passing by. Ruth pursues him.

She notices an emergency room doctor passing by. ↻
notice　～に気がつく
emergency room　救急処置室
pass by　通り過ぎる
pursue　追いかける
Excuse me? ↻
examine　診察する
wonder　～かしら、～だろうか
think (that)　～と考える、思う、みなす
be able to　～することができる ↻
sitter = baby sitter　ベビー・シッター、子守
patient　患者
Right　わかりました ↻

RUTH	: Excuse me? Doctor?
	: You examined my husband. I'm wondering when you think he'll be able to leave. I need to call the sitter. I...
DOCTOR	: What's the patient's name?
RUTH	: Martin Ginsburg.
DOCTOR	: Right. Ginsburg... He's not going home today.
RUTH	: Excuse me?
DOCTOR	: We have more tests to run.
RUTH	: What kind of tests?

run　（実験などを）行う、実行する

kind　種類

Her voice stops him in his tracks.

in one's tracks　その場で

男性1	：大丈夫か？
男性2	：誰か呼んでこよう！

屋内－病院の待合室－夜－ルースは待合室に座ってマーティンの知らせを待ちわびている。彼女はナースステーションに近づく。

ルース	：すみません。
看護師	：少しお待ちください。

看護師は受話器を取る。

ルース	：すみません。
看護師	：ちょっと待って。電話をかけなきゃ。はい。今日、結果をもらえますか？

ルースは救急処置室の医師が通り過ぎていくのに気づく。ルースは彼を追いかける。

ルース	：すみません？　先生？
	：私の夫を診察されましたよね。夫はいつ退院できるのかと思いまして。ベビー・シッターに連絡しなければならないので…
医師	：患者の名前は何ですか？
ルース	：マーティン・ギンズバーグです。
医師	：わかりました。ギンズバーグ…　彼は今日は家に帰れません。
ルース	：何ですって？
医師	：もう少し検査を行います。
ルース	：どんな検査ですか？

彼女の声で医師は立ち止まる。

■ **Excuse me.**
謝罪としての「ごめんなさい、すみません、失礼しました」という意味と、ていねいな表現としての「ごめんください、失礼ですが」という意味で、人に話しかける時に使う。あるいは、混雑する電車の中で、誤って他人に触れてしまった時、途中退席、人混みを押し分けて進む時、また、くしゃみをしてしまった時、通りがかりの人へ話しかける時などに頻繁に使用する。日常的な会話表現。英国では、Excuse me以外に、[I'm] sorry.も良く使われる。

■ **just**
Just stay here a moment.（ちょっとお待ちください）のように命令文の意味を弱めたり、Don't waste time ― just do it.（ぐずぐずしないですぐにしなさい）のように時には強調、いらだちを表す。強める語（動詞）の前に置くのが原則で、主語のあと、動詞の前に置く。
ex. I just want to say "Thank you".（私はただ「ありがとう」と言いたいだけだ）

■ **moment**
ある特定の時を表す。
ex. The telephone rang at the very moment.（まさにその時、電話が鳴った）

■ **She notices an emergency room doctor passing by.**
notice人～ingで「人が～しているのに気づく」という意味。目にした光景をそのまま伝える働きがある。
ex. I noticed a man leaving the house.（男性が家を出ていくのに気づいた）

■ **Excuse me?**
Excuse me.と違い、発音される語尾が疑問形で上がると、「すみませんが、もう一度おっしゃってください」の意味になる。誰かの発言がよく聞こえなかったり、発言内容に違和感をおぼえたりした場合、このように言って聞き直すことがよくある。→p.79参照。

■ **be able to**
＝can
助動詞willの後には助動詞を続けられないので、be able toを使う。

■ **Right**
相づちを打って「その通りですね、わかりました」や、注意をひくために「それじゃあ」、確認のために「いいですね」という意味で使うこともある。

DOCTOR	: Various kinds. He's gonna be with us a while.	**gonna** = going to ↺ **while** [名詞]しばらくの間
RUTH	: What tests? I need to see him.	
DOCTOR	: Just go home. Get some rest. We'll know more in a few days. Now, if you'll excuse me.	**rest** 休憩, 休息 **in a few days** 2, 3日(数日)経てば **if you'll excuse me** この辺で失礼します

INT. GINSBURG HARVARD APARTMENT – NIGHT - Ruth sees off Emily.

see off (人を)見送る, 送り出す

EMILY	: How is he?	
RUTH	: Fine.	**fine** [形容詞]元気である, 良い ↺
EMILY	: Call any time. Okay?	**any time** いつでも **Okay** OK, オーケー ↺
RUTH	: Bye.	

INT. HOSPITAL ROOM - DAY - Ruth holds Martin's hand. He wakes up.

hold 持つ, 握る
wake 目が覚める, めざめる

MARTIN	: Hi.
RUTH	: Hi.

Ruth sees his plate.

plate 皿

RUTH	: At least you got a break from my cooking.

at least 少なくとも, 最低に見積もっても ↺
break 休み, 休憩

DOCTOR WYLAND LEADBETTER enters.

Wyland Leadbetter ワイランド・レッドベター ↺

LEADBETTER	: Afternoon.
MARTIN	: Hey, Doc.
RUTH	: Dr. Leadbetter.
LEADBETTER	: It's as we feared. Marty, you're young, and we caught it early. We've pioneered a new treatment here. It entails numerous surgeries, each followed by a course of radiation.

It's as we feared. ↺
catch (病気などを)発見する (catch-caught-caught)
We've = We have
pioneer 開発する, ～の開発の先導となる
treatment 治療, 処置
entail 要する, 伴う
numerous 多数の, たくさんの
surgery 外科治療手術
each それぞれ, 各～ ↺
followed by ～ ↺
a course of (治療の単位)クール
radiation 放射線

医師　　　：数種類の検査を。彼はしばらく病院にいる予定
　　　　　　　です。

ルース　　：どんな検査ですか？　彼に会わせてください。

医師　　　：家に帰って。休みなさい。2、3日すれば詳し
　　　　　　　いことがわかるでしょう。この辺で失礼します。

屋内－ハーバード大学内にあるギンズバーグのアパート－夜－
ルースはエミリーを見送っている。

エミリー　：彼の具合はどう？

ルース　　：元気よ。

エミリー　：いつでも電話してね。いい？

ルース　　：またね。

屋内－病室－昼－ルースはマーティンの手をにぎっている。マー
ティンが目を覚ます。

マーティン　：やあ。

ルース　　：おはよう。

ルースは食事の皿を見る。

ルース　　　：少なくとも私の料理から離れられるわね。

ワイランド・レッドベター医師が入ってくる。

レッドベター：こんにちは。

マーティン　：こんにちは。先生。

ルース　　：レッドベター先生。

レッドベター：恐れていた通りです。マーティ、君は若い、そ
　　　　　　　して早期発見だった。私たちはここで新しい治
　　　　　　　療を行なっている。いくつか手術を行い、放射
　　　　　　　線治療も加えます。

■ gonna
= going to
歌詞等特殊な場合以外、通常は文面では
このようには表さない。going　toとwill
はどちらも「～するつもり、～する予定」
という意味だが、going toはすでに決め
ていることを指し、willはその場で決めた
事を指す。
ex. We're going to spend our
holidays in Hawaii this year.（今年は
休暇をハワイで過ごすつもりだ）、I will
be a good boy from now on.（これか
らはいい子にします）

■ fine
「元気である、良い」の他に、「細かい」とい
う意味や、同音異義語で「罰金」（名
詞）「～に罰金を科する」（動詞）という
意味があるので注意が必要。
ex. He looked fine this morning.（彼
は今朝元気そうだった）、A fine rain
was falling.（細かい雨が降っていた）、
He has to pay a fine for illegal
parking.（彼は駐車違反の罰金を払わな
ければならない）

■ Okay
納得、承知を意味する。同義語としては、
all right.ここではエミリーが念を押すた
めに使っている。

■ at least
ex. You should brush your teeth at
least once a day.（少なくとも1日1回
は歯を磨くべき）、It takes three hours
at least to get there.（そこへ行くには
少なくとも3時間かかる）

■ Wyland Leadbetter
泌尿器学の権威。ファイ・ベータ・カッパ
（p.33参照）の会員。マーティンに癌が見
つかった1957年、彼はマサチューセッツ
総合病院の泌尿器科長であり、ハーバー
ド医科大学院の教授でもあった。

■ It's as we feared.
= It is as we feared.
直訳すると「それは私たちが恐れていた
ことです」という意味。

■ each
= each of these numerous surgeries
2つ以上の人（物）について一つ一つ取り
立てて言う時に用い、everyより個別性
が強い。

■ followed by ～
ex. Spring is followed by summer.（春
の後に夏が来る）

LEADBETTER:	There's a chance you can go on to a healthy, happy life, as if none of this had happened.	chance 可能性 go on to ～を続ける life 人生 as if まるで～であるように, あたかも～のように ⊙
RUTH	: Wh...what kind of "a chance"? Dr. Leadbetter, we'd rather know what we're facing.	none of ～ （何1つ）～ない →p.203 what kind of ⊙ we'd rather know ⊙ rather むしろ face 直面する
LEADBETTER:	The survival rate for testicular cancer has been about five percent.	survival rate 生存率 testicular cancer 精巣がん
MARTIN	: Thanks for the honesty, I think.	I think. ⊙
LEADBETTER:	I'll let you two talk.	you two ⊙

Ruth lies on the bed beside Martin.

lie 横たわる, 横になる ⊙
beside ～のそばに, ～と並んで

RUTH	: We're never giving up. Keep working. Keep studying. Jane will have her father. You will be a lawyer. I am spending my life with you, Martin Ginsburg.	give up あきらめる keep ～ing ～し続ける work [動詞]働く spend （時間を）費やす, 過ごす

レッドベター：まるで何もなかったように、健康的で幸せな生活を続けられる可能性もあります。

ルース：ど… どれくらいの「可能性」ですか？ レッドベター先生。むしろ私たちが直面していることを知りたいです。

レッドベター：精巣癌の生存率は約5%です。

マーティン：正直に教えてくださりありがとうございます。

レッドベター：2人でお話を。

ルースはベッドでマーティンのそばに横たわる。

ルース：私たちは決してあきらめないわ。仕事を続けて。勉強も続けるの。ジェーンにはこれからも父親がいる。あなたは弁護士になるの。私はあなたと一緒に人生を送るわ、マーティン・ギンズバーグ。

■ **as if**
p.130 As if civil rights were sweets to be handed out by judges.のように事実と逆のことを述べる仮定法の意味合いが込められることもあるため、as ifに続く節には仮定法の過去時制または過去完了形を使うのが一般的。
ex. She behaves as if she were a child.（彼女はまるで子供みたいにふるまう）

■ **what kind of**
ex. What kind of distance can you swim?（どれくらいの距離を泳げますか？）

■ **we'd rather know**
= we would rather know
「正直におっしゃって」という意味。

■ **I think.**
挿入語句的に用いて、「〜かな」のような曖昧さを加えている。ここでは「ありがとうと言うべきだろうな」といったニュアンス。

■ **you two**
you twoは「あなたたち2人」という意味。youは「あなた」という意味だが、複数形でもyouを使う。「あなた」と「あなたたち」を使い分ける際、複数形の場合はyouの後に単語を付け加えて表現する。

■ **lie**
現在分詞はlying、また同形異義語のlie（嘘をつく）についてはp.85参照。

シャレード

　シャレードとは、声を出さずに身振り手振りで決められた言葉やお題を演技し当てる遊びである。しかし、シャレードが登場した当時は、今主流になっているジェスチャー・ゲームとは遊び方が異なっていた。

　シャレードは 18 世紀にフランスで生まれたもので、フランス南部で使われていたプロヴァンス語で「会話」を意味する charrado が語源であると言われている。当時のシャレードは身振り手振りで言葉を表すのではなく、単語をいくつかに分け、分けた部分を言葉を使ってヒントを出し、当てていくという遊びだった。フランスで流行し、その人気はやがてイギリスにも伝わっていく。当時の雑誌や本の中でシャレードの問題が掲載されるほど親しまれた。イギリスの小説家ジェーン・オースティン（Jane Austen 1775-1817）の『エマ（*Emma*）』の第 9 章には次のシャレードが載っている。

　　　　My first doth affliction denote,

　　　　Which my second is destin'd to feel

　　　　And my whole is the best antidote

　　　　That affliction to soften and heal.

上のシャレードの試訳と答えは次である。

　　　　私の最初（の音節）は苦悩を意味し（＝ woe）

　　　　私の 2 番目（の音節）は苦悩を感じる運命にある（＝ man）

　　　　そして私全体は最高の解毒剤（＝ woman）

　　　　その苦悩を和らげ癒してくれる

苦悩を表す英単語は woe、苦悩を感じる運命にあるのは man、それをつなげると woman になり、woman は苦悩を和らげる解毒剤だと言っている。単語を 2 つに分け、部分ごとに最初の謎と次の謎を出し、最後に全体の謎を出すことによって答えを導き出す。当時はこういった謎解き形式のシャレードが人気を博していた。

　19 世紀にシャレードは、言葉による謎かけから、より大掛かりな謎かけへと変化していく。話の一幕ごとにヒントがあり、答えを

演じる一幕で終わりを迎える演じるシャレードが普及していく。イギリスの小説家ウィリアム・メイクピース・サッカレー（William Makepeace Thackeray, 1811-1863）の『虚栄の市（*Vanity Fair*）』の第51章では、In Which a Charade is Acted Which May or May Not Puzzle the Reader という章題通り、1章すべてが演じるシャレードで構成されている。第51章の第1幕では First two syllables（最初の2音節）と叫び、また第2幕では Last two syllables（最後の2音節）と言う場面があり、作中の芝居を通して読者に謎を問いかけている。

その後、シャレードの形はいくつかの変化を遂げるが、イギリスのクイズ番組でシャレードが取り上げられるようになり、今主流のジェスチャー・ゲームの形へと発展していく。身振り手振りで言葉を表すシャレードは、イギリスだけでなくアメリカやカナダなど、色々な地で遊ばれるようになっていった。

映画『ビリーブ』では、ルースやマーティンは映画や歌のタイトルを当てるという遊び方をしている。タイトルの単語数を指で示したり、その単語のジェスチャーをして答えを導くようにしている。その他にも、シャレード本来の遊び方である単語や熟語を当てる遊び方がある。ジェスチャー・ゲームでは言葉でのヒントが出せないので、音節が何個あるのかを伝え、単語の意味をジェスチャーで表現するのである。単語や熟語の勉強にもなり、面白い。

作中でルースは、映画を表すジェスチャーをする際、手をクルクルと回していた。この動きは、昔の映画がフィルムで撮影されていたからだ。今はデジタルの時代でフィルムというものを知らない人もいるかもしれないが、昔はフィルムに映像を映し、そのフィルムを回して映画を上映していた。そのため、ルースは手を回すことで映画を表していたのだ。時代によって表現の仕方は変化する。みなさんなら今の映画をジェスチャーでどう表現するだろうか。

色々な楽しみ方ができるシャレード。興味があればぜひ挑戦してみてほしい。　　　　　　　　　　　井澤　佳織（金城学院大学）

Seeking Employment

FREUND : (v.o.) **Judicial consistency... The doctrine of stare decisis comes from English Common Law...**

Ruth enters as Freund continues lecturing.

FREUND : **Which also provides the first examples of circumstances where precedents may be overturned.**

Ruth finds a seat in back.

RUTH : **Excuse me.**
FREUND : **Judges are bound... Excuse me. May I help you?**

She rises tentatively.

RUTH : **I'm, I'm Martin Ginsburg's wife. I'll be attending his classes for him.**

<table>
<tr><td>

EXT. HARVARD CAMPUS – DAY - *Ruth rushes through the snow-covered campus to get to class, which has already started. PROFESSOR FREUND lectures before a full class.*

</td></tr>
</table>

seeking employment 就職活動 ⊙
seek 探す，求める
employment 仕事，雇用
campus 構内
rush 急いで行く
snow-covered 雪で覆われた
lecture [動詞]講義をする
full 満席の
v.o. = voice-over（語りが）画面外で
judicial 司法の ⊙
consistency 一貫性
doctrine 原理 ⊙
stare decisis 先例拘束性 ⊙
come from ～からくる
English Common Law コモンロー ⊙
continue ～し続ける →p.91

provide 定める→p.231

circumstance （通例複数形で）(付帯)状況，(出来事などの)周囲の事情
precedent 《法律》判例法, 判例, 先例 →p.227
overturn （決定・判決などを）覆す，破棄する
in back 後方の

judge 裁判官，判事，司法官 →p.113
bound 縛られた，bind（縛る）の過去分詞形
May I help you? どうなさいましたか
tentatively [副詞]おずおずと，ためらいがちに

attend 出席する，～に通う
class 授業

就職活動

■■■■■■■■■■■■■■■■■■■■■■■■■■■■■■■

屋外－ハーバード大学構内－昼－ルースは、既に始まっている講義を受けるために、雪で覆われた構内を大急ぎで走る。フロイント教授は、満席のクラスを前に講義をしている。

フロイント ：（画面外）司法の一貫性…　先例拘束の原理は、英国のコモンローからきていて…

ルースはフロイントが講義を続けている時に入る。

フロイント ：英国のコモンローはまた、先例が覆されるかもしれない状況での最初の例ともなる。

ルースは後方の席を見つける。

ルース ：すみません。
フロイント ：裁判官は、拘束されている…　失礼。どうしましたか？

彼女はおずおずと立ち上がる。

ルース ：私は、私はマーティン・ギンズバーグの妻です。彼のために彼の講義に出席します。

■ **seeking employment**

直訳すれば、職を探すこと。seekの同義語はtry to find, look for, search for。employmentの同義語はp.105 job を参照。

ex. I seek employment at the high school as a teacher.（その高校に私は教員としての職を求めている）

■ **judicial**

司法とは、権力の集中や濫用を防止し、国民の政治的自由を保障するために、国家権力を立法（legislative）、司法、行政（executive）の三権に分け、それぞれ独立した機関に委ねようとして定められた際にできた一機関で、法律に基づいて行う、民事、刑事、及び行政事件の裁判のこと。

■ **doctrine**

事物、事象がよりどころとする基本法則のことで、theという定冠詞が付いていることから、この場合の原理は、of 以下のstare decisis（先例拘束の原理）と合わせて、the doctrine of stare decisisという一句で、「先例拘束の原理」として理解すると良い。

■ **stare decisis**

ラテン語で、「先例拘束性（の原理）」、英語に訳せば「standing by the decision」という意味。先例の判決が、その後同様の事件の判決を拘束する原理を意味する。つまり、1つの判決により定立された法の解釈は、その後同様の事件において、先例として、裁判所が遵守することを要求するという法の原理のこと。

■ **English Common Law**

英国法において発生した法概念であり、衡平法（equity）と対比されるもの。中世以来、英国王の裁判所が伝統や慣習、先例に基づき、裁判を行なってきた中で発展した法分野のこと。コモンロ　の概念によれば、記録のない時代から英国人を律してきた慣行（usages）と慣習上の準則(customary rules)で成り立ち、個人の正義(private justice)と公共の福祉の一般原理で補足された、完成された理性(the perfection of reason)であり、「神の法」とされるもの。なお、コモンローのことを先例法理と呼ぶ場合もある。

Freund seems surprised by it.

FREUND	: In addition to your own?
RUTH	: Yes, Professor Freund.
FREUND	: Judges are bound by precedents. But they cannot ignore cultural change.
	: A court ought not be affected by the weather of the day, but will be by the climate of the era.

INT. GINSBURG HARVARD APARTMENT – NIGHT - Ruth sits before a typewriter reading the lecture notes to Martin, who is lying on the couch.

MARTIN	: Wait. Wait. Wait. Say that last part again...
RUTH	: A court ought not be affected by the weather of the day, but will be by the climate of the era.
MARTIN	: You're sure he said that? Of course. Of course.

Martin dictates to Ruth.

MARTIN	: The law is never finished. It is a work in progress. And ever will be.
	: Brown v The Board of Education, parenthesis 1954, was the most revolutionary Supreme Court case in the last century.

Jane cries. Ruth types the last few letters as she rises.

---

seem 〜らしい, と思われる
surprised [形容詞]驚いた

in addition to [熟語]〜に加えて, 〜である上に

ignore 無視する, 知らないふりをする
cultural 文化的な ◑
ought 〜すべきである →p.137
affect （事・状態などが）（直接的に）影響する, はね返る, 作用する →p.217
weather 天候
climate 風潮, 思潮, 気風 ◑
era 時代 ◑

typewriter タイプライター ◑

couch ソファ, 長イス

wait 待つ
last [形容詞]最後の

sure [形容詞]自信がある →p.201

dictate 口述して書き取らせる ◑

finish 完成する
work [名詞]作業
in progress 進行中の
progress 前進, 進歩
ever かつて, （疑問文で）これまでに, いつか →p.233
Brown v Board of Education ブラウン対教育委員会→p.242
parenthesis 丸括弧
revolutionary 革新的な, 革命的な, 画期的な
the last century 今世紀
type 文字をタイプする, 文字をタイプライターで打つ

フロイントは驚いたようである。

フロイント ：あなた自身の講義に加えて？
ルース ：はい、フロイント教授。
フロイント ：裁判官は、先例に拘束されている。しかし、彼らは文化的変遷を無視することはできない。
：法廷は、その日の天候には影響されるべきではないが、しかし時代の思潮には影響されるだろう。

屋内－ハーバード大学内にあるギンズバーグのアパート－夜－
ルースはソファで横になっているマーティンに、講義ノートを読みながらタイプライターの前に座っている。

マーティン ：待て。待て。待て。最後の箇所をもう一度言って…
ルース ：法廷は、その日の天候には影響されるべきではないが、しかし時代の思潮には影響されるだろう。
マーティン ：彼は本当にそう言った？　そりゃそうだ。そうだよね。

マーティンはルースに口述筆記させる。

マーティン ：法律は決して完成しない。それは前進の一作業である。そして、これからもそうだろう。
：ブラウン対教育委員会（1954）は、今世紀における最も革命的な最高裁判所の判例だった。

ジェーンが泣く。ルースは最後の数文字をタイプし、立ち上がる。

■ **ignore**
意図的に無視すること。類語のneglectは、不注意や余裕がないために怠ってしまうことを意味する。
ex. The boss ignored our mistake.（上司は私たちの失敗を大目に見てくれた）

■ **cultural**
「文化」とは、基本的に人間の生活様式の全体を指しているが、本文のこの場合、特に、哲学、芸術、科学、宗教などの精神的活動を意味している。「文化」とは、18世紀後半に、飛躍的に進んだ産業化に伴って使用されることの増えた「文明」と対比される、人間の精神面での向上を示す言葉として使用されている。ちなみに、明治時代、英語のcultureを「文化」と訳したのは、日本で初めてシェイクスピアを全訳した坪内逍遥と言われている。また、文化について、より詳しくは、マシュー・アーノルド著の Cultural and Anarchy『教養と無秩序』を読んでみるのもよい。

■ **climate**
「（年間を通じた）気候」も意味する語だが、共に使われる語により、ある時代や地域、社会などにおける支配的な風潮を表す。climateの2つの意味、そしてclimateとweatherの意味合いの違いをしっかりと理解できるとより面白く読める。
ex. a climate of opinion（世論）、the political climate（政治情勢）、She raised the climate of public opinion.（彼女は世論の風潮を指摘した）

■ **era**
通常ageより短い期間を指す。eraの幕開けはepoch（新時代）という言葉を使う。
ex. She is interested in English literature, especially, the works in the Elizabethan era.（彼女は、英文学、特にエリザベス朝の作品に興味を持っている）

■ **typewriter**
文字盤を押すことで、スタンプのように活字を紙に打ち付け、文字を印字する機械。1865年にデンマークで発明され、1870年に商業生産され、大成功を収めた商品。当時、筆記業務の高速化、原稿の清書といった目的で使用され、文書の複写もできたことから、会社の事務などでも幅広く使われた。ロンドンのオフィスなどでも20世紀初頭まで使用されていた。世界中で愛用されたが、時代の変遷とともに新商品として、ワープロが登場し、現在はPCのワードが重宝されている。

■ **dictate**
dictate A to Bで「A（文章など）をB（人）に口述して書き取らせる」。

MARTIN	: Representing Oliver Brown, et al. Thurgood Marshall…	**et al.** ～およびその他の ⊙ **Thurgood Marshal** ⊙
RUTH	: I'm not listening.	

Ruth heads to Jane's room.

head [動詞]進む

MARTIN	: …educated the Court…	**educate** 教育する **the Court** 法廷, 裁判, 裁判所, 裁判官→p.223

Jane sits up in her crib crying.

sit up 起き上がる
crib ベビーベッド

RUTH	: Come on, Jane. That's it. Come on, sweetie.	**That's it.** そこまで ⊙ **sweetie** ⊙

Ruth puts Jane back to sleep, then returns to Martin.

return （～から／元の場所・位置に）戻る, 帰る →p.233

RUTH	: Okay…

Martin has fallen asleep. She sets to work on Martin's and her own assignments.

EXT. HARVARD CAMPUS - AUSTIN HALL - DAY - Ruth and Martin walk with Jane, now 3 years-old, swinging her between them.

fall asleep 眠りに落ちる
set to ～を始める
work on 取り組む
assignment 課題 ⊙
Austin Hall オースティン講堂
hall 講堂 ⊙
Ruth and Martin walk...them ⊙
swing ぶらぶらさせる
between ～の間で
whoo! [間投詞]わぉ, それ ⊙

RUTH	: One, two, three, whoo!	
MARTIN	: One, two, three…	
RUTH	: Shall we give Daddy a rest?	**daddy** パパ →p.199
MARTIN	: One day this little angel is gonna slam a door in our face and tell us we're ruining her life. I should never have taken the job.	**one day** ある日 **angel** 天使 ⊙ **slam** バタンと閉める **in one's face** 面前で **ruin** 台無しにする, 破滅させる, 荒廃させる **take a job** 仕事に就く **job** 仕事 →p.105

i Pen

マーティン : オリバー・ブラウン他の代理人を務めるサーグッ
          ド・マーシャルは…

ルース   : 聞いてないわよ。

ルースはジェーンの部屋に向かう。

マーティン : …法廷を教育した…

ジェーンはベビーベッドで起き上がって泣いている。

ルース   : おいで、ジェーン。そこまでよ。いい子ね。

ルースはもう一度ジェーンを寝かしつけて、マーティンの所へ戻
る。

ルース   : いいわよ…

マーティンは眠りに落ちている。彼女は、彼と自分の課題に取り
組む。

屋外 − ハーバード大学構内 − オースティン講堂 − 昼 − ルースと
マーティンは、今では3歳になったジェーンを2人の間で釣り上
げながら歩く。

ルース   : 1、2、3、そーれ!
マーティン : 1、2、3…
ルース   : パパに休憩させてあげましょうか?
マーティン : いつか、この小さな天使が、僕たちの顔の前で
          扉をバタンと閉めて、人生を台無しにされたわ、
          と僕たちに言うかな。僕はその仕事に就くべき
          じゃない。

■ et al.
ラテン語の et alii または et aliae の略。
and others の意。主に論文で、著者が複
数いる文献を引用する際などに用いられ
る。この場面のように口述筆記をしてい
る場合でない限り、口頭で発せられるこ
とは珍しい。

■ Thurgood Marshal
米国の法律家で、アフリカ系アメリカ人と
して初めて合衆国連邦最高裁判事になっ
た人物。ブラウン対教育委員会の裁判で
は首席弁護人を務めた。

■ That's it.
様々な用途で頻繁に使用される一言。「以
上です」「いい加減にしなさい」「その通
り」など、様々な用途で使用されるので、
前後の内容や話す人の口調から理解する
必要がある。

■ sweetie
女性が使う言葉で、恋人や子供に対して
発する呼び方。英国英語ではキャン
ディー、砂糖菓子の意味も。

■ assignment
研究課題、宿題のこと。狭義の宿題
(homework)に比べて、assignmentは
広義で、仕事、任務という意味で使用する
こともできる。

■ Austin Hall
オースティン講堂は、19世紀を代表する
建築家、ハーバード大学出身のヘンリー・
ホブソン・リチャードソンによって設計さ
れた法科大学院のシンボルとなる建物。
ロースクールへの入学事務を行うオフィス
も、この建物の中に入っている。

■ hall
(米国では)「公会堂」意味でもよく使わ
れる。基本的には「人の集まる大きい部
屋」の意味。

■ Ruth and Martin walk...them.
Ruth and Martin が主語、walk が動詞、
with Jane は、前置詞句で第一文型を修
飾。そして now 3 years-old は、ジェーン
の年齢を詳しく説明していて、swinging
her between them の部分は、現在分詞
でルースとマーティンの状況を詳しく書い
ている。swinging の意味上の主語は、
ルースとマーティンで、her は彼らの娘の
ジェーンのこと。

■ whoo!
擬音語で、歓喜や驚きを言う時の言葉。

■ angel
ここでは、愛娘のジェーンのこと。

RUTH	:	It's a great firm. And New York is the center of the legal universe. You earned it.
MARTIN	:	You earned it. I barely survived it. I just don't wanna be away from you and Jane.
RUTH	:	You won't be. I won't allow it. I'll convince him.
MARTIN	:	Say, "Good luck, Mommy."
JANE	:	Good luck, Mommy.
RUTH	:	See you later.

INT. DEAN GRISWOLD'S OFFICE – DAY - Griswold sits at his desk, responding to Ruth's request.

GRISWOLD	:	You want a Harvard law degree, though you plan to finish your coursework at Columbia?
	:	You would do well, Mrs. Ginsburg, to remember how fortunate you are to be here.
RUTH	:	Dean Griswold, between the first and third year of law school, which is the more substantive? The more critical?
GRISWOLD	:	The first. Of course.
RUTH	:	Yet when someone transfers in as a second-year student, having taken those more important classes elsewhere, he's allowed a degree.
GRISWOLD	:	That's irrelevant.
RUTH	:	I've been here two years. I'm first in my class.

---

great （人の才能，ものや作品が）優れている，偉大な，卓越した
firm 会社，法律事務所 →p.71
center 中心
the legal universe 法曹界
legal 法律的な，法的な，合法な，法律家の ♻
survive 生き残る，何とかやっていく
wanna = want to
away 離れて
allow （人が〜するのを）許す，許可する →p.81
convince （人に〜するよう）説得する，納得させる，認めさせる
Good luck 頑張って ♻
mommy ［口語］ママ，お母さん →p.71
See you later. また後でね ♻

desk 机
respond 答える，反応する ♻
request 依頼

though ［副詞］だけど，〜だけれども →p.79
coursework 授業科目，課題
Columbia コロンビア大学 ♻

do well to 〜するのが良い，〜するのが賢明である
remember 〜を思い出す，〜を思い起こす，〜を覚えている，記憶に留める →p.153
fortunate しあわせな，幸運な
between A and B AとBの間の（で）

substantive 確固とした基盤の
critical 重大な

yet ［接続詞］しかし，でも
transfer 転校する

irrelevant 的外れな，無関係の

first 1番の

ルース	：素晴らしい会社よ。それに、ニューヨークは法曹界の中心よ。あなたは地位を得た。
マーティン	：君が得た。僕はかろうじて生き残った。君とジェーンから離れたくない。
ルース	：離れないわ。そんなこと許さない。彼を説得するわ。
マーティン	：さぁ、言ってごらん。「頑張って、ママ。」
ジェーン	：頑張って、ママ。
ルース	：また後でね。

屋内 – グリズウォルド学部長室 – 昼 – グリズウォルドはルースの質問に答えながら、机に座っている。

グリズウォルド	：君はコロンビア大学で授業科目を修了するつもりだというのに、ハーバード法科大学院の学位が欲しい。
	：ここにいられることがどんなに幸せなことか思い出してみるのが賢明では、ギンズバーグ夫人。
ルース	：グリズウォルド学部長、法科大学院の1年生から3年生の間でどの学年がより確固とした基盤となるでしょうか。また、より重大でしょうか。
グリズウォルド	：もちろん、1年生でしょう。
ルース	：しかし、それらのより重要な授業を他の大学で受講してから2年生時に転校してきた学生には、学位が許可されています。
グリズウォルド	：それは的外れな話だ。
ルース	：私はここに2年います。そしてクラスで1番の成績です。

■ legal
⇄ illegal

■ Good luck
「頑張って」と相手を応援する言葉掛けは、日常会話の中でもよく使用する表現である。'Good luck'以外だと、'Go for it.', 'You can do it.', 'I'll keep my fingers crossed.' など。もちろん、少しのニュアンスの違いはあるが、どれも相手の背中を押すポジティブなフレーズなので、機会があれば、一言添えられると、相手の笑顔を見ることができる。

■ See you later.
基本的には、近未来に会うことを前提として発する言葉である。もし上記の言葉を発せられたら、返答は同じように、'See you later.'と返しても良いし、次のような言葉で呼応しても良い。'See you.'(また ね)、'See you soon.'(またすぐ後でね)、ビジネスメールなど、もう少し丁寧な言葉が必要な場合は、'I'm looking forward to seeing you.'(お会いできるのを楽しみにしております)という一言がおすすめ。海外への渡航など、飛行機を利用する際、目的地に着陸後の機内で耳を澄ませば、類似の一文が聞こえてくるだろう。'We look forward to seeing you on board again. Thank you.'(「またのご搭乗をお待ちしております。ありがとうございました）ちなみに、最初の文は、現在進行形、次の文は、現在形である。この二文の違いの理由は、〜ingを何度も繰り返すことを避けすっきりとした表現にしているだけなので、どちらを使用しても問題ない。

■ respond
同義語の answer よりも堅い表現。

■ Columbia
米国のニューヨーク市にある1754年に創立された総合大学。全米で5番目に古く、名門校、アイビーリーグ (p.119) の1つ。幅広い分野で世界最高水準の研究が行われており、100名を超えるノーベル賞受賞者を輩出している。また、映画・文学などの芸術分野にも強く、28名のアカデミー賞受賞者を出している。学風は国際色豊かなことで知られており、外国籍の学生比率は、33%にもなる。また、今までに34名の元留学生が、世界各国で大統領、首相を務めている。第44代米国大統領バラク・オバマ氏の母校でもある。

GRISWOLD: There is no reason your husband cannot provide for you while you and the child remain in Cambridge.

RUTH : Last year, John Sumner was allowed to finish his coursework at Baltimore. Three years ago, Roy Paxton...

GRISWOLD: Very different cases.

RUTH : How are they different?

GRISWOLD: Mrs. Ginsburg, you have no compelling need to transfer.

RUTH : Marty could relapse. He may beat the odds, but the doctors say it could happen at any time. Dean Griswold, this is my family.

GRISWOLD: Nonetheless. We each have our responsibilities. And mine is to protect the distinction of a Harvard law degree. I can't force you to stay. But I won't reward you for leaving, either.

Ruth comes out of the building and watches Martin and Jane sitting under the tree.

EXT. NEW YORK CITY STREET – DAY – 1959. Ruth walks along the bustling sidewalk.

INT. GREENE'S OFFICE – DAY - Ruth goes through a revolving door into an impressive lobby. She enters an elevator full of men in suits. In his office, GREENE is reading Ruth's resume.

GREENE : Jesus, Mary, Joseph. Graduating top of your class. Law Review at Harvard and Columbia. I didn't even know that was possible.

---

provide for 養う
while [接続詞]〜の間, 〜している間, 〜と同時に →p.207
remain 残る
Cambridge ケンブリッジ ◑
Baltimore ボルティモア ◑

different 異なった

compelling 強制的に, 無理に
need [名詞]必要

relapse 再発する
beat （敵・競争相手などを）打ち負かす, 打ち砕く
odds 見込み, オッズ
happen 起きる, 起こる
at any time いつでも, どんな時でも
nonetheless それでも, それでもなお
protect 守る
distinction 名誉
force 強制する
stay 留まる
reward [動詞]報酬を与える, 報いる

watch じっと見る →p.103

street 通り, 道
along （前置詞）〜沿って
bustling 騒がしい
sidewalk 歩道
revolving door 回転ドア
impressive 荘厳な
resume 履歴書

Jesus, Mary, Joseph びっくりした ◑
Law Review 法学雑誌 ◑

possible 可能な, できる

グリズウォルド: あなたとお子さんがケンブリッジに残っている間、ご主人が養えない理由はないのだよ。

ルース : 昨年、ジョン・サムナーはボルティモアで授業科目を修了することが許されました。3年前、ロイ・パクストンは…

グリズウォルド: 全く異なるケースだ。

ルース : 彼らはどう違うというのですか?

グリズウォルド: ギンズバーグ夫人、あなたは無理に転校する必要はない。

ルース : マーティは再発する可能性があります。彼は予想を覆すかもしれないですが、でも医師たちは、いつでも再発は起こりうる、と言っているんです。グリズウォルド学部長、私の家族なのです。

グリズウォルド: それでも、私たちはそれぞれの責務を負っている。そして私の責務は、ハーバード法科大学院の学位の名誉を守ることだ。私は君を強引に留まらせることはできない。しかし去ることについて報いるつもりはない。

ルースは建物を出て、木の下で座っているマーティンとジェーンを見る。

屋外-ニューヨーク市内の通り-昼- 1959年。ルースは人でごった返す歩道を歩いている。

屋内-グリーンの事務所-昼-ルースは回転ドアを通って荘厳なロビーへと入っていく。彼女はスーツ姿の男性で満員のエレベーターに乗る。事務所でグリーンはルースの履歴書を読んでいる。

グリーン : びっくりしましたよ。首席で卒業。ハーバードとコロンビアの両大学で法律誌の編集委員。こんなことができるなんて知りもしなかったよ。

■ Cambridge

米国の東海岸にあるマサチューセッツ州ボストンの北部の都市。チャールズ川を挟んでボストンの対岸に広がる、世界屈指の学園都市。米国最古の大学であるハーバード大学、世界有数の研究機関でもあるマサチューセッツ工科大学、全米で4番目の規模を誇り、古くから有色人種や女性の留学を積極的に受け入れているボストン大学など、各大学の所在地であり、政治、技術、医療、芸術、音楽などあらゆる分野に優秀な人材を輩出している。ケンブリッジという都市は、米国の都市の中では大変早い時期、1630年に清教徒たちの入植地として作られ、当初は、「ニュータウン」という地名で呼ばれていた。その後、1636年に牧師を養成するために作られた最初の大学が、ハーバード大学である。1638年、英国の学園都市ケンブリッジに因んで、ニュータウンからケンブリッジ へと改名され、今日に至るまで、「ケンブリッジ」として親しまれ、繁栄している。

■ Baltimore

米国の東海岸にあるメリーランド州最大の都市。古くから天然の良港として知られ発展した。首都ワシントンD.C.に近く、その外港としての機能を有する極めて重要な港湾都市であり、米国で最も歴史のある都市の1つ。南北戦争の舞台にもなり、国歌や星条旗もこの地で生まれた。また、1876年には、世界屈指の医学部を有する最難関大学の1つであるジョンズ・ホプキンズ大学が設置された。同大学にて、脳神経外科、心臓外科、小児科学、児童精神医学などの学問が誕生した。附属のジョンズ・ホプキンズ病院は、大変優れた施設として認知されている。また同地に、世界最古の公衆衛生大学院も有している。

■ Jesus, Mary, Joseph

驚いた時に発する言葉、スラング。他の映画の中では、『タイタニック』(1997)でも、主人公ローズが驚いた時に、口走っている。Jesusはイエス・キリスト、Maryはその母マリア、Josephはヨセフ、つまりイエスの義父を意味している。主役級全員が一度に登場するほどの驚きという感じで使われる。

■ Law Review

法科大学院が、校名を冠して発行する法学雑誌のこと。学生が主となって編集されており、編集委員に選ばれることは、法曹界では、大変名誉のあることとされている。

RUTH	: Thank you, Mr. Greene. I've worked hard.	work [動詞]勉強する, 努力する hard 一生懸命
GREENE	: Well, you want some white-shoe firm. Big money cases, complex legal maneuvers.	white-shoe firm 保守的な事務所 ↩ white-shoe 保守的な complex 複雑な maneuver 策略, 戦略
RUTH	: No, I think Bibler and Greene is the perfect fit. You handled the Mercer bankruptcy last year.	perfect 完璧な fit 適合(度), 一致 handle 扱う bankruptcy 破産(状態), 倒産
GREENE	: Come on. How many have you been to? They all turned you down, right? How many? Ten?	How many いくつ turn down 〔提案・申し出・要求・応募・候補者などを〕却下する, 断る
RUTH	: Twelve.	
GREENE	: A woman. A mother. A Jew, to boot. I'm surprised that many let you through the door.	to boot おまけに ↩ through [前置詞]〜を通して
RUTH	: One sent me to interview for the Secretarial Pool. Another told me I'd be too busy at bake sales to be effective.	send 送る interview 面接 the Secretarial Pool [名詞]秘書課 another もう一人, 別の tell A B A(人)に B(あること)を話す, 言う busy 忙しい bake sales (手作りの菓子類を売る)バザー ↩
	: One partner closes clients in the locker room at his club, so he said I'd be out of the loop.	effective 有効な, (望ましい)結果を生む partner パートナー弁護士, 共同経営者 ↩
	: Last week I was told women are too emotional to be lawyers.	client クライアント, 依頼人, 顧客 →p.71 be out of the loop 蚊帳の外に置かれる
	: Then, that same afternoon, that a woman graduating top of her class must be "a real ball-buster," and wouldn't make a good colleague.	last week 先週 emotional 感情的 afternoon 午後 must (話し手の強い確信を表して)〜にちがいない, 〜のはずだ ball-buster 男性の自信を失わせるような女性 ↩
	: I was asked when I'd have my next baby, and whether I keep Shabbat.	ask 尋ねる whether 〜かどうか Shabbat [名詞]ユダヤ教の安息日 ↩
	: One interviewer told me I had a sterling resume, but they hired a woman last year, and what in the world would they want with two of us?	interviewer 面接官 sterling 優れた, 立派な hire 雇う, 賃金を払って人を雇う, 雇用する =employ

ルース　：ありがとうございます。グリーンさん。一生懸命頑張りました。

グリーン　：えーと、君は保守的な事務所で働きたい。大金の案件や、複雑な法的戦略。

ルース　：いいえ。私はビブラー＆グリーン法律事務所が自分には合っていると思います。あなた方は昨年、マーサーの倒産を解決しました。

グリーン　：さぁ、何社応募しましたか？　全社があなたを落としたんでしょう？　何社？　10社？

ルース　：12社です。

グリーン　：女性、母親、おまけにユダヤ人だ。私は多くの事務所があなたを面接に通したことに驚きましたよ。

ルース　：私を秘書課の面接へ送った事務所もありました。私は、バザーの実施に忙しすぎて、能力を発揮できないのではないかと言った人もいました。

　　　　　：あるパートナー弁護士には、彼の社交クラブのロッカールームで依頼人たちに近づくので、私は蚊帳の外なのだと言われたりもしました。

　　　　　：先週は、女性は弁護士になるには感情的すぎると言われました。

　　　　　：それから同日の午後、首席で卒業した女性は男性の自信を喪失させる女性に違いないから、良き同僚にはなれないとも言われました。

　　　　　：次の赤ちゃんはいつ産むのですか、ユダヤ教の安息日は遵守し続けますか、と尋ねられました。

　　　　　：ある面接官が言うには、優れた履歴書だ、が昨年女性を雇った、世界中で女性を2人も欲しがる会社なんてあるかね？

■ white-shoe firm
一般的に保守的であるとされる白人中流階級のエリートのメンバーによって所有または運営されている会社、または法律事務所。

■ to boot
= in addition; also

■ bake sales
主に、幼稚園や小学校、公益団体などの非営利組織がクッキーやマフィンなどの焼き菓子を販売し、資金を収集する活動のこと。

■ partner
基本的には弁護士の在籍数が数十名以上の規模の大きい法律事務所を共同経営する弁護士で、法律事務所の所長以外の経営者のこと。新人として入所してから10年目前後の弁護士が就任する。パートナー弁護士は、法律相談などの、弁護士としての仕事以外に、事務所を経営する立場にあるため、事務所経費の管理やスタッフの採用・育成なども行う。新規の案件を受注する営業力や、マネジメント力も求められる。多くの新人弁護士は、最初の役職であるアソシエイト弁護士、そしてその上司であるパートナー弁護士と、ステップアップしていくことを目標とするケースが多い。

■ afternoon
正午、およそ午後0時からから午後18時位までの時間帯のこと。「今日の午後」は、this afternoon、「明日の午後」は、tomorrow afternoon、と言い、前置詞を使わず、副詞的に用いることができる。しかし「月曜日の午後に」「4月5日の午後に」のような特定の日の場合、前置詞のonを伴い、on Monday afternoon、on the afternoon of April 5thとする。

■ ball-buster
スラングなので、ビジネスシーンには不向きな言葉。同義語はballbreaker。

■ Shabbat
ユダヤ教の暦の中で、一番大切な日。旧約聖書の「創世記」の箇所で、神が天地創造の7日目に休息をとったことに由来し、何も行ってはならないと定められている。週の7日目と定められており、土曜日に当たる。細かい話になるが、旧約聖書の1日は、基本的に深夜から日没まで、という区切り方をしているので、現代の時間感覚で正確に言うと、金曜の日没から土曜の日没までの24時間。ユダヤ教では、安息日は聖なる日であり、戒律としていかなる労働も行ってはならない。

GREENE	: You must be livid.	livid [形容詞]激怒した **↺**
RUTH	: My mother taught me not to give way to emotions.	teach 教える(teach-taught-taught) give way to （感情などに）身を委ねる, 屈する
GREENE	: Bullshit! You're angry. Good! Use it. I have to say, Mrs. Ginsburg, I'm very impressed.	bullshit [間投詞]ばかな, 嘘だろ, [卑]たわごと, ナンセンス angry 怒る I have to say [口語]全く本当に
RUTH	: Mr. Greene. I want to be a lawyer. I want to represent clients before the court in pursuit of justice.	have to ～しないといけない, ～する必要がある, ～すべきである →p.185 impress 感動させる pursuit [名詞]追求 justice 公平, 正義
	: You can see I worked hard through school. I did everything I was supposed to, and I excelled. I swear it: I'll do the same for you.	everything 全て be supposed to ～することになっている, ～と考えられる, ～するよう期待されている, ～だと思われている →p.83 excel 秀でる, 優れる swear 誓う the same [代名詞]同じこと

Greene takes a moment to think. As he does, his gaze drifts over the contours of her body. Ruth tenses.

		gaze [名詞]凝視, 注視 drift 流れる, 横滑りする contour 輪郭 tense [動詞]緊張する
GREENE	: The fact is that... You know, we're a close-knit firm. Almost like family. And, the wives, they get jealous.	fact 事実, 現実 close-knit [形容詞]緊密に結びついた, 密接に構成された like ～と同様に, ～と同じように jealous 嫉妬 **↺**

EXT. NEW YORK CITY STREET – DAY – Ruth heads back out on to the street.

INT. GINSBURG APARTMENT – EVENING - Ruth is on the couch with Jane (4 now) in her lap, reading her Cinderella.

		4 now 現在4歳 lap 膝 **↺** Cinderella 『シンデレラ』 **↺**
RUTH	: The prince would marry her whose foot would fit the little slipper.	prince 王子様 marry ～と結婚する, ～を夫[妻]として迎える foot 足 little slipper 小さな靴 **↺**
MARTIN	: Kiki?	

Martin returns home.

		return home 帰宅する

グリーン　：君は激怒しただろう。

ルース　　：私の母は、私に感情的になってはいけないと教えました。

グリーン　：嘘だろう！　怒っている。いいのだ！　怒りなさい。ギンズバーグ夫人、私は本当に感心しているよ。

ルース　　：グリーンさん。私は弁護士になりたいのです。正義の追求の元、法廷の前で、依頼人の代理をしたいのです。

　　　　　：あなたには私が学校で熱心に勉学に励んだとわかってもらえるでしょう。思いつく限りのことをし、そして秀でました。私は誓います。あなたの事務所でも同じことをします。

グリーンは少し考える時間を取る。その間に、彼は彼女の体の輪郭に沿って、凝視していく。ルースは緊張する。

グリーン　：事実を言えば…　おわかりの通り、緊密に結びついた法律事務所なのだ。ほとんど家族のようにね。だから、妻たち、彼女たちが嫉妬する。

屋外－ニューヨーク市内の通り－昼　－ルースは再び通りを戻っている。

屋内－ギンズバーグのアパート－夜－ルースはジェーン（今4才）を膝に乗せて、シンデレラを読みながら、ソファにいる。

ルース　　：王子様は、その小さな靴にぴったりの足の女性と結婚するでしょう。

マーティン：キキ？

マーティンが帰宅する。

■ livid
= furious; outraged; mad
lividを含め、上記の類語は全て、一般的な語angryよりも怒りの度合いが激しい。

■ jealous
英語で「jealous」と言えば、英語圏の人は誰でもシェイクスピア4大悲劇の1つ『オセロ』を思い出すだろう。この戯曲はボードゲーム「オセロ」の名前の由来にもなった。主人公ヴェニスの軍人であるオセロは、部下のイアーゴーの策略にかかり、愛妻デズデモーナの貞操を疑い殺すが、のちに真実を知ったオセロは自分の愚かな嫉妬心と勘違いを嘆き、客席に向かって独白を披露しながら、自殺。その直後、幕が降りる。最も古い上演の記録は1604年11月1日にロンドンのホワイトホール宮殿で行われたものである。400年以上の時を経ても、客入りの見込める魅力的な作品。

■ lap
座った姿勢で子供や手、ナプキンを置く部分としての「膝」。kneeは、身体の一部分としての「膝（がしら）」
ex. She sat by the fire with a book on her lap.（彼女は暖炉のそばで、本を膝の上に置いて座っていた）

■ Cinderella
『シンデレラ』は、ヨーロッパの民間伝承を、17世紀シャルル・ペローや19世紀グリム兄弟によって、書籍化され今日まで語り継がれている物語。日本では、シャルル・ペローによって脚色されたあらすじが有名。ガラスの靴や、カボチャの馬車はペローの加筆。この作品は、現在でも、オペラ、バレエ、映画、アニメなど様々なバリエーションの二次作品が誕生し、世代を超えて楽しまれている。ディズニーによる実写版『シンデレラ』（2015）も、興行収入5.4億ドルを記録している。

■ little slipper
slipper(s)とは足を滑り込ませて履くタイプの履物のこと。『シンデレラ』のガラスの靴が glass slipper と記されるのは、晩餐会用・舞踏会用の靴がevening slipper(s)と呼ばれるから。日本のスリッパから考えると違和感があるが、欧米諸国はそもそも室内で履物を脱ぐ文化ではないので、外履きか部屋履きかを厳密に区別するのではなく、用途や形状、素材で呼び名を変える。

RUTH	: First, he tried it on the princess...	try 試す princess お姫様
MARTIN	: Kiki? Where is everybody? Oh, hi! Hello, sweetpea. Come here. How was your day? Hmm? I missed you. Did you have a nice day?	miss ～がない〔いない〕のを寂しく思う

He notes a bottle of champagne on ice near the couch.

note [動詞]～に気がつく
champagne シャンパン ↻

MARTIN	: Did you get the job? You got the job! That's wonderful! Oh! So, they're gonna give you a corner office, or are you still gonna have to jump through some hoops?	wonderful 素晴らしい corner office 角部屋, 役員室 ↻ still [副詞]まだ, 今でも, 依然として ↻ jump through some hoops なんでもする look for ～ ～を探す
RUTH	: It's not at Bibler and Greene. I wasn't what they were looking for.	those それらの
MARTIN	: It's okay. I told you one of those other firms would come back. Which one was it?	
RUTH	: Clyde Ferguson left his professorship at Rutgers.	professorship 教授職 Rutgers ラトガース大学 →p189
MARTIN	: Kiki.	
RUTH	: They haven't found another black man to replace him, so someone thought a woman would be the next best thing. Good news!	best thing 最適
MARTIN	: You can't quit. There are more firms out there. This is the biggest city in the most litigious country in the history of the planet. You can still...	quit （行為を）やめる (quit-quit-quit) ↻ biggest city 最大都市 litigious [形容詞]訴訟好きな history 歴史, 過去 planet 地球 open [動詞]開ける
RUTH	: Marty. I got a job. Just open the champagne.	
MARTIN	: Okay. Okay! Then, let's celebrate.	celebrate （特定の日・めでたい事）を祝う, 祝賀する ↻ Marriage of Figaro 『フィガロの結婚』 ↻
RUTH	: Marriage of Figaro.	

ルース	：まず、王子様はそのお姫様にその靴を試しました。
マーティン	：キキ？　みんなどこにいる？　おっと、いた。やぁ。おいで。今日はどんなだった？　ははん。寂しかったな。いい日だったかな？

彼はソファの近くに氷で冷えたシャンパンのボトルが1本あることに気づく。

マーティン	：就職が決まった？　決まったな！　すごいよ！それで、彼らは君に管理職のオフィスを与える、とか、やはりもちろん何でもしなければいけないとか？
ルース	：ビブラー＆グリーン法律事務所じゃないの。彼らが探しているのは、私ではなかった。
マーティン	：そうかそうか。僕は他の事務所の1つが戻ってくると言っただろ？　どこだった？
ルース	：クライド・ファーガソンがラトガース大学での教授職を退いたの。
マーティン	：キキ。
ルース	：大学側は、彼の代わりの黒人が見つからなくて、次に最適なのは女性だと思った人がいたみたい。良いニュースよ！
マーティン	：諦めちゃいけない。もっと法律事務所はあるよ。ここは、地球の歴史上、最も訴訟の多い国の最も大きい都市だ。君はまだ…
ルース	：マーティ。私就職したの。シャンパンを開けて。
マーティン	：わかった。そうだね！　じゃあ、お祝いしよう。
ルース	：『フィガロの結婚』

■ champagne
フランスのシャンパーニュ地方特産のスパークリングワインは、この地方で生産され、さらにフランスのワイン法で認定されたものに限定される。この規定は大変厳しく、原料のブドウの産地、収穫方法、瓶詰め後の熟成期間、醸造方法、使用可能品種など、細かく定められている。シャンパンの、いわゆる発泡酒の始まりは、17世紀。冬場にシャンパーニュ地方の白ワインを大量に樽買いした英国人がロンドンまで送る際、極寒の中で、ワインの発酵が一時停止した状態になり、春になって暖かくなってきた時、冬眠していた酵母が目覚め、二次発酵を始めた。二次発酵の際に出た二酸化炭素が、ワインに溶け、グラスに注いだ時に泡が出た、この偶然の産物がシャンパンの始まりである。

■ corner office
フロアの角にある一室で、壁の二方面から窓の外を見渡すことができる部屋。組織のトップや幹部に割り当てられることが一般的なことから、corner officeという言葉だけで「役員室」という意味で使われる。また、ホテルの部屋も同様に、corner roomの方が通常の部屋よりも部屋面積が広く、豪華であることから、金額も高く設定してあることが常である。

■ still
⇄ no longer（もはや〜ない）

■ quit
= resign from; give up; leave
過去形、過去完了形もquit。
ex. My best friend quit college to be a singer.（私の親友は歌手になるために大学を辞めた）

■ celebrate
人を祝う場合は congratulate him on his promotion（彼の昇進を祝う）のように言う。

■ Marriage of Figaro
1778年フランスの劇作家ボーマルシェが執筆した風刺的な戯曲を元にモーツァルトが1786年に作曲した歌劇（オペラ）。『フィガロの結婚』は、『セビリアの理髪師』、『罪ある母』とともに、「フィガロ三部作」と呼ばれ、その執筆は、好評を得た『セビリアの理髪師』の続編として描かれ、1784年、パリで初演され、前作以上の評判を得た。ウィーンやプラハなどの歌劇場で何度も上演され、日本では、1941年に初演される。現在でも大変有名な歌劇の1つ。

MARTIN : Y'know what I think? I think this is good. I think it's better. You won't be beholden to any firm. You won't have a partner breathing down your neck.

: And also, a professor is free to represent any client she chooses.

RUTH : As long as they don't mind a lawyer who's never actually practiced law.

MARTIN : Well, all I have to say is, hooray for Mommy! Cheers! Hooray for Mommy!

RUTH : Hooray for Mommy.

know 知る

better より良い（good-better-best）
be beholden to ～に恩義を受けている, 借りがある
firm 会社, 法律事務所 ◎
breathe down one's neck まつわりつく, 厳しく監視する
free ［形容詞］自由な ◎
client クライアント, 依頼人, 顧客 ◎
choose 選ぶ, 好む, 決める
as long as ～する限り
mind いやだと思う
practice （職業的に）従事する
hooray ［間投詞］万歳 ◎
mommy ［口語］ママ, お母さん ◎
Cheers! 乾杯! ◎

マーティン	：僕が思っていること、わかる？　良かったと 　思っている。ずっと良かったと思っている。君 　はどんな法律事務所にも恩義を受けないだろう。 　うるさくつきまとうビジネスパートナーをもたな 　いだろう。
	：さらに教授なら、自由に自分の選んだ依頼人の 　代理ができる。
ルース	：彼らが実際に経験値のない弁護士を嫌だと思わ 　ない限り。
マーティン	：まあ、言うべきことは、ママに万歳！　乾杯！ 　ママに万歳！
ルース	：ママに万歳！

■ firm
一般的には「会社、商会」の意で使われるが、米国では法律事務所の意もある。ベストセラー作家ジョン・グリシャム著の小説The Firmの邦題は『法律事務所』である。この小説は1993年、トム・クルーズ主演で『ザ・ファーム　法律事務所』として映画化された。

■ free
「自由な」という意味を基本とし、社会的な圧力や因習などに縛られない「自主的な」「自由主義の」といった意味。また、時間的、場所的に制限がかからない、「暇な」「空いている」、金銭的束縛を受けないことから、「無料の」という意味にも使うことができる。ちなみに、「自由の女神」は、「Statue of Liberty」というが、このlibertyという単語には、「（束縛のない）解放、釈放」という意味合いも含まれており、freeの名詞形であるfreedomの同義語。

■ client
一般的に、専門家に相談する依頼人、公的機関に相談する人のこと。弁護士や会計士、建築家などへの依頼人のほか、美容院や店舗の顧客、福祉機関などの利用者なども意味する。

■ Hooray
発音は[hu:réi]。歓喜、賞賛、激励などの意味の、「万歳」。hurray[haréi]とも言う。英語圏では、「three　cheers」と言って、「hip hip hooray」の掛け声で万歳をする習慣がある。日本の「万歳三唱」に相当する。

■ mommy
= mother; mom; mum; mummy

■ Cheers!
日常会話では、軽い感謝の言葉「ありがとう」や軽い別れ際の一言「じゃあね」という意味で使用することができる便利でカジュアルな言葉。英国や豪州でよく使用される傾向にある。
ex. "Here's your receipt."（レシートです）、"Cheers!"（ありがとう）、"Cheers. See you later."（じゃあね。またね）

フロイント教授のセリフに注目。これが伏線！

法廷は、その日の天候には影響されるべきではないが、
しかし時代の思潮には影響されるだろう。
A court ought not be affected by the weather of the day,
but will be by the climate of the era.

　本作は、実在した人物、ルース・ベイター・ギンズバーグの伝記映画である。伝記と言っても、製作側は上映時間120分の枠の中で、多くの視聴者が見て良かった、と思えるような工夫をし、物語の進行、構成を熟慮し、老若男女どんな人でも感動させられなければ、嬉しい反響は見込めない。そのために用意された伏線が、上記のフロイント教授の講義中の一言である。映画や小説が好きな方にはすでに当たり前となっている伏線。それは、後の展開に備えて、それに関連した事柄を前の方でほのめかしておく、あるいはあとのことがうまくいくように、前もってそれとなく用意しておくことである。
　この映画の最大の見所であり、この伏線が効果を発揮するのは、Chapter 10 Professor Ginsburg、クライマックスの第10巡回控訴裁判所での主人公ルースの口頭弁論によって、今まで勝利の先例の無い性差別を扱った訴訟が価値を見出す場面であろう。開廷時には小馬鹿にされていた主人公は、相手方弁護士ボザースの発した「急激な社会変化（Radical social change.）」という言葉の復唱をきっかけに、説得力のある弁論へと舵を切り、場の空気を変えていく。彼女の論によって、判事たちは、性差別を取り扱う訴訟において時代の思潮（climate of the era）が変わったのだということを感じ取る。最終的に、法廷に集う者達、そして視聴者の納得を獲得することに成功した彼女の弁論は、持ち時間を過ぎた後も、判事にこう言わせる。「続けてください。ギンズバーグ教授。（Go on. Professor Ginsburg.）」

　Chapter 3 Seeking Employment の冒頭、満席の教室で、他の学生と共にルースはノートを取りながら講義を聴いている。視聴者は、ルースと共に、大学の講義さながら聴講を進め、学生側の立ち位置で、自分の感想を交えることなくフロイント教授のセリフをインプットするのである。その後すぐ次の場面設定、ギンズバーグのアパートに移行した際、ルースは、先程の講義ノートを開き、マーティンに講義内容を読んで聞かせる。マーティンが「待って。待って。待って。最後の箇所をもう一度言って…（Wait. Wait. Wait. Say that last part again...）」「彼は本当にそう言った？そりゃそうだ。そうだよね。（You're sure he said that? Of course. Of course.）」と驚きながらも消化するシーンを設けることで、短時間に同じセリフを繰り返し、印象付けている。

　さらに、冒頭の教授の教えは、上記以外でも使用されている。Chapter 6 Mother and Daughter のルースとマーティンの会話を確認していただきたい。ルースとマーティンが弁論の構成を協議している場面である。彼らは、次のように話している。「そうだね、でもルース、フロイント教授がブラウン氏 vs 教育委員会の裁判について語ったのは、一世代に一度あるかないかのような判例だ。（Right. But Ruth, Prof. Freund was talking about Brown v the Board of Education, that's a once-in-a-generation case.）」「そして私たちが次の世代よ。（And we're the next generation.）」つまりこのようにしてルースも視聴者もクライマックスの法廷で相手方弁護士の放つ「急激な社会変化（Radical social change.）」に反応できる思考の種を植え付けられているという仕組みである。

　ルースが勝ち目の無いと思われてきた性差別の訴訟に全会一致で勝利できたのは、フロイント教授の講義をきっかけとし、抗えない時代の変化に気づき、その変化を味方につけた弁論構成の賜物である。伏線を見つけた時の高揚感も楽しみながら、作品を味わっていただけたら幸いである。

石塚杏樹（金城学院大学）

Legal Discrimination

■■■

EXT. RUTGERS UNIVERSITY – DAY – It is 1970, and Ruth arrives at the university to a noisy protest watched over by police officers. A WOMAN spurs the PROTESTERS on.

PROTESTORS: Hell no, we won't go! Hell no, we won't go! Hell no, we won't go! No!...

MAN : Vietnam!

WOMAN : And now they're telling us there's gonna be no prosecution! Are we gonna stand for that?

PROTESTORS: No!

WOMAN : Are we gonna die in Vietnam?

PROTESTORS: No!

WOMAN : No!

PROTESTORS: Hell no! We won't go! Hell no! We won't go! Hell no! We won't go! Hell no! We won't go!

INT. RUTGERS LAW SCHOOL - CLASSROOM – DAY - As Ruth enters, the students find their seats. Ruth takes out her lecture notes from her bag and begins her class.

RUTH : I'm Professor Ginsburg. This is Sex Discrimination and the Law.

: Some of my colleagues will tell you that sex discrimination doesn't exist. That I may as well be teaching the legal rights of gnomes and fairies.

: Let's see if they're right.

---

discrimination　差別, 不当な扱い →p.235
noisy　騒がしい
protest　[名詞]デモ, 抗議, 異議, 反対
watch over　見守る, 見張る, 監視する
police officer　警察官 ♪
spur on　(人を)刺激する, 激励する
protester　抗議者, デモの参加者
hell　地獄, 断じて～ない
won't　= will not
Vietnam　ベトナム →p.96コラム参照
there's gonna be no ～　～はないだろう ♪
prosecution　訴訟
stand for that ♪
stand for ～　～に賛成する
Are we gonna die in Vietnam? ♪

find a[one's] seat　席を見つける
take out　取り出す
lecture note　講義ノート ♪

sex discrimination　性差別

some of　中には
exist　存在する
That I may as well...fairies ♪
legal rights　法的権利
gnome　ノーム(地の精, 小鬼)
fairy　妖精
if　～かどうか
right　[形容詞]正しい →p.191

74

法律上の差別

屋外－ラトガース大学－昼－1970年のこと、ルースは騒がしいデモが警察官たちから監視されている大学に到着する。1人の女性がデモの参加者たちを煽っている。

デモの参加者たち ： 絶対反対、僕らは行くもんか！　絶対反対、僕らは行くもんか！　絶対反対、僕らは行くもんか！　反対！…

男性 ： ベトナム！

女性 ： しかも戦争反対は訴訟にならないと言っています！　それでいいんですか！

デモの参加者たち ： 反対！

女性 ： ベトナムで死ぬ？

デモの参加者たち ： 反対！

女性 ： 反対！

デモの参加者たち ： 絶対反対！　僕らは行くもんか！　絶対反対！　僕らは行くもんか！　絶対反対！　僕らは行くもんか！　絶対反対！　僕らは行くもんか！

屋内－ラトガース法科大学院－教室－昼－ルースが入ると学生たちは席に着く。ルースはカバンから講義ノートを取り出して授業を始める。

ルース ： ギンズバーグ教授です。この授業は性差別と法についてです。

： 私の同僚の中には、あなた方に対して、性差別など存在しないと言う人もいるでしょう。私がノームや妖精たちの法的権利について教えているとも。

： 彼らが正しいかどうか検討していきましょう。

■ protest

本来の意味は「抗議」だが、政治的な問題について行う抗議活動を「デモ」(demonstrationの略)と呼ぶ。何かに対して文書や口頭、態度などで抗議したり、異議を申し立てること。
ex. I must enter a protest against the committee.（私は委員会に異議を唱えなければならない）

● police officer

この映画で描かれている時代はpoliceman（男性警察官）とpolicewoman（女性警察官）という、男女で表現を分けていた。この時代に女性解放運動が展開されるようになってから、性別を示さない表現が徐々に使われるようになった。例えば消防士はかつてはp.176のようにfiremanと呼ばれていたが、現在ではfirefighterと呼ばれている。

■ there's gonna be no 〜

there の後に is / was がくれば単数形、are / were がくれば複数形の名詞が続く。ここでは否定を表す no がきており、その場合は単数扱いとなる。

■ stand for that

thatは直前のセリフに示された、there's gonna be no prosecutionを示す。

■ Are we gonna die in Vietnam?

当時ベトナム戦争の最中であり、兵士として派遣されるとそこで死んだり怪我をする危険性が十分あった。

■ find a[one's] seat

cf. take one's seat（着席する）

■ lecture note

中学や高校までと違って、大学・大学院の授業では必ずしも「教科書」があるわけではなく、授業担当者が自分の授業で使う内容を自分でまとめることも多い。

■ That I may as well...fairies

That はその前の文章の Some of my colleagues will tell you that … と同じ主語と述語動詞を使っていることを示す。

■ gnome

ヨーロッパの昔話などに出てくる想像上の生き物で、地中に住み老人の姿をしているとされる。

RUTH : Hoyt versus Florida. State the facts please, Miss... Valentin.

Miss　ミス ⮎

VALENTIN answers.

VALENTIN : Gwendolyn Hoyt was a housewife. And her husband was this asshole.

Gwendolyn　グウェンドリン(女性名)
housewife　主婦
this asshole　いわゆるロクデナシ ⮎
asshole　ばかやろう, むかつく奴

The class chuckles.

RUTH : Can you recall the specifics?

VALENTIN : He cheated on her. He choked her. He'd rip off her clothes and threaten to kill her.

RUTH : So in statutory terms... he was a real asshole.

: On the night in question, Clarence told his wife that he had met another woman, and he was leaving her.

: How did Hoyt respond, Miss... Burton?

recall　思い出す, 呼び戻す
specifics　(複数形で)詳細
cheat on　[口語]配偶者や恋人に隠れて浮気する
choke　窒息させる
rip off　剥ぎ取る, もぎ取る
threaten　脅す
kill　殺す, 死なせる
in statutory terms　制定法の用語で言えば ⮎
in question　問題の
Clarence　クラレンス(男性名)
leave someone　(人)を置いていく

BURTON answers.

BURTON : She smashed in his skull with a baseball bat. Then called an ambulance, while he was dying.

RUTH : A jury convicted Hoyt of second-degree murder. And that's where our story begins.

: A great civil rights lawyer took up Hoyt's appeal. Dorothy Kenyon.

smash　打ち壊す, 粉砕る, 強打する
skull　頭蓋骨, 脳天
ambulance　救急車

jury　陪審, 陪審員団 ⮎
convict　有罪の判決を下す
second-degree murder　第二級殺人 ⮎
degree　程度, 度合い, 級
civil rights　(通例複数形で)公民権, 市民権 ⮎
civil　市民の, 公民の
take up　取り上げる
appeal　[名詞](上級裁判所への判決に対する)上訴〔控訴・上告〕

ルース　　：ホイト対フロリダ州。申し立て内容について説明してください。ヴァレンティンさん。

ヴァレンティンが答える。

ヴァレンティン：グウェンドリン・ホイトは主婦でした。そして彼女の夫はいわゆるロクデナシでした。

クラス中がクスクス笑う。

ルース　　：詳細を思い出せる？

ヴァレンティン：彼は浮気をし、彼女の首を絞め、服を破って殺すぞと脅しました。

ルース　　：ということは、法的にも… 本物のロクデナシね。

　　　　　　：事件の晩、クラレンスは彼の妻に対して他の女性と会っていたことを告げ、出ていこうとしました。

　　　　　　：ホイトはどう反応しましたか、バートンさん？

バートンが答える。

バートン　：彼女は夫の脳天を野球のバットで殴りました。その後で救急車を呼びましたが、そうこうしている間に彼は死にました。

ルース　　：陪審はホイトに対し第二級殺人の有罪判決を下しました。私たちにとっての問題はここから始まります。

　　　　　　：ある偉大な公民権専門の弁護士が上訴しました。ドロシー・ケニオン。

■ Miss
未婚の女性を呼ぶときの敬称。通常は姓あるいは姓名の前に付ける。既婚女性はMrs.ミセス。未婚既婚を問わず男性がMr.ミスター（Misterの略）と呼ばれるのに対し、女性は結婚しているかどうかで敬称が異なることに批判的だった当時のフェミニストの間で、未婚既婚の区別をしない女性の敬称Ms.ミズが用いられつつあった。

■ this asshole
thisは口語において、ある1つ（ひとり）について初めて語るときにも使われる。assholeは本来は肛門を表す。かつてはこのような「下品」とされる言葉を特に若い女性が口にするのは普通ではなかった。1960年代から70年代は公民権運動や学生運動のみならず女性解放運動が活発化した時期でもあり、女性が積極的な発言をするようになった。

■ in statutory terms
assholeは卑語なので、この発言はルースのジョーク。

■ jury
陪審は、法律の専門家でない人が裁判の審理に参加し、有罪・無罪の判断を行うこと。米国の司法制度で古くから取られている刑事事件の制度で、中世の英国に由来する。通常、市民の中から抽選で選ばれた12名の陪審員が法廷で事実の審議や有罪か無罪かの判決を裁判長に示し、それが判決に反映される。必要に応じて一般から隔離されることもある。→p.79 sequestered jury 参照。なお、日本の裁判員は、lay[citizen] judge（非専門家の〔市民の〕裁判官）などと英訳される。

■ second-degree murder
米国の刑法では、殺人を謀殺と故殺とにわけ、さらに前者を入念に準備した上での第一級殺人とそうでない故意による第二級殺人とに分ける。故意であっても被告人に情状酌量が認められる場合はより刑の軽い故殺の扱いとなりうる。

■ civil rights
米国では、1865年に南北戦争が終結したのち連邦会議が憲法修正条項を追加するまで、黒人には公民権がなかった。1964年公民権法（Civil Rights Act of 1964）は、同国内において人種差別を禁ずる法律。1950年代以降で米国内で活発化した公民権運動を背景として1964年に合衆国連邦議会で成立した。11条から成る。

Ruth writes her name on the board. The students take notes.

RUTH : On what grounds, Miss... Roemer?

ROEMER answers.

ROEMER : That Florida's juries violated the U.S. Constitution, 'cause there were only men on them.
: Kenyon said that if there were women on it, Hoyt may have been convicted of a lesser crime, like manslaughter.

BENNETT, a male student, calls out:

BENNETT : But that law makes sense though. Women can't take care of their kids, if they're on some sequestered jury.

It doesn't go over well with the women in the room.

FEMALE STUDENTS : Is that so? Excuse me? Are you kidding?
BENNETT : What? Men are the mammoth hunters.

STUDENT : Oh, God!
BURTON : You're never getting laid again.
VALENTIN : What about women who don't have children?
BURTON : Yeah. Or they're out of the house.

---

board 黒板
take notes 書きとる, メモをする

on what grounds どのような理由で

That Florida's juries violated the U.S. Constitution ☝
violate 違反する, 侵害する, 破る ☝
U.S. Constitution アメリカ合衆国憲法
constitution 憲法(特定の国の憲法を指す時はthe Constitution) →p.217
'cause = because
if there were...lesser crime ☝
manslaughter 故殺 →p.109 murder参照

make sense 道理にかなう, わかる
though [副詞]だけど, 〜だけれども ☝
take care of 〜の世話をする, 面倒を見る, 〜を介護する ☝
sequestered jury 隔離された陪審員団 ☝
go over well with 〜 〜に気に入られる, 受ける

female 女性の, メスの
Excuse me? ☝
Are you kidding? 冗談言ってるの?, 冗談でしょ
kid [動詞]冗談を言う, からかう
mammoth hunter マンモスの狩人
Oh, God まったく, なんてこった
get laid セックスをする ☝
what about 〜はどうですか, 〜についてはどう(お考え)ですか →p.177

out of the house 外出している

ルースが彼女の名前を黒板に書く。学生たちはノートを取る。

ルース ： どのような理由でしょう。ローマーさん？

ローマーが答える。

ローマー ： フロリダの陪審はアメリカ合衆国憲法に違反する、なぜなら陪審は男性しかいなかったので。

： もしそこに女性がいれば、ホイトは故殺のようなもっと軽い罪になっていただろう、とケニオンは述べました。

男子学生のベネットが声を出す。

ベネット ： でもその法は筋が通っているんじゃないかな。もし女性が陪審員になって隔離されたりすると子供の面倒がみられないじゃないか。

教室内の女性たちは納得がいかない。

女子学生たち： そうなの？　ちょっと、冗談でしょ？

ベネット ： 何が？　男っていうのはマンモスを狩ってきたんだぜ。

学生 ： まったく！

バートン ： 誰も相手にしてくれなくなるわよ。

ヴァレンティン： 子供のいない女性はどうなの？

バートン ： そうよ。そうでなきゃ働きに出ているわよ。

■ **That Florida's juries violated the U.S. Constitution**
= On the ground that Florida's juries violated the U.S. Constitution

■ **violate**
法律を犯す、約束や誓い、条件などを破る、協定などに違反することを意味し、意図的にもそうでない場合にも用いられる。
ex. violate a promise（約束を破る）、He violated the law.（彼は法律違反をした）

■ **if there were … lesser crime**
非事実の仮定を表すので、後半部分は仮定法過去完了となる。a lesser crime は第二級殺人よりも軽い刑のこと。

■ **though**
一般に使われるのは譲歩を表す「けれども」の意味が多く、同義のalthoughに比べて口語で使われる傾向がある。文末・文中に置くが、文末にくる場合は、反対の意見を表す副詞として付け足しの「…でもね、…だけどね」の意味で使う。
ex. "Fine day." "A little cold, though."（「いい天気ですね」「少し寒いけど」）

■ **take care of**
= look after; care for
他に「～に気を配る、～を大事にする」という意味でも使われる。
ex. I can take care of myself.（私は自分のことは自分でできます）、Take care of yourself.（お体お大事にしてください）、She goes to work and he takes care of their children.（彼女は仕事に行き、彼は子供たちの世話をしている）

■ **sequestered jury**
殺人などの重犯罪を裁く場合、米国では陪審員が一般人やマスコミと接触しないようにするため数日にわたりホテルなどに隔離されることがある。近年はこうした隔離が陪審員の心理面にマイナスの影響を与えるとも指摘されている。

■ **Excuse me?**
ここでは、これを言った人物（女子学生）が何か失礼なことを相手（ベネット）に言って謝ったのではなく、逆に、ベネットの発言に女子学生の側が同意していないことを示している。

■ **get laid**
かつての米国社会は厳格なキリスト教の影響で配偶者以外との性交渉に否定的だった。映画で描かれているこの時代は「フリー・セックス」が叫ばれ、若者の間で性について大っぴらに語ったり行動したりする風潮が芽生えていた。

ROEMER	: Let the man stay home and take care of his children.
BENNETT	: Hey! Don't take it out on me. I'm not holding my fiancée back. She's got two jobs.
RUTH	: Which she can be fired from just for marrying you. The law allows it.

That quiets him. And the room.

RUTH	: There are laws that say women can't work overtime. And that a woman's social security benefits, unlike her husband's, don't provide for her family after death.

The class is furious.

STUDENTS	: What? Excuse me? That's bullshit. Crazy.

RUTH	: Ten years ago, Dorothy Kenyon asked a question: if the law differentiates on the basis of sex, then how will women and men ever become equals?
	: And the Supreme Court answered, "They won't."
	: Hoyt lost her appeal. The decision was unanimous: discrimination on the basis of sex is legal.

hold someone back （人）を抑える，（人）が物事を成し遂げることを妨げる
fiancée （仏）女性の婚約者（男性はfiancé），フィアンセ
She's got ＝ She has got
Which she can...for marrying you ⮕
fire ［口語］首にする，解雇する ⮕
The law allows it ⮕
allow （人が〜するのを）許す，許可する ⮕
quiet ［動詞］静かにさせる
work overtime 残業する

And that...after death ⮕
social security benefits 社会保障給付
her husband's ⮕
after death 死後 ⮕

furious （形）怒り狂う，猛烈な

ask a question 問いかける

differentiate 区別する，差別化する →p.217
on the basis of sex →p.203
on the basis of 〜に基づいて
women and men ⮕
They won't. ⮕

lose one's appeal 上訴を棄却される
lose 負ける，敗れる（lose-lost-lost）→p.199
decision 決定，判決
unanimous 全員〔全会・満場〕一致の，異口同音の ⮕

ローマー	：男を家に居させて自分の子供の面倒を見させれ ばいいでしょ。
ベネット	：おい！　八つ当たりはやめてくれよ。僕は自分 の婚約者の邪魔なんかするつもりないよ。彼女 は仕事を2つ持っているんだ。
ルース	：あなたと結婚することでそこをクビになるかも ね。法律上は可能よ。

この発言でベネットが黙る。教室も。

ルース	：女性は残業ができないとする法律があります。 それに女性の社会保障給付金は、夫の場合とは 異なり、その女性が死亡したあとにその家族に は支払われないとする法律も。

クラス中が憤然となる。

学生たち	：え？　ちょっと？　それってとんでもない。無茶 苦茶だわ。
ルース	：10年前、ドロシー・ケニオンは問題を投げ掛けま した。もし法が性別に基づいて差別を行ってい るとすれば、どうやって男女が平等になれるの か？
	：そして最高裁は答えたのです、「男女は平等では ない」と。
	：ホイトは敗訴しました。判決は全員一致でした。 性別に基づく差別は合法だと。

■ Which she can...for marrying you
直前のベネットのセリフをそのまま継いでいる表現。Which は直前の two jobs を言い換えている関係代名詞。

■ fire
従業員の側の問題によって解雇するfire に対し、会社の側の都合で一時的に解雇するlay off がある。
ex. He got fired from a job（彼は仕事をクビになった）、You're fired.（お前はクビだ）

■ The law allows it
ここでのitは、仮の話として、ベネットの婚約者が結婚を理由に解雇されることを意味する。

■ allow
= let someone to do
ex. Smoking is not allowed in this room.（この部屋は禁煙です）

■ And that ... after death
that以降は直前のThere are laws that の続き。

■ her husband's
= her husband's social security benefit
2つのカンマによって囲まれたunlike her husband'sは挿入句。

■ after death
ここでは働いていた女性が死亡した後、ということ。

■ women and men
ここでケニオンの問題提起としてルースの口から「女性と男性」という順番で語られていることに注意。従来であればmen and women という順番が普通だったのを敢えて逆転させている。そもそも英語のwomanは古英語のwifman（女の人／妻となる人）が転じたもの。manには古くから「人、男、夫」の意味があった。

■ They won't.
= They[Women and men] will not be equals.

■ unanimous
=united; in complete agreement; in complete accord
発音は[juːnǽnəməs]で、最初の音が母音ではないため、例のように不定冠詞が付く場合は an ではなく a。
ex. They're in unanimous agreement.（彼らは全員意見が一致している）、She was elected representative by a unanimous vote.（彼女は満場一致の評決で代表に選ばれた）

INT. GINSBURG APARTMENT (1970) – DAY – Jane, now 15, is stirring stew in a simmering pot on the stove. Martin chops some celery, then tosses some herbs in the pot.

MARTIN	: Here, stir that in.
JANE	: Daddy, that's not how you do it.
MARTIN	: Oh, really?
JANE	: If you put the herbs in too early, they lose all their punch.
MARTIN	: Well, they're not supposed to pummel each other, Jane. They're supposed to complement each other, and that is why it's called marrying the flavors.

JAMES arrives home with Ruth.

JAMES	: We're home!
MARTIN	: Hi!
JAMES	: Daddy!
MARTIN	: Buddy! How was your day?

Martin gives him a hug.

JAMES	: Good.
MARTIN	: Did you have a good day at school?
JAMES	: Uh, huh.
MARTIN	: What did you learn? Anything exciting?
JAMES	: Not really.
MARTIN	: No?

Ruth enters and kisses Martin.

RUTH	: Hi. Jane.
JANE	: Hey, Mom.

Jane, now 15 ↻

stir かき混ぜる
stew シチュー
simmer グツグツ煮える
stove （料理用の)コンロ ↻
chop 切り刻む
celery セロリ
toss 投げる
herb ハーブ ↻

punch パンチ, 効果

be supposed to ～することになっている, ～と考えられる, ～するよう期待されている, ～だと思われている ↻
pummel each other 互いにこぶしで打つ, 互いに打ち消し合う
complement 補完する ↻
that is why それが理由だ, ～なのだから ↻
marry the flavors 風味を組み合わせる, 風味を調和させる

we're home ↻

buddy 友達, 仲間, 相棒, 君（呼びかけ)

good 良い, 素晴らしい

anything exciting 何か面白いこと

not really あんまり(否定的な受け答え)

Hi やあ, こんにちは ↻

Hey やあ, ねえ ↻

屋内－ギンズバーグのアパート（1970年）－昼－15歳となった
ジェーンがガス台の上で煮えているシチューの鍋をかき回している。マーティンがセロリを刻み、それからハーブを鍋の中に入れる。

マーティン ：ほら、これかき混ぜて。

ジェーン ：パパ、そうやるんじゃないって。

マーティン ：そうかい？

ジェーン ：ハーブは早く入れすぎるとパンチが効かなくなっちゃうから。

マーティン ：いや、ハーブは打ち消し合うことにはならないよ、ジェーン。互いを補完し合うんだ。風味を調和させると言われるゆえんさ。

ジェームズがルースと一緒に帰宅する。

ジェームズ ：ただいま！

マーティン ：やあ！

ジェームズ ：パパ！

マーティン ：よう！　今日はどんなだった？

マーティンがジェームズをハグする。

ジェームズ ：まあまあ。

マーティン ：学校は楽しかったか？

ジェームズ ：うん。

マーティン ：何を勉強したんだい？　何か面白いことあった？

ジェームズ ：あんまり。

マーティン ：なかったのかい？

ルースが入ってきてマーティンにキスする。

ルース ：ただいま、ジェーン。

ジェーン ：おかえり、ママ。

■ Jane, now 15
ジェーン役のケイリー・スピーニーは本作製作時21歳。親子を演じた主演のフェリシティ・ジョーンズとの歳の差は13、アーミー・ハマーとは11歳しか離れていない。

■ stove
= cooking stove; range
ガスや電気が普及する前、暖房用のストーブは料理にも使われていたことから料理用のコンロをこのように表す。

■ herb
アメリカでは、[ə:rb] となり、語頭のhは発音されないことが多い。

■ be supposed to
日常会話の中でよく使われる表現。そもそもsupposeには、「考える」「思う」「イメージする」という意味があり、そのsupposeという単語を使った「be supposed to」という表現には、主に3つの使い方がある。それは、「予定（〜することになっている）」「慣習（本来〜するものである）」「義務（〜しなければならない）」を含意するもの。
ex. I'm supposed to go to London next week.（私は来週ロンドンへ行くことになっている）、Learning French is supposed to be fun.（フランス語を習得することは、本来楽しいことである）、I'm supposed to be there at 12:30.（12:30にそこにいなければならない）

■ complement
p.94に出てくるcompliment「挨拶、お世辞」とは1字違いで発音も同じなので間違わないように注意。

■ that is why
That is why＋S＋Vは「そういうわけで〜だ」「だから〜だ」という意味で原因・理由を説明する時に使われるフレーズ。
ex. That is why I got angry.（だから僕は怒ったんだ）

■ we're home
帰宅した際の挨拶「ただいま」に相当する。ジェームズは母親のルースと一緒に帰ってきたのでweを使う。一人の場合はI'm homeと言う。

■ Hi
少しの時間でも会わなかった人に対する気軽な挨拶として、どこでも使える。ここでは帰宅したルースが言うので、日本風に言えば「ただいま」。

■ Hey
気軽な呼びかけ。家にいたジェーンが言うので日本風に言えば「おかえり」。

MARTIN : How is this year's class?

Ruth gets a spoon to taste the stew.

spoon　スプーン ◑
taste　味わう, 味をみる

RUTH : These kids are so passionate. To them it's about more than precedents and dissents. They want to forge a movement.

To them...precedents and dissents ◑
dissent　異議申し立て
forge　鍛える, 作り上げる
movement　動き, 政治的な運動・活動

MARTIN : That's great!
RUTH : Mmm. This is delicious.

delicious　おいしい

MARTIN : Don't act so surprised.

Jane tries to make her exit.

make one's exit　退出する, 出ていく

RUTH : Jane. I got a call from your school today. Apparently, I mis-dated a note excusing you from classes last week.

get a call from ～　～から電話を受ける, 電話がある
apparently　どうやら～のようだ
mis-date　日付をつけ間違う
excusing someone from class(es)　（人）がクラスに出ないと申し出る

JANE : It's not a big deal.
MARTIN : Oh, well, problem solved then, right?
RUTH : You skipped school. It's, it's the first week. Is, is this what this year's going to be like?
: And you lied to the school.

(be) not a big deal　大したことではない, 重要ではない
problem solved　問題解決!
skip　飛び越す, 欠席する
is this...to be like ◑
lie　[動詞]嘘をつく ◑

JANE : I never lied.
RUTH : No, forging a note is lying, Jane. You're smart enough to know that.

forge　でっちあげる, 偽造する ◑
be ～ enough to　～するのに十分な ◑
enough　十分な, ～に足りる

JANE : Well, apparently, I'm not, Mom.

apparently, I'm not, Mom ◑

As Ruth follows Jane out, James, thrilled by the action, tries to follow Ruth out. Martin grabs him by the back of his shirt.

follow out　後についていく
thrilled　[形容詞]興奮(ワクワク・感動・感激)した ◑
grab someone by ～　（人）を～のところでつかむ

84

マーティン ：今年のクラスはどんな感じ？

ルースはシチューの味見をしようとスプーンをとる。

ルース ：今年の子たちはすごく熱心だわ。彼らにとって
は、判例とか異議申し立て以上のものなのよ。
行動を起こしたがっている。

マーティン ：そりゃすごい！

ルース ：うーん。おいしい。

マーティン ：そんなに驚くことじゃないだろ。

ジェーンが出て行こうとする。

ルース ：ジェーン。今日、学校から電話があったわ。ど
うやら私が先週の欠席届の日付を間違えたよう
ね。

ジェーン ：大した問題じゃないでしょ。

マーティン ：そうか、じゃあ問題解決だな？

ルース ：学校をずる休みしたでしょ。第1週よ。今年は
そんな風に過ごすつもり？
：それにあなたは学校に嘘をついた。

ジェーン ：嘘なんかついてない。

ルース ：いいえ。書類の偽造は嘘をついたことになるの
よ、ジェーン。あなたくらい賢ければそれくらい
わかるでしょ。

ジェーン ：さあ、どうやら私は頭が悪いみたいね、ママ。

ルースがジェーンを追いかけようとすると、やり取りに興味津々
のジェームズはルースにくっついて行こうとする。マーティンが
ジェームズのシャツの背中のところをつかむ。

■ spoon
ルースが使っているのは、かき混ぜるた
めの料理用スプーンstirring spoon。
cf. tablespoon（略：tbsp, 大さじ）、
teaspoon（略：tsp, 小さじ）

■ To them...precedents and dissents
法的な意見には、全ての裁判官が全会一
致で賛成するケースや、法廷の裁判官の
半数以上が賛成する多数意見もあり、一
人あるいはそれ以上の裁判官による
dissent（異議申し立て）もありうる。異
議申し立て自体はprecedents（判例）を
形成しないが、後に法律を変えるた
めの刺激となりうる。ルースが自分の学
生について言っているのは、従来の、判例
と異議申し立ての積み重ねによる法改正
よりもはるかに積極的な変化を求める傾
向。

■ is this ... to be like
関係代名詞のwhat以下は「今年はこの
ようになっていくということ」。本文では
最初のisが繰り返されており、ルースが
動揺していることが見て取れる。

■ lie
米国社会は聖書を信仰の基本とするキリ
スト教徒が多数派を占める。ギンズバー
グ家はユダヤ系（キリスト教はユダヤ教
から派生した）で、やはり聖書（キリスト
教で言う旧約聖書）の影響が窺われる。
相手を「嘘つき」と呼ぶことは、かなりき
つい言葉。

■ forge
同じ動詞のforgeが、すぐ前のマーティン
との会話では肯定的な意味で、ここでは
否定的な意味で使われている。

■ be ~ enough to
enoughは、形容詞や動詞を修飾する場
合、その後ろに、名詞を修飾する場合はそ
の前に置く。
ex. This place is warm enough to
sleep.（ここは眠るのに十分暖かい）、
I studied enough to pass the exam.
（合格するのに十分勉強した）、There is
enough evidence to prove.（証明する
のに十分な証拠がある）

■ apparently, I'm not, Mom
= apparently, I am not smart enough
to know that, Mom
ルースが使った「どうやら…らしい」とい
う意味のapparentlyをジェーンが皮肉を
込めて使っている。

■ thrilled
過去分詞の形容詞的用法。口語ではbe
excited より "be thrilled (by[at]~)"
のほうがよく使われる。

MARTIN	: Don't forget we have the party tonight.	
	: Not you. You're staying right here.	right here ここに

Ruth pursues Jane across the apartment.

across 横切って

RUTH	: Jane.	
JANE	: I apologize, okay?	apologize 謝る ◑
RUTH	: I want to know where you were.	
JANE	: Denise and I went to a rally to hear Gloria Steinem speak.	Denise デニース(女性の名前) rally 集会 to hear someone speak ◑ Gloria Steinem グロリア・ステイネム ◑
RUTH	: What?	
JANE	: Gloria Steinem. She's a writer. She just started her own magazine. She testified in the Senate.	magazine 雑誌 She testified in the Senate ◑
RUTH	: Yeah, I know who Gloria Steinem is. What if you got hurt? Or arrested.	What if もし〜したらどうなるのだろう Or arrested ◑ arrest 逮捕する
JANE	: Mom, it's a rally. Not a riot.	riot 暴動
RUTH	: Jane, these things can get out of hand.	get out of hand 手に負えない
JANE	: Okay, well I'm fifteen years old and you don't need to control every minute of my life.	every minute ずっと ◑
RUTH	: Yes. I do. That's my job. And your job is to go to school and learn.	Yes. (I do.) ◑ job 義務, 責務
JANE	: Gloria says we need to un-learn the status quo.	un-learn (学んだことを)忘れようとする un- [接頭辞](否定を表して)〜でない, 〜と反対の →p.229 status quo (ラテン語)現状 ◑
RUTH	: So, you're on a first name basis now?	on a first name basis ファースト・ネームで呼び合う仲
JANE	: You know what, Mom? If you want to sit around with your students and talk about how shitty it is to be a girl...	You know what あのさあ, 聞いてよ, あのなあ, おいちょっと ◑ sit around 座ってダラダラ過ごす how shitty it is to be a girl ◑ shitty (卑)ひでえ, クソ面白くもない ◑

マーティン　：忘れるなよ、今夜はパーティーだ。
　　　　　　：お前じゃない。お前はここにいなさい。

ルースがジェーンを追いかけてアパート内を横切る。

ルース　　　：ジェーン。
ジェーン　　：謝る、それでいいでしょ？
ルース　　　：どこに行ってたのかそれを知りたいわ。
ジェーン　　：デニースと私でグロリア・スタイネムの講演を聞きに集会に行ったの。
ルース　　　：何ですって？
ジェーン　　：グロリア・スタイネム。作家よ。彼女自身の雑誌を始めたばかり。議会で証言もしたわ。
ルース　　　：ええ。グロリア・スタイネムが誰かぐらいは知っている。怪我でもしたらどうするの？　それとも逮捕されたら。
ジェーン　　：ママ、ただの集会よ。暴動じゃないの。
ルース　　　：ジェーン、とんでもないことになるかもしれないのよ。
ジェーン　　：わかったわ、でも私はもう 15 歳だし、ママは私を四六時中監視する必要なんかないでしょ。
ルース　　　：いいえ、あります。それが私の義務なんだから。そしてあなたの義務は学校に行って勉強すること。
ジェーン　　：グロリアは言ってる、私たちは現状を捨てる必要があるって。
ルース　　　：ということは、あなたたちは名前で呼び合う仲なの？
ジェーン　　：あのね、ママ？　もしママが学生たちとダラダラとしゃべって、女であることがどれほどクソみたいかを…

■ apologize
自分が悪いことや失敗をしたことを認めてそれについて謝るときに用いる動詞。この場面でジェーンは本気で謝っていないので、ルースを苛立たせている。

■ to hear someone speak
hearやseeなどの知覚動詞は、〈知覚動詞＋目的語＋原形不定詞〉の形をとる。
ex. He saw a mouse enter a hole.（彼はネズミが穴の中に入るのを見た）

■ Gloria Steinem
1934年生まれの米国のフェミニズム運動の活動家、作家。女性を性的な目的で商業的に扱うことに対して批判的な行動を起こしたことで知られる。1972年には雑誌『ミズ（Ms）』を創刊。なお、現実では、ルースは彼女と親交を深め、本作のプレミア上映会に、グロリアとヒラリー・クリントンと並んで出席した。

■ She testified in the Senate
スタイネムは1970年に男女同権について米国議会の上院で証言している。

■ Or arrested
= Or, what if you were arrested

■ every minute
直訳すると「毎分」だが、ここでは「ずっと」を強調する表現。

■ Yes. (I do.)
英語と日本語で微妙に異なる点に否定形の使い方がある。直前のジェーンのセリフでは「あなたは～する必要ない」という否定形が使われており、それに対してルースは「いや、私は～する必要がある」という意味で Yes. I do. と言っている。

■ status quo
「現状」だけではなく「現状維持」や、政治的な「体制」に対して使われ、しばしば批判的なニュアンスも含む。
ex. Ruth kept challenging the status quo that is significantly sexist.（ルースは著しく性差別的である現状に異議を唱え続けた）

■ You know what
この表現は会話を始める時の出だしとして使う。この一連の場面ではジェーンが発した母親に対する皮肉を聞いたマーティンも腹を立てながら使っている（p.88）。

■ how shitty it is to be a girl
how＋形容詞＋it is で「どれほど～か」という意味。

■ shitty
嫌なことがあって悪態をつく時、下品な表現だがshit!「くそ！」とも言う。

MARTIN	: Hey, language.
JANE	: But don't pretend it's a movement, okay?
	: It's not a movement if everyone's just sitting. That's a support group.
MARTIN	: Jane, that's enough.
RUTH	: We should get going.
JANE	: Yeah. Go make yourself pretty for Daddy's party.
MARTIN	: You know what? Go to your room.
JANE	: Fine.

INT. WEIL, GOTSHAL & MANGES RECEPTION ROOM – NIGHT – Martin talks to INTERNS from his legal firm at a social function.

MARTIN	: No, no, it's well known. Tax is the only genuinely funny area of the law.
INTERN	: I think most of us just want careers that have a little more impact.

Martin glances across the room. He sees the wives segregated in a corner, but Ruth is alone.

MARTIN	: You know young people in Sweden these days aren't getting married?
INTERN	: Really?
MARTIN	: It's true. They're getting engaged. They're still living together. They're still having kids, raising a family. But they're not getting married. You know why?
INTERN	: They can have sex without it?

The interns laugh but not Martin. He finally finds Ruth.

---

language 言葉, 言葉遣い ↺

pretend [動詞]ふりをする, 主張する

support 支える, 支援する, 助ける
that's enough それで十分だ
get ～ing ～し始める
Go make...for Daddy's party ↺
make （人に・を）～させる ↺

fine [間投詞]もうわかったよ ↺

Weil, Gotshal & Manges ワイル・ゴッチェル＆マンジス法律事務所 ↺
reception room 広間
reception （会社, 病院などの）受付
area 区域, 場所
intern インターン →p.91
legal firm 法律事務所
at a social function 社交の場で
function 会合, 式典
well known 有名な
genuinely 本当に
funny 奇妙な, 不思議な
I think...more impact ↺
career 経歴, 職歴, 成功, 出世
have an impact (on ～) ～に影響を与える
glance [動詞]チラリと見る, ざっと目を通す
wife 妻 ↺
segregate 分離する, 隔離する
Sweden スウェーデン ↺
these days 最近

get engaged 婚約する

raise a family 家庭を築く
raise （親が子供を）育てる, 養う
have sex 性交渉を持つ, セックスする
without ～なしに[で], ～のない →p.195

マーティン ：おい、下品だぞ。

ジェーン ：でもそれが運動だなんて言わないでよね、いい？

：みんながただ座っているだけなら運動だなんて言わないのよ。そんなのただの支援グループ。

マーティン ：ジェーン、もうそのくらいにしなさい。

ルース ：もう行かなきゃ。

ジェーン ：そうね。パパのパーティーのためにかわいく着飾ってきたら。

マーティン ：おい、いいか。もう部屋に行くんだ。

ジェーン ：行くわよ。

屋内－ワイル・ゴッチェル＆マンジス法律事務所の広間－夜－歓談の場でマーティンが彼の法律事務所のインターンたちに話している。

マーティン ：いや、いや、有名な話だ。税というのは法律の中では唯一、正真正銘の奇妙な領域なんだ。

インターン ：僕たちのほとんどはもっと影響が強いキャリアが欲しいと思ってるんじゃないですかね。

マーティンが部屋を見回す。ご婦人方だけで隅で集まっているのが見えるが、ルースはひとりでいる。

マーティン ：さて、スウェーデンの若者は近頃結婚しないって知ってるかい？

インターン ：そうなんですか？

マーティン ：本当だとも。婚約して、一緒に住んで、子供を作って、家庭を築く。でも結婚はしない。なぜだと思う？

インターン ：結婚しなくてもセックスできるから？

インターンたちが笑うが、マーティンは笑わない。彼はようやくルースを見つける。

■ **language**
下品な言葉遣いをたしなめる表現。Watch your language.とも言う。

■ **Go make ... for Daddy's party**
ジェーンの母親に対する痛烈な皮肉。Goは命令文で「行けばいいじゃない」と突き放して言うニュアンス。

■ **make**
make+O（目的語）+C（補語）で、OをCの状態にする。
ex. Chocolate always makes me happy.（チョコレートはいつでも私を幸せにしてくれる）、Martin always makes me laugh.（マーティンはいつも私を笑わせる）、My father made me read thirty books during the summer break.（父は夏休みの間に私に30冊の本を読ませた）

■ **fine**
うんざりした気分を表すときにも用いる。

■ **Weil, Gotshal & Manges**
マーティンが実際に働いていた米国ニューヨーク州にある法律事務所。1931年に設立され、現在では1,000人を超える弁護士を擁する世界有数の巨大事務所。本社はマンハッタンを一望するGeneral Motors Buildingにあり、そのビルは一時期ドナルド・トランプが所有していたこともある。

■ **I think ... more impact**
マーティンは税に関する法律の専門家だが、インターンとして働いている彼らは弁護士として訴訟などもっと社会に影響力のある活動をすることを望んでいる。

■ **wife**
wivesは複数形。欧米のパーティーは通常、夫婦同伴で出席する。

■ **Sweden**
本作では描かれていないが、ルースは1960年代に、コロンビア大学のプロジェクトで、スウェーデンに渡り、スウェーデンの司法制度を研究し、帰国後、民事訴訟法の本を執筆している。すでに夫婦共働きが一般的に受け入れられていたスウェーデンの先駆的な男女平等社会のあり方が、ルースに大きな影響を与えた。

■ **raise**
= bring up; rear; nurture, foster
同じく「育てる」という意味のあるgrowは人間には使えない。自動詞のgrow[up]「育つ」であれば、人に対しても使える。
ex. ○ raise a child、○bring up a child、× grow a child、○ grow a flower、○ Children grow [up] so fast.（子供たちはどんどん成長する）

MARTIN	: It's because of taxes. That's true. After the war, Sweden passed a law that said married couples will now file joint income tax returns.	because of~ ～のせいで after the war 戦争の後で ⊙ pass the law 法律を通過させる married couple 結婚したカップル file ［動詞］（書類を）正式に提出する
	: However, unlike the United States, they weren't given any of the benefits from it.	joint income tax returns 合算所得税申告書 ⊙ unlike～ ～とは異なり they weren't given...benefit from it ⊙
	: So, married Swedes were finding themselves in the uncomfortable position of now being in a higher tax bracket.	Swede スウェーデン人 find oneself 気づく uncomfortable 不安な, 不愉快な
INTERN	: Oh, really?	tax bracket 課税区分
MARTIN	: So, they got divorced. 'Course they were still living together.	get divorced 離婚する ⊙ 'Course = of course →p.217

Senior partner of the firm and Martin's boss, TOM MALLER, approaches Martin and the interns.

boss （会社などの）上司, 社長
approach ～に近づく ⊙
intern インターン ⊙

MARTIN	: So, the Swedish government then passes a new law that says, "Alright, married couples that get divorced but continue to live together, for tax purposes, will be considered still married."	government 政府, 行政, 統治機関（の執行部） continue ～し続ける ⊙ purpose 目的 consider～ ～とみなす
	: So, they did what anyone would. They add a second entrance to their home with a nice wall that goes right down the middle with doors for easy access.	entrance 出入り口, 玄関 down the middle 真ん中に for easy access 行き来しやすいように

The interns laugh. Tom Maller smiles.

laugh 声を上げて笑う, 面白がる

MARTIN	: "Alright, fine," says the Swedish government, "New law." Once married, now divorced couples, living in a two-income household that is sub-divided would, again for tax purposes, be considered living together and, therefore...	two-income household 共稼ぎ世帯 household （雇い人を含めて）家じゅうの者, 家族（全員・全体）, 世帯, 家庭, 家中の者の居住空間・財産 sub-divided 細分化された ⊙ therefore それゆえ

マーティン　：税金のせいさ。本当だとも。戦後スウェーデン
　　　　　　　は、結婚しているカップルは今後、合算所得税
　　　　　　　申告書を提出する、という法律を通した。

　　　　　　：ところがアメリカと違って、スウェーデン人はそ
　　　　　　　こから何も得をしなかった。

　　　　　　：で、スウェーデンの既婚者たちは、自分たちが
　　　　　　　今やより高い課税区分に位置付けられて不利な
　　　　　　　立場にある、と気づいた。

インターン　：へえ、そうなんですか?

マーティン　：それで彼らは離婚したのさ。もちろん、一緒に
　　　　　　　住み続けながら。

事務所の共同経営者でマーティンの上司でもあるトム・マラーが
マーティンとインターンたちのもとにやってくる。

マーティン　：それで、スウェーデン政府はこう言って新しい
　　　　　　　法律を通した。「よろしい。夫婦が、税金対策の
　　　　　　　ために離婚し、一緒に住み続ける場合はまだ婚
　　　　　　　姻関係にあるとみなす」と。

　　　　　　：するとスウェーデン人は誰でも考えつきそうなこ
　　　　　　　とをやったんだ。家に2つ目の入り口をつける
　　　　　　　のさ。行き来しやすいように、真ん中を仕切る
　　　　　　　壁にはドアをつけてね。

インターンたちが笑う。トム・マラーはニヤリとする。

マーティン　：するとスウェーデン政府は言った、「よろしい、
　　　　　　　新しい法律だ」。一度結婚して離婚したカップル
　　　　　　　でも、これまた税金対策で、区画に分けられた
　　　　　　　共稼ぎの家に暮らしているなら、一緒に暮らし
　　　　　　　ているとみなす。それゆえ…

■ after the war
1970年の時点で定冠詞を付けて「戦争」といった場合は第二次世界大戦World War II / the Second World War (1939-1945)を指す。前者の II はtwoと読み、定冠詞を付けない。

■ joint income tax returns
income tax return「所得税申告書」を joint「つなぎ合わせ」たもの。この場面は1970年の設定されており、翌年の1971年に、スウェーデンでは所得税の課税方式を夫婦合算制から個人単位へと転換する税制改革が行われた。

■ they weren't given…benefit from it
[否定文+any of 〜]で「少しの〜もない」。

■ get divorced
「get+過去分詞形」の形で主に口語的用法。過去形got divorcedで、「離婚した」。

■ approach
人や物、乗り物などが場所的、時間的に近づくことを意味する。
ex. The woman approached me.(その女性は私に近づいてきた)、The bullet train approaches the station.(新幹線が駅に近づく)、A typhoon is approaching Okinawa.(台風が沖縄に接近している)、The plane is approaching New York.(飛行機はニューヨークに接近している)

■ intern
特定の職業の経験を積むために企業や組織で一定の期間労働に従事する学生。ロースクール(法科大学院)の学生であれば、夏休みなどに法律事務所でインターンとして働くことが一般的。

■ continue
last(続く、持続する、存続する)よりも「切れ目なく、途切れることなく続く」という意味合いが含まれる。後ろに動名詞(〜ing形)を付け「〜し続ける」という意。また、不定詞を付けると「習慣的に〜し続ける」という意味になる。
ex. The strike continued for two weeks.(ストライキは2週間続いた)、I continued writing.(私は書き続けた)、I continued to go out for drink every weekend.(私は毎週末飲みに出かけた)

■ sub-divided
節税のために、1つの家族ではなく別々の家に見えるよう分けられた、ということ。

INTERN : Therefore, still married.

Martin's laughing with the interns now. Ruth arrives. Takes a cocktail glass off a waiter's tray, and hands it to Martin:

hand [動詞] (何かを人から人へ) 直接手渡す, 渡す, 与える

MARTIN : Now he's got it. And this went on for decades.

: All the while, a whole generation of Swedes simply skirted the issue by never getting married in the first place.

: Thank you. Speaking of, have you all met my lovely wife, Ruth?

he's got it ↻
go on 続く
for decades 何十年もの間 ↻
all the while その間中ずっと
generation 世代, 同世代の人々 →p.229
skirt [動詞] 〜の端を通る, 〜を避けて通る
issue 問題(点), 論点
in the first place そもそも, まず
speaking of そういえば
moral 教訓
revenue 税収入

RUTH : The moral of his story is that, in their attempt to raise revenue, the Swedish government ruined all those young men's best hope at happiness.

MARTIN : Exactly. Because how a government taxes its citizens is a direct declaration of a country's values.

: So, tell me, what could have more impact than that?

exactly [間投詞] そのとおり, おっしゃるとおり →p.105
tax [動詞] 税金をかける
citizen 市民 ↻
declaration 宣言, 表明
value 価値
tell someone →p.189

MALLER : You'd be wise to listen, boys. I swear to Christ, Martin Ginsburg'll be signing all our checks someday.

: You're a smart girl, Ruthy. You married a star.

You'd = You would
swear to Christ キリストに誓う ↻
sign all one's checks 全ての小切手にサインする ↻
girl ↻

EXT. MIDTOWN MANHATTAN STREET – NIGHT - Ruth walks ahead quietly. Martin sees she's irritated.

Midtown Manhattan Street マンハッタン地区のミッドタウン ↻
ahead 前に, ずんずん先へ
quietly 静かに
irritate いら立たせる
evolve 進化する
upright 直立した ↻

MARTIN : Tom Maller is barely evolved. He started walking upright last week.

RUTH : You always do that.

インターン ： それゆえ、まだ婚姻関係にあると。

マーティンは今やインターンたちと一緒に笑っている。ルースがやってくる。カクテルグラスをウェイターのトレーから受け取ってマーティンに手渡す。

マーティン ： さぁわかったかい。そしてもうかれこれ数 10 年だ。

： その間ずっと、スウェーデンの全ての世代がただこの問題を避けるためにそもそも結婚しなくなった。

： ありがとう。そういえば、みんなは僕のかわいい妻ルースに会ったことは？

ルース ： 彼の話の教訓は、税収を増やそうとして、スウェーデン政府が若い人たちの幸福への最大の希望を全てダメにしてしまった、ということね。

マーティン ： その通り。なぜなら、政府がその国民にどう課税するかは、国家の価値をもろに表すからだ。

： どうだい、これ以上に影響が強いことなんてあるかい？

マラー ： 諸君、ためになる話だろう。神に誓って、マーティン・ギンズバーグは将来我々の小切手全てにサインをする地位に就くことになるだろう。

： 君は賢明な女性だね、ルース。スターと結婚したんだから。

屋外－マンハッタン地区のミッドタウン　夜－ルースは黙って先を歩いている。マーティンは彼女が怒っているのに気づく。

マーティン ： トム・マラーはろくに進化していないのさ。先週歩き始めたばかりのヨチヨチなんだよ。

ルース ： あなたっていつもそう。

■ **he's got it**
= he has got it
単純に正解を言えたインターンが「彼はもうわかったようだな」と言っているだけではなく、もちろん「もうみんなわかったよな」という意図である。

■ **for decades**
decadeは「10年（間）」を表す語だが、centuryが単なる「100年（間）」というよりも「世紀」を表すように、「○○年代」という区切りを含意する場合も多い。
ex. a decade（10年）、two decades（20年）、in his last decade（〔今から遡って〕彼の過去10年間に）、the first decade of the 20th century（20世紀の最初の10年＝1900年代）

■ **citizen**
この語は、ある市に住む「住民」を意味すると同時に、国政に参加する権利を持つ「国民」も表す。

■ **swear to Christ**
= swear to God
キリスト教ではナザレのイエスは「神の子」すなわち「神」とされる。I swear to God / Christ（神かけて、神に誓って）は確信を表す。

■ **sign all one's checks**
小切手は、銀行での電子決済がまだ一般的でなかった時代に欧米社会で日常的に使われていたもの。銀行で発行される小切手帳には所有者の名前が印字されており、いつ、誰に、いくら支払うかを手書きした上で自分の名前を書き込む（署名する）。それを切り離して支払いの相手に渡し、換金される仕組み。共同経営者のマラーがマーティンを指して「我々の小切手全てにサインをするだろう」と言ったのは、経営者となって従業員に給料を支払うだろう、という意味。

■ **girl**
若い女性に対して使われるが、状況によっては侮蔑的な含みを持たせることもある。

■ **Midtown Manhattan Street**
マンハッタンはニューヨーク市の中心街で、ミッドタウンはその中でも事務所や商業施設が数多く集まる地域。

■ **upright**
二本足で立つこと。直前に「彼はほとんど進化していない」とあるので、これは生物の進化論をもじった表現。「先週になって直立二足歩行し始めたばかりの原始人」ということ。

MARTIN	: What?	
RUTH	: You act like, like it doesn't matter.	act like ~ 　~かのように振る舞う
MARTIN	: No, it's...	
RUTH	: But all the little brush-offs, the dismissive pats on the head. It, it matters, Marty.	brush-off 　人に取り合わないこと, そっけない拒否 dismissive 　軽蔑的な
MARTIN	: Why? You know what you're doing is important. So, who cares?	who cares? ↻
	: Okay, fine. Next time my boss gives me a clumsy compliment, I'll challenge him to a duel. Will that make you happy?	clumsy compliment 　気の利かない褒め言葉 challenge someone to a duel （人）に決闘を申し込む ↻ make someone happy 　（人）に喜んでもらう happy 　幸せな, 満足した
RUTH	: I wouldn't want to hurt your stellar reputation.	stellar reputation 　華々しい評判 ↻ reputation 　評判, 名声, 世評 →p.121
MARTIN	: Just tell me what you want.	
RUTH	: Nothing! I want nothing. I want you to go to work and wow your bosses and clients. And be the youngest partner in the history of the firm.	I want nothing wow 　[動詞]すごいと言わせる And be...of the firm ↻
MARTIN	: That's not fair!	That's not fair 　公平じゃない, ずるいよ, 卑怯だよ
RUTH	: And I want you to walk me home, Marty.	walk someone home 　歩いて（人）を家まで送る
MARTIN	: That's not fair and you know it!	you know it 　君はわかっている ↻
RUTH	: So, I can sit in my corner and write a lesson plan to inspire the next generation of students...	corner 　片隅, 隅っこ ↻ lesson plan 　教案, 授業プラン next generation of students 次の世代の学生たち ↻
MARTIN	: No one's pushing you into a corner!	No one's 　= No one is
RUTH	: ...to go forth and fight for equality.	go forth 　出ていく, 出発する fight 　[動詞]闘う, 戦う, 戦闘する(fight-fought-fought)
MARTIN	: I don't understand why you're acting like that's such a bad thing.	equality 　平等, 対等 →p.109
	: You're out there training the next generation of lawyers to change the world!	out there 　あそこに, 向こうに ↻ train 　養成する, 教育する
RUTH	: Because that's what I wanted to do!	that's what I wanted to do! ↻
MARTIN	: Kiki. Kiki.	

マーティン	：何が？
ルース	：あなたはそんな問題じゃないっていう風に振る舞うのね。
マーティン	：いや、だって…
ルース	：でも、こういうちょっと軽くあしらわれることや、軽蔑的に頭を叩かれること。それは問題なのよ、マーティ。
マーティン	：どうして？　君は自分がやっていることが重要だってわかっているだろう。だったら、誰が気にするっていうんだい？
	：なるほど、わかった。次にボスが無礼なことを言ったら果たし合いだ。それでいいかい？
ルース	：あなたの華やかな評判を傷つけたくはないわ。
マーティン	：一体どうしてほしいんだい？
ルース	：何も！　何もしてほしくないわ。あなたは仕事に行ってあなたのボスと顧客を喜ばせればいいじゃない。そして事務所史上最年少の共同経営者にでもなればいいのよ。
マーティン	：そんなのは公平じゃない！
ルース	：私を家に連れて帰って、マーティ。
マーティン	：それは公平じゃない、君だってわかってるだろ！
ルース	：そうすれば、私は隅っこに座って次の世代の学生たちを動かせるような授業計画を立てることができるわ…
マーティン	：誰も君のことを隅っこに追いやるなんてことしやしない！
ルース	：…平等のために前進して戦うために。
マーティン	：わからないな。どうして君は物事を悪くとるんだ。
	：君はそこで次の世代の法律家を育てているんだ、世界を変えるために！
ルース	：だって私がやりたかったのはそっちだったんだもの！
マーティン	：キキ。キキ。

■ who cares?
「誰が気にするだろうか？」＝「誰も気にしない」という修辞疑問文。ぶっきらぼうにも聞こえるカジュアルな表現なので、目上の人には用いない。これ単独でも用いるが、about〜やwh節などを付け足すこともできる。
ex. Who cares about the reason?（理由なんてどうでもいいでしょ）, Who cares how much I know.（私がどれだけ知ってるかなんてどうでもいいでしょ）

■ challenge someone to a duel
かつての欧米社会で名誉が傷つけられた男性が時としてとった手段。中世ヨーロッパにおける決闘は法的な解決手段の1つだった。

■ stellar reputation
stellarは本来「星のような」という意味。会社のパーティでトムがマーティンのことを「スター（星）」と呼んだことに対する一種の皮肉。

■ I want nothing
「何も〜ない」といった強めの否定を表すために、英語ではしばしば否定の意味を持つ代名詞（none, nobodyなど）を用いる（主語としても目的語としても用いられる）。

■ And be … of the firm
「〜でありなさい、〜となりなさい」という命令文。in the history of the firmは「会社設立以来」という意味で、historyは過去の出来事や経緯全般を指す。

■ you know it
目的語のitは特定の事物ではなく、それまで交わされてきた2人の会話などからそれと察知できる内容全般を指す。

■ corner
ここではギンズバーグ家のアパートの片隅という意味で使われている。

■ next generation of students
「学生という次の世代」すなわちルースよりも若い学生たちのこと。前置詞のofはここでは同格関係を表し、A of B は「BというA」。

■ out there
ここでは教育現場のこと。

■ that's what I wanted to do!
= that is what I wanted to do!
ルースが「私がやりたかったこと」と言っているのは、弁護士として社会で活躍し、それによって世界を変えること。

ベトナム戦争とアメリカの学生たち

　1960年代後半から70年代前半は、東南アジアに位置するある国がアメリカ社会に大きな影を落とした時代でもあった。現在はベトナム社会主義共和国（通称「ベトナム」）と呼ばれているその国が、資本主義と共産主義の陣営に分かれ南北に分断されて戦争となり、ベトナム本国はもとよりアメリカをはじめとする各国が大きな犠牲を払ったのである。当時は冷戦の真っ只中であった。「冷戦 Cold War」とは、第二次世界大戦（1939～45年）後に覇権を争うようになったアメリカと当時のソ連が中心となって展開した対立構造である。両国間での戦闘は回避されたものの、各地で「代理戦争」や各種の紛争が生じた。ベトナム戦争もそのひとつである。ソ連は20世紀初頭に共産主義革命により成立した国家で、欧米で広まっていた資本主義経済を否定し、計画経済に基づく新たな経済圏を世界中に拡大させようとしていた。そうした動きに特に警戒感を募らせたのがアメリカである。

　19世紀後半以来フランスの植民地であったベトナムは、第二次世界大戦後に独立を求めて行動を起こし、インドシナ戦争（1946～54年）が発生していた。独立を認める代わりに古くからの支配者層を中心に傀儡政権を作ろうとしていたフランスやアメリカに反発して、ホー・チ・ミンをリーダーとするグループは共産主義国家樹立を目指す。結果として、共産圏のソ連と中華人民共和国（中国）が北ベトナムを、資本主義陣営はアメリカが中心となって南ベトナムを支援した。そのアメリカが、1962年に軍事介入を開始する。当初は小規模の精鋭部隊からなる派兵であったものがやがて大規模化し、本格的な正規軍の派遣にまで展開した。これがやがてアメリカ

の学生たちを動かすことになった。

　この頃にはテレビが一般家庭に普及し、報道機関が戦況を国民に知らせるようになってきていた。アメリカ軍が 1965 年以降に北ベトナムで実施した無差別の爆撃（北爆）や、住民を虐殺した 1968 年の「ソンミ村事件」などが伝えられると、ベトナム戦争の正当性や意義を疑問視する声が上がるようになり、若者とりわけ高校生や大学生はデモや集会を開いて抗議するようになる。黒人の権利を求めた公民権運動や女性解放運動がすでに動き始めていたこの時代、各地の大学生が自分たちの権利を主張し、政府の方針に異議を唱えるようになったのである。ベトナム戦争の期間中、大学生とその世代の若者たちにとって最も関心が高かったのは、自らが兵役につき戦争の当事者になる可能性であった。自分の意思で入隊する志願兵だけでは兵士の数が確保できなかったことから、アメリカは選抜徴兵制を導入していた。18 〜 26 歳の徴兵適齢者に登録を義務づけて条件ごとに序列化し、その順序で徴兵する制度である。さらに 1970 〜 1973 年は抽選による選抜も行われたが、大学生を中心に大きな反発をもたらした。兵役を拒否する若者も多く、1973 年のベトナム戦争終結により一旦は終了したが、選抜徴兵制それ自体は男性限定で 1980 年に復活し、登録や訓練の拒否にはペナルティが課されている。アメリカの女性兵士は志願制で非戦闘行為に限って 20 世紀初頭から存在してきたが、2016 年以降は最前線での戦闘参加が解禁された。

　　　　　　　　　　　　　　　　大橋真砂子（名城大学）

Finding a Case

■■■

5 *INT. GINSBURG APARTMENT – NIGHT - Ruth sits at the desk reading her lesson plans. She ignores a knock on the door. Martin enters anyway and drops a small, yellow booklet – the TAX COURT ADVANCE SHEETS (TCAS) – onto her desk.*

MARTIN	: Page twenty-one.
RUTH	: I don't read Tax Court cases.
MARTIN	: Read this one. The IRS denied a Petitioner a tax deduction to hire a nurse to take care of an invalid mother.
RUTH	: Sounds like a real page-turner.
MARTIN	: Ask me why.
RUTH	: Marty. I have a lecture to write.
MARTIN	: Okay.

He seems to accept it. And heads for the door. But before he goes, he turns back:

MARTIN	: It's because the Petitioner is a man.

Martin putts a golf ball into a cup. When he looks up, Ruth's in the doorway, TCAS in hand.

RUTH	: Marty, Section 214 of the tax code assumes a caregiver has to be a woman.
	: This is sex-based discrimination against a man.

---

find （偶然）～を見つける，～に出会う
sit ～ing ～しながら座っている，座って～している ⊘
anyway とにかく
booklet 小冊子
tax court 税務裁判
advance sheets 見本刷り，速報版 ⊘

Read this one ⊘
IRS 米国国税庁 ⊘
petitioner 原告，申立人
deduction 控除，差引き ⊘
invalid 病弱な，病身の
Sounds like
sound like ～のように思われる
page-turner ⊘
why ［名詞］理由

seem to ～のように思われる
heads for ⊘
head for ～に向かって行く

putt ［動詞］パターでゴルフボールを打つ
cup カップ
doorway 出入り口
in hand 手元に（の），手持ちの

tax code 税法 →p.223
assume （明確な証拠はなくても）想定する，～であるとみなす，～だと思い込む，決めてかかる →p.211
caregiver 世話をする人，介護人，介護者 →p.117
sex-based 性別に基づく ⊘
against ～に不利な（に），～に都合悪い（く），～に反対して

(i Pen)

訴訟を見出して

屋内−ギンズバーグのアパート−夜−ルースはデスクに着いて授業計画を読んでいる。彼女はドアのノックを無視する。マーティンはともあれ入り、黄色い小冊子 −税務裁判速報（TCAS）−を彼女の机に置く。

マーティン ：21 ページを。

ルース ：私は税務裁判の訴訟なんて読まないわ。

マーティン ：この訴訟を読んでごらん。国税庁は、病身の母の世話をするために看護人を雇うための税控除を原告に与えなかったんだ。

ルース ：すごく面白そうね。

マーティン ：理由を僕に聞いて。

ルース ：マーティ。私には準備しなくてはならない講義があるの。

マーティン ：わかった。

彼はそのことを受け入れているようだ。そしてドアの方に向かう。しかし彼は出ていく前に、振り返る。

マーティン ：それは原告が男だからだ。

マーティンはゴルフボールをカップに入れる。彼が顔を上げると、ルースが税務裁判速報を手に持って出入口にいる。

ルース ：マーティ、税法 214 項は介護者は女性でなければならないと想定している。
　　　　　：これは男性に対する性差別よ。

■ **sit ~ing**
sitの後ろに分詞の〜ingを置き「〜の状態で座っている、座った状態で〜している」という意味。この表現を使うと、分詞が示す状態をより詳しく表現できる。

■ **advance sheets**
= A paperback or loose-leaf booklet or pamphlet containing recent decisions issued by a (usually appellate) court.

■ **Read this one**
この場合のoneは既出単語（不特定の加算名詞case）の代用をする"one"。

■ **IRS**
= Internal Revenue Service
米国内国歳入庁で略称がIRS。日本語では普通そのままIRS（アイアールエス）と呼称される。

■ **deduction**
「演繹（えんえき）法」という意味もある。動詞はdeduct、「差引く、控除する」という意味。

■ **Sounds like**
= It sounds like a real page-turner.
主語である非人称のItが省略されている。It sounds like … やIt looks like …の場合、非人称のItが主語であることは自明なので、会話や親しい間でのメールではよく省略される。

■ **page-turner**
読み出したらやめられない本、息もつけないほど面白い本。定義は a book that is so exciting that you want to read it quickly。

■ **heads for**
動詞に三単現のsが付いているので、主語のheが省かれているとわかる。

■ **sex-based**
-basedは名詞・副詞に付けて「〜に基礎を置いた、〜を基にした、〜に基礎をもつ、〜に本拠地（本部）をもつ」の連結語。baseの本来の意味は「基礎、土台、本拠」。
ex. a New York-based journalist（ニューヨークに本拠を置くジャーナリスト）

MARTIN	: Poor guy.	
RUTH	: If a federal court ruled that this law is unconstitutional, then it could become the precedent others refer to and build on. Men and women both.	
	: It, it… It could topple the whole damn system of discrimination.	

She notices the delight on his face.

RUTH	: What?
MARTIN	: Nothing. I'm just thrilled at your new found enthusiasm for tax law.

She puts her arms around him.

RUTH	: Marty. Oh, Marty. We need to take this case.

INT. ACLU RECEPTION AREA – DAY - Ruth enters the office of the American Civil Liberties Union and heads for the receptionist, passing various STAFFERS.

ACLU STAFFER 1	: Of course he says he's against bombing Cambodia. I want to know, where's his bill to de-fund it?
ACLU STAFFER 2	: It's derogatory.
RUTH	: Hi. Mel Wulf is expecting me.

Glossary (right column):

poor　かわいそうな
guy　[口語](成人の, または若い)男, やつ →p.109
if…, then ↝
federal court　連邦裁判所 →p.117
federal　連邦の, 連邦(中央)政府の →p.117
unconstitutional　違憲の, 憲法違反の
the precedent others refer to and build on ↝
others　（無冠詞で）ほかの人たち
refer to　～を参考にする, ～を参照する
build on　～をもとに事を進める, ～を足場とする
both　両方の, 双方の, 2つとも の ↝
topple　覆す, 打倒する, 転覆する
whole　全体の
damn　ひどい, いまいましい, 全く ↝
system　システム, 体系
delight　喜び, 歓喜
enthusiasm　熱意
arm　腕

take　取り上げる

American Civil Liberties Union　全米自由人権協会 ↝
receptionist　受付係
pass　通り過ぎる
various　さまざまな, いろいろな
staffer　[米口語]職員
bombing Cambodia　カンボジア爆撃(空爆) ↝
bomb　[動詞]爆撃する
Cambodia　カンボジア(インドシナ半島南東部の共和国)
bill　法案
de-fund　～への資金援助をやめる[停止する・打ち切る], ～の予算案を否決する
derogatory　軽蔑的な, 傷つけるような
expect　～が来るのを待つ, ～が来るものと思っている, (当然のこととして)期待する

マーティン ：かわいそうな男。

ルース ：連邦裁判所がこの法律を違憲と判断すれば、それは他の人が参考にして、その上に築かれる先例になるかもしれない。男も女もね。

：それ、それ…　それは差別のひどいシステム全体を崩せる可能性があるわ。

彼女は彼の喜びの表情に気づく。

ルース ：なに？

マーティン ：なんでもない。僕は君の税法に対する新たな熱意にちょっと興奮しているよ。

彼女は彼に両腕をまわす。

ルース ：マーティ。ねえ、マーティ。私たちはこの訴訟を取り上げる必要があるわ。

屋内－全米自由人権協会（ACLU）の受付エリア－昼－ルースは全米自由人権協会の事務所に入り、いろいろな職員を通り過ぎながら受付に向かっていく。

ACLU職員1 ：もちろん彼はカンボジア空爆には反対と言っている。俺は知りたいんだが、それをやめさせる彼の法案はどこにあるんだ？

ACLU職員2 ：それは軽蔑的だね。

ルース ：どうも。メル・ウルフが私を待ってるの。

■ if…, then
if節が過去形で、then以下の主節が過去形の助動詞になっているので仮定法過去の文。現在の事実に反すること表している。主節のcouldは「…する可能性がある」という意味で「…できた」という意味の過去形のcouldではない。

■ the precedent others refer to and build on
= the precedent that[which] others refer to and build on
the precedent はO（目的語）に相当する語で others が S で refer to と build on の2つが V に当たる。precedent と others の間に目的格関係代名詞 that もしくは which が省略されている。

■ both
2人あるいは2つの物・事を表すので複数扱い。
ex. Both sides have agreed to the contract.(双方は契約に同意した)
3人あるいは3つ以上の物・事を表す時はall three, all four, all of themなどallを使う。

■ damn
= damned
形容詞や副詞の強調語として、good, well, fine, rightなどと共に使われることが多い。良いことにも悪いことにも用いられる。
ex. It's damn hot.（すごく暑い）

■ American Civil Liberties Union
= ACLU
言論の自由を守ることを目的とし、1920年に設立された米国で最も影響力のあるNGO団体の1つ。政府などにより言論の自由が侵害されている個人や団体に、弁護士や法律の専門家によるサポートを提供する米国最大の人権擁護団体で、ACLUによる数々の訴訟は米国の法律の発展に多大な影響を与えてきた。事務局はニューヨークにある。2018年の会員数は184万人、職員は弁護士スタッフの300人である。

■ bombing Cambodia
ベトナム戦争の進展で1970年にカンボジア東部で実施された米軍と南ベトナム軍による一連の軍事作戦であり、5月1日から6月30日までは米軍によって合わせて13の大きな作戦が実施された。

MEL WULF, the ACLU's Legal Director, appears talking with a staffer.

WULF : Does he want to get his hands on Nixon, or does he hope the Viet Cong do?

ACLU STAFFER 3 : Why? What's the difference?

He notices Ruth at Reception. And grins mischievously.

WULF : Five years in prison. Go.

He comes up behind Ruth chanting. Everyone stops to watch.

WULF : Oh, I'm an acorn short and round, lying on the dusty ground

Everybody steps on me, that is why I'm cracked you see

I'm a nut, I'm a nut, I'm a nut

Come on.

I'm a nut, I'm a nut, I'm a nut, I'm a nut, I'm a nut, I'm a nut

RUTH : Mel...

WULF : Oh, I'm a nut, but that's no sin

Because at Camp Che-na-wah, I'll fit right in

Everyone applauds.

WULF : Ladies and gentlemen, three-time Camp Che-na-wah All-Round Camper: Ruth "Kiki" Bader.

Glossary (right column):

legal director 法務部長
director （部, 局などの)長官, 局長, 部長
appear 現れる
talk with ～と話をする

get one's hands on ～を捕まえる, ～をつかまえて懲らしめる
Nixon ニクソン大統領 ↻
Viet Cong 南ベトナム解放民族戦線 ↻
difference 相違(点), 違い, 差

grin （歯が見えるくらい)にやりとする, にこっと笑う
mischievously いたずらっぽく

prison 刑務所

behind ～のうしろに(の)
chant 歌う
stop to ～するために立ち止まる, 立ち止まって～する
watch じっと見る ↻
Oh, I'm an acorn... ↻
acorn どんぐり
round 丸い
dusty ほこりまみれの
ground 地面
step on ～を踏む, 踏みつける
cracked 割れた, ひびの入った
you see あのね ↻
nut ［スラング]馬鹿者, 変わり者

sin 罪

because （主節の後で)というのは(～だから)
fit in うまく調和する, (人と)うまくやっていく

ladies and gentlemen 紳士淑女の皆さま ↻
three-time ［形容詞]3回の
Camp Che-na-wah キャンプ・チェナワ
all-round 多才の, 万能の
camper キャンパー, キャンプをする人 ↻

全米自由人権協会法務部長のメル・ウルフは職員と話しながら現れる。

ウルフ ：彼はニクソンを捕らえたいのかな、それともベトコンがそうすることを望んでいるのかな？

ACLU職員3：どうして？　その違いは何なの？

彼は受付にいるルースに気づく。そしていたずらっぽくにやりと笑う。

ウルフ ：懲役5年だ。行け。

彼はルースの後ろに来て歌う。皆は足を止めて見ている。

ウルフ ：ああ、僕は短くて丸いどんぐり、ほこりだらけの地面に寝そべっている

みんなが僕を踏みつける、だから僕は割れているんだよ、ほらね

僕は馬鹿、僕は馬鹿、僕は馬鹿なやつ

さあ来い。

僕は馬鹿やつ、僕は馬鹿、僕は馬鹿、僕は馬鹿、僕は馬鹿、僕は馬鹿

ルース ：メル…

ウルフ ：おや、僕は馬鹿だけど、それは罪ではありません

というのもキャンプ・チェナワでは、僕はうまくやっていけるだろうし

皆が拍手する。

ウルフ ：ご来場の皆様、キャンプ・チェナワでは3回も万能キャンパーのルース・「キキ」・ベイダーです。

■ **Nixon**
米国第37代大統領（1969-1974）で、ベトナム戦争期、カンボジアの共産主義者の要衝と疑われる基地や物資供給地域を米軍のB-52爆撃機で攻撃するカンボジア空爆作戦を承認した。

■ **Viet Cong**
ベトナム語のベトナムコンサン（Việt Nam Cộng sản）を略したもので、1960年に南ベトナムで、北ベトナムの指導のもと結成された。ベトナム戦争では南ベトナム政府軍・米軍・韓国軍などと戦って勝利し南北統一後はベトナム軍に吸収された。

■ **watch**
「見る」という動詞には、watch（観察する）、see（自然と目に入ってくる）、look（意識的に見る）、gaze（喜びや興味を持って見つめる）、stare（驚きや恐れでじっと見つめる、睨む）、さらに、see ahead（将来を見通す）、look about（見回す、探し回る）、stare someone down（睨み付けて目をそらさせる）、watch out（監視する）などいくつも表現方法がある。

■ **Oh, I'm an acorn...**
Acorn Song や I'm a Nutと呼ばれるこのチャントは、キャンプやボーイ（ガール）スカウトなどで親しまれている。cracked（踏まれて割れた／頭のおかしい）とnut（木の実／変わり者）をダブルミーニングで使った遊び歌。

■ **you see**
会話で注意を促すときなどに用いられ「ほら、あのね、ご存じでしょう」の意味。

■ **ladies and gentlemen**
スピーチや航空会社のアナウンスでの呼びかけの定番として使われてきたフレーズ。多様なジェンダーへの配慮から日本や海外の航空会社や交通公共機関ではeveryone、all passengers、ridersなどのジェンダーフリーの語に置き換えられてきている。

■ **Camp Che-na-wah**
women can do anythingを理念としてルースのおじが創設したユダヤ人少女向けサマーキャンププログラム。4歳〜18歳まで参加したルースは、ここで「万能」と称されているように、全てのアクティビティをこなした。後半は、他の参加者を取りまとめるリーダー的役割のキャンプカウンセラーを務めていた。

■ **camper**
米国では子供たちは3ヶ月もの長い夏休みの期間2週間〜1ヶ月ほどのサマーキャンプに参加する。教育や運動で新しいスキルを学ぶことを主な目的としている。

Everyone applauds.

WULF : Oh, and for all you who think this job is hard, I judged the thirteen and unders with a color war trophy on the line. Back to work. Hey, Kiki. Whaddya say?

RUTH : Hi, Mel.

WULF : Sorry, about that.

Ruth follows Mel down a crowded hallway. He's reading the Tax Court Advance Sheets as they walk.

WULF : You said you had a case. This is not a case. This is the opening salvo in a fifty-year war for a new class of civil rights.

RUTH : Yes! Exactly!

WULF : I can't do this. It's beyond my mandate.

RUTH : American Civil Liberties Union? Women's rights are civil rights.

WULF : I'm still getting flack for defending draft card burners. And the right to protest actually exists.

: After you. Phyllis, can I get a...?

They enter Mel's office.

WULF : How's Marty?

RUTH : He's fine.

WULF : Still protecting the rich against the predations of the poor?

job 仕事 ↺	
hard 難しい, 困難な	
judge ［動詞］〔競技会などの〕審査員を務める, 審判を行う	
the thirteen and unders 13歳とそれ以下の人たち ↺	
color war カラーウォー, 色別の戦い ↺	
trophy トロフィー, 記念品, 戦利品	
on the line （生命・地位・名声などが）懸けられて	
Whaddya say? ＝What do you say? この頃どうしてる?, やあ, どうだい?	
Sorry, about that. ↺	
sorry ごめんなさい	
follow 後を追う, ついて行く	
crowded 込み合った, 混雑した	
hallway （ビルなどの）廊下	
as ～しながら	
salvo 一斉射撃	
class （共通の性質を有する）部類, 種類	
exactly ［間投詞］そのとおり, おっしゃるとおり ↺	
beyond ～を越えて	
mandate 権限	

flack 激しい非難・反対	
defend 擁護する, 守る	
draft 徴兵, 選抜	
card カード, 札, 券	
burner （複合語で）～を燃やす人	
protest ［動詞］抗議する	
After you. お先にどうぞ ↺	

still ＝ Is he still	
the rich 金持ちの人々 ↺	
predation 強奪, 略奪	
the poor 貧しい人々 ↺	

皆が拍手する。

ウルフ	：ああ、それからこの仕事が大変だと思っているみんなに言うが、僕はカラーウォーのトロフィーを賭けた13歳以下の子供たちの審判をしたんだぞ。仕事に戻って。ねえ、キキ。どう元気？
ルース	：こんにちは、メル。
ウルフ	：ごめん、歌ってしまって。

ルースは混雑した廊下をメルの後に続く。彼は歩きながら税務裁判速報を読んでいる。

ウルフ	：君は訴訟があると言ったがこれは訴訟じゃない。これは新たな分野の公民権を求める50年戦争の口火を切る。
ルース	：ええ！　まさにその通り！
ウルフ	：僕にはこれはできないよ。それは僕の権限を越えている。
ルース	：全米自由人権協会でしょ？　女性の権利は公民権よ。
ウルフ	：僕は徴兵カードを燃やしてしまった人を擁護したことで今でも非難を浴びている。また抗議する権利は実際に存在する。
	：お先にどうぞ。フィリス、もらえるかな？

彼らはメルの事務所に入る。

ウルフ	：マーティは元気？
ルース	：元気よ。
ウルフ	：まだ貧乏人の略奪から金持ちを守っているのかい？

■ job
= work; occupation; task; business; employment; labor
workは、jobよりも広い意味で、「研究や課題、勉強」の意味でも使うことができる。occupationは、形式的な単語で、会話より書面で使われることが多い。「本業となる職業」という意味。国際線で入国前に記入する入国カードの職業の項目にも、occupationが使用されている。taskは、「義務的に達成しなければならない任務、期限内に終えるべき作業」という意味合いが強い。businessは、業界全体を総称する使い方が一般的。employmentは仕事以外に、「雇用」という意味もあり、就職に関係する時によく使われる。laborは、「骨の折れる作業、労働」というイメージで使われる。日本の祝日の1つ「勤労感謝の日」は、Labor dayと訳され、「厚生労働省」は、Ministry of Health, Labor and Welfareと記載されている。

■ the thirteen and unders
数字に対して under[less than] や over[more than] を使った場合、「〜未満」「〜を超える」という意味なので、その数字は含まれない。このように〜and[or] under[s] や、〜 or less[below], less than or equal to 〜 で、「〜かそれ未満＝〜以下」を表す。〜and[or] more[above, over] で「〜かそれを超える＝〜以上」を表す。

■ color war
サマーキャンプで行われるコンテストのこと。参加者はチームに分けられ、各チームに色が割り当てられる。チームはスポーツ、プレゼンテーション、スピリットイベントなど、様々な活動で競う。日本の運動会で紅白で競うような感じである。

■ Sorry, about that.
about that の that は直前にルースの前で「歌ったこと」を指す。

■ exactly
= that's right; absolutely; completely
ex. I understand exactly what you are trying to say.（私はあなたが言おうとしていることをよく理解しています）

■ After you.
相手に順番を譲るときの決まり文句で、似た表現としてgo aheadなどがある。

■ the rich
= rich people
「the+形容詞」で「〜の人々」。

■ the poor
= poor people

RUTH	: If we're gonna appeal, the court needs to agree there's a constitutional handle here.
WULF	: How did you even convince this guy to let you represent him?
RUTH	: I, I'll take care of that.
WULF	: He doesn't know?
RUTH	: Alone,…
WULF	: Are you kidding me?
RUTH	: Alone, the judges may not give Marty and I the benefit of the doubt. But with your name alongside ours on the brief...
WULF	: Yeah.
RUTH	: Mel, you must see the, the opportunity this case represents.
WULF	: You think the judges are gonna be sympathetic just because they all have prostates?
	: Men and women all eat at the same lunch counters, they drink at the same water fountains. They go to the same schools.
RUTH	: Women can't attend Dartmouth.
WULF	: Men can't go to Smith.
RUTH	: Women police officers can't patrol New York City streets. We have to get, we have to get credit cards in our husbands' names.
WULF	: You're not a minority! You're fifty-one percent of the population. That's been tried. Muller. Goesaert. What's the other one? The one with the woman with the baseball bat.
RUTH	: Gwendolyn Hoyt.
WULF	: Gwendolyn Hoyt. Exactly.

appeal ［動詞］上訴する

agree 同意する ⇩

constitutional 合憲的な, 憲法的な, 憲法（上）の

handle ［名詞］取っかかり, きっかけ ⇩

even （強調して）実に

convince someone to do （人）を説得して～させる

represent ～の（公式な）代表〔代理人〕を務める

alone （他の助けがない）独力の, 単独の, （他から）離れた, 孤立した

give someone the benefit of the doubt 疑わしい点を（人）に好意的に解釈する, （人）を大目に見る, とりあえず（人）を信じる

benefit ［名詞］恩恵

doubt 疑い, 疑念

alongside ～と並んで, ～と一緒に ⇩

ours = our names

brief 《法律》弁論趣意書, 訴訟事件摘要書, 準備書面 ⇩

opportunity 好機 =chance

represent （ものが）～を表す〔示す・象徴する・意味する〕

sympathetic 同情的な

just because ただ～という理由で

prostate 前立腺

Men and women all... ⇩

water fountain 噴水式水飲み場

Dartmouth = Dartmouth College ダートマス大学 ⇩

Smith = Smith College スミス大学 ⇩

women police officer 女性警察官

patrol パトロールする, 巡回する

in someone's name （人）の名義で

minority 少数派 →p.153

You're fifty-one percent of the population ⇩

population 人口

try ～を裁判する, 裁判にかける, 審理する

Muller ミュラー →p.242

Goesaert ゲザート →p.242

ルース	：私たちが上訴する場合、裁判所はここに憲法上の理由があることに同意する必要があるわ。
ウルフ	：どうやってこの男を説得して彼の代理人にさせてもらったんだ？
ルース	：私がそれをやるから。
ウルフ	：彼は知らないのかい？
ルース	：単独で…
ウルフ	：本気かい？
ルース	：単独では、裁判官はマーティと私を信用しないかもしれない。でもこの趣意書に私たちのと並んであなたの名前があれば…
ウルフ	：うん。
ルース	：メル、あなたはこの裁判が示す好機を見るべきよ。
ウルフ	：裁判官には皆前立腺があるからといって彼らが同情すると思うか？
	：男も女もみんな同じランチカウンターで食事をして、同じ水飲み場で飲む。同じ学校に通う。
ルース	：女性はダートマスに通えない。
ウルフ	：男はスミスに行けない。
ルース	：女性警察官はニューヨークの通りをパトロールできない。私たちは夫の名前でクレジットカードを手に入れなければならない。
ウルフ	：君たちは少数派じゃない！ 君たちは人口の51％だ。何度も裁判があった。ミュラー。ゲザート。もう一人は？ 野球のバットの女の人だ。
ルース	：グウェンドリン・ホイトよ。
ウルフ	：グウェンドリン・ホイト。その通り。

■ **agree**
「（人が提案・計画などに）同意する」ときはagree to ～、「（人と…について）同じ意見を持つ」ときはagree with ～。

■ **handle**
最も一般的な名詞としての意味は「（手でつかむ物の）柄・取っ手」。車のハンドルやSNSでのハンドルネームは和製英語で、英語ではそれぞれ steering wheel（直訳すると、操縦の輪っか）、handle（この一語に「あだ名」という意味があるので、nameは不要）である。

■ **alongside**
= next to

■ **brief**
= court brief
比較的短文の抜書きのこと。法廷のさまざまな段階で提出される。訴訟の論点を明らかにして自らの立場を有利に運ぶための書類。なお、法律事務所内で訴訟の準備のために作られる書類を指すこともある。英国ではsolicitor（事務弁護士）が調整してbarrister（法廷弁護士）に提供するもので、barristerはそれによって法廷で弁論する。

■ **Men and women all...**
メルが列挙する食事や水飲み場の例は「分離すれど平等」という考えの元、黒人に対して行われてきた差別である。

■ **Dartmouth**
米国ニューハンプシャー州ハノーバー市に本部を置く米国の私立大学で1769年に設置。米国独立戦争以前に創立されたコロニアル・カレッジ（Colonial College）の1つで全米の大学の中で13番目に長い歴史を持つ。アイビー・リーグのメンバーで最も小規模な単科大学（college）。

■ **Smith**
マサチューセッツ州ノーサンプトンに本部を置く米国の私立大学で全米屈指の最難関名門私立リベラル・アーツ・カレッジ。1875年に設置された米国最大の女子大学。スミス大学は名門女子大学群セブン・シスターズ*に所属する7つの大学のうちの一校。*p.119セブン・シスターズを参照。

■ **You're fifty-one percent of the population**
1970年から2020年までに、人口は1億2,000万人以上増加したが、男女比に大きな変化はない。一方、1960年には約89％を占めていた白人の割合は徐々に減少しており、2045年には白人の割合が50％を切ると米国勢調査局は推計している。

RUTH	: And morally, they were right.
WULF	: Yet they lost. Ruth, morality does not win the day. Look around you.
	: Dorothy Kenyon could not get women equality by arguing a case with sex, murder, and prison-time on the line.
	: You and Marty think you're gonna do it with this guy and his taxes?

EXT. ACLU'S OFFICE BUILDING – DAY – Frustrated, Ruth leaves the building heading into the subway. She comes back out and goes to a pay phone.

RUTH	: Operator. I, I, I need a number. Denver, Colorado.

EXT. NEW YORK CITY STREET – DAY – Martin whistles for a cab. As it pulls over, he's urging Ruth, Jane and James to hurry up.

MARTIN	: C'mon, you're gonna miss your flight!
RUTH	: Now you have to get James from school while I'm in Denver.
JANE	: Mom. I told you, Denise and I are starting our consciousness-raising group.
RUTH	: Take James with you. You will be all right?
JAMES	: Yeah.
JANE	: We'll survive somehow.
RUTH	: Bye.
JAMES	: Bye.
JANE	: Go kick ass.
MARTIN	: Meter's running.

---

morally　道徳的に

morality　道徳性, 倫理性
win the day　（議論・選挙などに）勝つ, 勝利を収める ❺

equality　平等, 対等 ❺

murder　殺人, 殺害 ❺
prison-time　懲役刑

guy　[口語]（成人の, または若い）男, やつ ❺

frustrated　イライラして

operator　交換手
need　[動詞]～を必要とする
Denver, Colorado　コロラド州デンバー →p.111

whistle　口笛をふく

cab　タクシー ❺
pull over　（車が）道の片側に寄せる
urge　（人に～するよう）促す, 強く迫る
hurry up　急ぐ
miss　乗り遅れる
flight　フライト, 定期航空便の飛行機
Now you have to get James from school while I'm in Denver. ❺

consciousness-raising　意識啓発, 意識昂揚 ❺
take　連れていく

kick ass　早くして, 早く行って ❺

meter　タクシーのメーター
run　（機械などが）動く, 作動する

ルース	：そして道徳的に、彼らは正しかったのよ。
ウルフ	：それでも彼らは負けた。ルース、道徳性では勝てないんだよ。君の周りを見渡してごらん。
	：ドロシー・ケニオンは、セックス、殺人、懲役刑を懸けた訴訟を争って、女性の平等を勝ち取ることができなかったんだ。
	：君とマーティはこの男と彼の税金で勝てると思っているのか？

屋外 – 全米自由人権協会のオフィスビル – 昼 – イライラして、ルースはその建物を出て地下鉄に向かう。彼女は戻ってきて公衆電話に行く。

ルース	：交換手さん、電話番号をお願いします。コロラド州デンバーです。

屋外 – ニューヨーク市内の通り – 昼 – マーティンは口笛でタクシーを呼ぶ。車が片側に寄せると、彼はルースとジェーン、ジェームズに急ぐように促す。

マーティン	：ほら、飛行機に乗り遅れるぞ！
ルース	：私がデンバーにいる間、ジェームズを学校に迎えに行ってね。
ジェーン	：ママ、言ったでしょ、デニスと私は意識啓発グループを始めたのよ。
ルース	：ジェームズを一緒に連れてって。あなた大丈夫？
ジェームズ	：うん。
ジェーン	：私たちは何とかやってける。
ルース	：じゃあね。
ジェームズ	：じゃあ。
ジェーン	：早くして。
マーティン	：タクシーのメーターが回っているぞ。

■ win the day
＝to finally be successful in a discussion or argument
winの代わりにcarryやgain、saveという動詞を使うことも。
ex. Her great idea won the day.（彼女の素晴らしいアイデアが勝利を収めた）

■ equality
価値や数量、能力などが等しいこと。本作では特に「男女平等」を意味している。

■ murder
動機があり、計画的で犯罪的な故意の殺人の際に使われる。同じ殺人を表す単語として、manslaughterは事故および過失を含む殺意や計画性のない殺人、homicideは殺意の有無に関わらず全ての殺人を表す。
ex. The police arrested him for murder.（警察は彼を殺人容疑で逮捕した）

■ guy
複数の相手に話しかける時に使う呼びかけの you guys の guys は女性を含むこともある。

■ cab
主に米語。ニューヨーク市では全てのタクシーが黄色に塗装されているため、主にニューヨークを走るタクシーのことをyellow cabと言う。Yellow Cabとは全米最大のYellow Cab Co.に所属するタクシー会社または組合のことでもある。

■ Now you have to get James from school while I'm in Denver.
アメリカでは「小学生（州によって年齢が明記されているところもあるが、基準は非常時に自分で適切な判断ができる年齢になるまで）は親もしくは保護者の監視下にいなくてはならない」と定められており、登下校時は徒歩であれ車であれ、必ず保護者が送迎する必要がある（スクールバスを利用する場合でも、バス停までの送迎が必要）。なお、小学生に1人で留守番をさせた親がネグレクト（虐待）と判断され逮捕された例もある。

■ consciousness-raising
自分とは全く違った立場やものの見方を指導することで、他者に対する意識や感受性を高める方法。女性差別の意識を高める意味でしばしば用いられる。

■ kick ass
もともとは「強烈な」というスラングだが、口語の中に時折使われ、全力を尽くすようにとモチベーションをあげたり、だらだらするのを止めさせるという意味合いをもつ。

JANE	: Bye, Mom.
RUTH	: Bye.
JAMES	: Bye, Mom.

EXT/INT. MORITZ HOUSE - DENVER – DAY - Ruth gets out of the taxi.

Denver デンバー ↻
get out of ～ （の範囲）の外側へ行く, 出て行く ↻

RUTH	: Thank you.

Ruth walks up the path to a house in a leafy Denver suburb. She rings the bell. CHARLES MORITZ answers.

path 細道, 小道
leafy 緑の多い, 葉の茂った
suburb 郊外, 郊外の一地区
ring the bell ベルを鳴らす
Charles Moritz チャールズ・モリッツ ↻
answer （電話, ノックなどに）応答する, 対応する

RUTH	: Mr. Moritz.
MORITZ	: Mrs. Ginsburg. You're early.
RUTH	: I can come back in ten minutes, if you prefer.
MORITZ	: No, you might as well come in now and have your say.

prefer ～のほうを好む

might as well ～ ～して差し支えない ↻
have one's say 自分の意見を言う
say ［名詞］言いたいこと, 言い分

Ruth follows him inside.

inside 中に

MORITZ	: Shoes off, please. Just come on in. Excuse me.

off （分離, 離脱）とって, 脱いで
come on in 中に入る ↻

He crosses the room to his MOTHER. She sits in an armchair with a TV tray in front of her.

cross 横切る
armchair 肘掛け椅子
TV tray 折りたたみテーブル ↻
in front of ～の前の(に)

MORITZ	: Are you done, Mom?
MOTHER	: No.

Are you done? もう終わりましたか ↻

ジェーン	：	バイバイ、ママ。
ルース	：	バーイ。
ジェームズ	：	バイバイ、ママ。

屋外／屋内－モリッツの家－デンバー－昼－ルースはタクシーから降りる。

ルース	：	ありがとう。

ルースは緑豊かなデンバー郊外にある一軒の家への通路を歩く。彼女はベルを鳴らす。チャールズ・モリッツが答える。

ルース	：	モリッツさん。
モリッツ	：	ギンズバーグさん。早いねえ。
ルース	：	よろしければ、10 分たったぐらいに来ますが。
モリッツ	：	いや、今家に入って君の意見を言ってもらっていい。

ルースは彼について中に入る。

モリッツ	：	靴を脱いでください。どうぞお入りください。失礼。

彼は部屋を横切って母のところへ行く。彼女は折りたたみテーブルを前にして肘掛け椅子に座っている。

モリッツ	：	ママ、終わった？
母	：	まだよ。

■ Denver
ロッキー山脈東麓、シカゴとサンフランシスコのほぼ中間に位置するコロラド州の州都。これからルースが手がける訴訟の原告、チャールズ・モリッツが住む街。デンバーは標高約1マイルであることから、別名Mile-High City とも呼ばれる。

■ get out of ～
自家用車やタクシーなどといった体を曲げて乗る小さな車体の乗り物から「外へ出る」イメージ。get off も「降りる」という意味として一般的だが、こちらはバスや船・飛行機など立っていても乗れるような乗り物を「降りる」時に使う。なお、get out of の対義語は get into、get off の対義語は get on である。

■ Charles Moritz
チャールズ・モリッツは、1968年に、扶養している母親の介護費用の控除を受ける資格がないとした税務裁判所の判決を不服として上訴した。政府は、控除を受けることができないと主張。税務裁判所は政府の立場を支持し、一度も結婚したことのない男性のモリッツには控除は利用できないとし、モリッツへの控除の否定は恣意的または違法であるとのモリッツの主張を却下した。

■ might as well ～
well の後には動詞の原形が続く。もしその行為を実行したとしても、しない場合と同じくらい良いという意味合いが含まれる。p.128のルースのセリフのように may as well～ともいう。

■ come on in
通例、命令文として使われる。意味は come inと同じ。onがある形は「さあ、どうぞ入って入って」と熱心に勧めるような、気さくで温かいニュアンスを持つ。come inはcome on inと比べると少しぶっきらぼうだが、必ずしも失礼な表現ではなく、例えば気心の知れた友人間では簡潔なcome inが使われることも多い。

■ TV tray
ダイニングではなく居間で、テレビを見ながら食事や飲み物をとる際に使う小さな折り畳み式テーブル。tray tableやTV [television] tray tableとも言う。

■ Are you done?
be done も be finished も have finishedも表す内容は同じと言えるが「Are you done?」が一番やわらかい印象の口語的表現。
ex. Are you done with the telephone?（電話は終わりましたか）

MORITZ	: Do you want, do you want your crossword?	crossword クロスワード, クロスワード・パズル
MOTHER	: Yeah.	
MORITZ	: Okay.	
MOTHER	: Please.	
MORITZ	: Here you go. Mom, this is Mrs. Ginsburg. She's the New York lawyer I told you about.	Here you go.　はい、どうぞ ⟳ Mom　ママ ⟳
RUTH	: Mrs. Moritz... hello.	
MOTHER	: I thought she would be bigger. Right.	
MORITZ	: You can have a seat. Here you go. Do you want your magnifier?	have a seat　お座りください ⟳ magnifier　拡大鏡, 虫眼鏡
MOTHER	: Yeah, please.	
MORITZ	: Okay. Here you are. Alright? Want a drink?	drink　飲み物
MOTHER	: Ah.	

As Ruth waits, she looks at family photos. One in particular catches her eye: a young, proud Charlie as the drum major in a marching band.

RUTH	: I see you were a drum major. I was a twirler.	
MORITZ	: That was a thousand years ago.	
RUTH	: Mr. Moritz. About your case...	
MORITZ	: I don't have a case. Four lawyers told me so, and that judge, Tietjens, he basically called me a tax cheat.	
RUTH	: Are you?	
MORITZ	: I never cheated at anything in my life!	
MOTHER	: "Tasmanian egg-layer." Eight letters.	
MORITZ	: Not now, Mom.	

photo　写真
in particular　特に, とりわけ
catch　(関心, 注意, 目などを)引き付ける
proud　自慢の, 誇り高い
as　[前置詞](様態・状態)〜のとおりに, 〜のように, 〜として ⟳
drum major　楽隊の行進指揮者, 鼓手長
march　行進する
band　バンド, 楽団
twirler　バトントワラー
a thousand years ago　ずっと昔 ⟳
I don't have a case. Four lawyers told me so... ⟳
so　そのように, そんな風に, そう
judge　裁判官, 判事, 司法官 ⟳
basically　要するに, 基本的に
cheat　[名詞]詐欺師
cheat　[動詞]詐欺をはたらく, だます, 欺く
"Tasmanian egg-layer"　「タスマニアの卵生動物」 ⟳
letter　文字

モリッツ	：クロスワード、したい？
母	：ええ。
モリッツ	：わかった。
母	：お願いね。
モリッツ	：はい、どうぞ。ママ、こちらがギンズバーグさん。僕が話していたニューヨークの弁護士さん。
ルース	：モリッツ夫人、こんにちは。
母	：もっと大きい人だと思っていたけど。ね。
モリッツ	：座ってください。はい、これだよ。拡大鏡が欲しいかい？
母	：うん。お願い。
モリッツ	：ほら。どうぞ。これでいい？　飲み物欲しい？
母	：ああ。

ルースは待っている間、家族の写真を見る。特に一枚が彼女の目に留まる。マーチングバンドの鼓手長として誇らしげな若きチャーリーの写真。

ルース	：あなたは鼓手長だったんですね。私はバトントワラーでした。
モリッツ	：それはずっと昔のことだよ。
ルース	：モリッツさん。あなたの訴訟のことですが…
モリッツ	：私には訴訟などない。4人の弁護士が私にそう言ったんだ、そしてその裁判官ティーチェンスは要するに私を税金の詐欺師と呼んだ。
ルース	：本当？
モリッツ	：私の人生でどんなことでも詐欺など絶対したことはない。
母	：「タスマニアの卵生動物」。8文字。
モリッツ	：後でね、ママ。

■ Here you go.
誰かに何かを渡す時に使うフレーズで Here you are.も同義で使える。

■ Mom
英国では通例mum。

■ have a seat
来客などの相手に座るように勧める（促す）無難な言い方で丁寧な表現でもある。英国英語では take a seat が使われる。

■ as
前置詞asは「～のように、～として」という意味で使う。
ex. He acted as chairman.（彼は議長を務めた）、My brother works as a journalist at the publisher.（兄は出版社でジャーナリストとして働いている）

■ a thousand years ago
文字通り訳すと「千年前」だが、千年も生きられるはずはなく、そのくらいずっと昔という意味合い。

■ I don't have a case. Four lawyers told me so...
そのため、モリッツは弁護士をたてられず、一審の税務裁判所では自ら弁護をしたという経緯がある。

■ judge
米国の第一審裁判所である州の地方裁判所（District　Court）や控訴裁判所（Court of Appeals）の裁判官はJudgeと呼ばれる。地方裁判所の下にある郡裁判所（County　Court）の裁判官もJudgeと呼ばれる。the presiding judge（裁判長、主任裁判官）、an　associate judge（陪席判事）、a preliminary judge（予審判事）。名前の前に付けて～判事。Judge Johnson（ジョンソン裁判官〔判事〕）、呼びかけるときにはYour Honor(s)。上級審になると裁判官はJusticeと呼ばれ、最高裁判所長官は The Chief Justice of the Supreme courtと呼ばれる。

■ "Tasmanian egg-layer"
TasmanianはTasmania（オーストラリア南東部の島）の形容詞で「タスマニアに生息する、タスマニア産の、タスマニアの」の意味。egg-layerのlayerは動詞lay（〔卵〕を産む）の語尾にerを付けた「産むもの、産む動物」ほどの意味。画面からは、クロスワードパズルのヒントが"Tasmanian　egg-layer"（タスマニアに生息する卵を産む動物）で、かつアルファベット8文字の言葉を母が当てようとしていることがわかる。

RUTH	: Tell me in your own words: why did you hire a nurse?
MORITZ	: If you've never cared for an ailing parent...
RUTH	: I have.
MORITZ	: Then you know. Between the dressing and the bathing and the toilet, it's not a task for one person. Especially if you have a day job.
	: If it wasn't for Cleeta, I'd have to put mom in a home.
RUTH	: So you deducted Cleeta's salary on your taxes.
MORITZ	: The judge said the tax code was clear. Caretaker's deduction was available to all women, but only to men who had wives who are incapacitated or dead or were divorced.
RUTH	: And you've never been married.
MORITZ	: No.
RUTH	: The men who wrote that law couldn't even fathom that a bachelor choosing to take care of a parent at home might exist.
MOTHER	: "Tasmanian egg-layer." Second letter L.
MORITZ	: Mom. I'll help you in a little bit.
RUTH	: How about 'Platypus'?
MOTHER	: Ah!

Moritz's Mother writes it down. Ruth smiles to Moritz. He doesn't smile back.

MORITZ	: I'm a salesman, Mrs. Ginsburg. And I know when I'm being sold.

---

care for ～の面倒を見る, 世話をする ↻
ailing （慢性的に）病弱な状態にある, 病気の
parent 親
I have. ↻
between ～の合間に, ～の傍ら
dressing 着付け
bathing 入浴, 水浴
toilet トイレ, 洗面, 便所
task 仕事, 職務
especially 特に
day job 本職, 本業
If it wasn't for もし～がいなかったら[なかったら]（…だろう）↻
home 療養所, 収容所, 保護施設
clear 明確な, はっきりした
available 利用できる

incapacitate 能力, 健康を奪う
dead 死んだ, 死んでいる
divorce 離婚する

write a law 法律を作る

fathom ～を推測する
bachelor 未婚の男性, 独身男性 ↻

in a little bit ちょっとした後で ↻
bit 少し, ちょっと
How about ～? ～はどうですか? ～はどうだろう, ～はいかが? ↻
Platypus カモノハシ ↻

salesman セールスマン

sell 売る(sell-sold-sold), [口語]かつぐ, （考え・説明などを人に）納得[受け入れ]させる ↻

ルース	：あなたの自身の言葉で話してください。なぜ看護人を雇ったのですか？
モリッツ	：君が病弱の親の世話をしたことがなければ…
ルース	：あります。
モリッツ	：それなら、あなたはわかっていますね。着替えとお風呂とトイレを合わせると、それは一人でやる仕事ではありません。特に本業を持っているならば。
	：クリータがいなかったら、私は母をホームに入れなければならなかっただろう。
ルース	：だからあなたはあなたの税金からクリータの給料を控除したのね。
モリッツ	：裁判官は税法は明確だと言った。介護人控除は全ての女性が利用できたが、妻が健康を損なっているか、死んでいるか、あるいは離婚したかの男性のみ利用できたんだ。
ルース	：あなたは一度も結婚したことはない。
モリッツ	：そうだ。
ルース	：その法律を作った男たちは、家庭で親の面倒を見ることを選択する独身男性が存在するかもしれないことを想像さえできなかったのよ。
母	：「タスマニアの卵生動物」で二番目の文字がLだよ。
モリッツ	：ママ。ちょっと後で見てあげるからね。
ルース	：「カモノハシ」ではないの？
母	：ああ！

モリッツの母はそれを書き留める。ルースはモリッツに微笑む。彼は微笑みを返さない。

モリッツ	：私はセールスマンだ、ギンズバーグさん。私をかつごうとしているのはわかる。

■ care for
= look after; take care of
ただし、care forには「（自分自身で面倒を見られない人などの）世話をする」という意味がある。

■ I have.
ルースは、子宮頸癌を患った母親の4年にわたる闘病生活を支えた。母親は、ルースの高校卒業式の前日に亡くなった。

■ If it wasn't for
仮定法過去は、現在の事実の反対を表す。正式には if it weren't (were not) for …だが、米語、特に口語では If it wasn't (was not) for で用いられる。
ex. If it were not for earthquakes, Japan would be more comfortable to live in.（地震がなければ日本はもっと住みよい所なのだが）

■ bachelor
= unmarried man; single man
時に同性愛者を連想させることがあるため、unmarried man や single man を用いた方が良い。独身女性を表すspinster という語もあるが、「結婚適齢期を過ぎた女性」という軽蔑的要素が含意されることもあるため、男性同様unmarried woman や single woman という中立的な言い方が良い。また、若い独身女性のことを bachelorette と言うことも。
→p.143unmarried参照。

■ in a little bit
bitはa bitで使われて「少し、ちょっと」だが、しばしばa little bitで用いられる。この場合のinは時間の経過を表す。

■ How about 〜?
〜は名詞、動名詞。What about〜?より少しくだけた言い方で、相手に提案や勧誘をする時などに用いられる。

■ Platypus
豪州のクイーンズランド州東部、ニューサウスウェールズ州東部、ビクトリア州、タスマニア州に分布する哺乳類。哺乳類だが卵生で、通常1〜2個の卵を産み、体としっぽの間に挟んで温める。全身には柔らかい体毛が生えていて、全長はオスで最大63cm、メスで最大55cm、尾長は8.5〜15cm、体重はオスで1〜3kg、メスで0.7〜1.8kg。

■ sell
口語では、OK, I'm sold.（わかった、納得したよ）というような使い方をする。セールスマンは、一般的に親切で気が利くが、最終的には販売を目的としていることから、（言葉巧みに）納得させる・かつぐ・だますという意味で使われる。

115

RUTH	: With due respect, you have 296 dollars at issue. I'm not here for the money.	with due respect 失礼ながら, お言葉を返すようですが, 恐れながら ◑
	: We'd represent your appeal pro-bono, if you'll let us.	due （賞賛, 尊敬などが）当然与えられるべき respect 尊敬, 敬意 at issue 論争中の, 問題になっている ◑
MORITZ	: So, the judge was wrong?	pro-bono 無料奉仕の(で), 無償の(で) ◑
RUTH	: Mr. Moritz, the law is wrong.	

Later in the kitchen, Moritz prepares sandwiches for himself and Ruth.

later 後で, のちほど
prepare 準備する, (～に)備える, 覚悟する

RUTH	: Thank you. I was hungry.	hungry 空腹の
MORITZ	: If it's not for the money, why are you here?	
RUTH	: The 14th Amendment to the United States Constitution says all people must be treated equally under the law.	the 14th Amendment to the United States Constitution 合衆国憲法修正第14条 ◑ 14th (fourteenth)14番目, 14条 amendment 修正条項
	: Yet, there are... I don't know how many laws, like the caregiver deduction, that say, in effect, women stay home, men go to work, and that it should stay that way forever.	treat 扱う, 取り扱う equally 平等に under ～のもとで caregiver deduction 介護者控除 caregiver （主に米）世話をする人, 介護人, 介護者 ◑ in effect 実際には, 事実上 stay home 家にとどまる that way そのように
	: I want to convince the federal courts that those laws are unconstitutional.	convince ～に～だということを納得させる, 認めさせる federal court 連邦裁判所 ◑
MORITZ	: How do you do that?	federal 連邦の, 連邦(中央)政府の ◑
RUTH	: Well, one case at a time. Starting with yours.	at a time 1度に start with ～から始める
MORITZ	: So, I'm a guinea pig?	guinea pig 実験台, 実験材料, モルモット
RUTH	: No, sir. You're the man marching out ahead of the band, leading the way. Just like that drum major you used to be.	sir （目上の人, 店の客, 見知らぬ男性に対する呼びかけ, 敬称）あなた, 先生 ahead of ～の前を(で), ～の先頭を(で) lead 先導する, 導く, 案内する ◑ way 道 just like ちょうど～のように used to よく～した, (～するのが)常だった, (～する)習慣だった ◑

ルース	：失礼ながら、あなたが争っている額は 296 ドルです。私はお金のためにここに来たのではありません。
	：もしよろしければ、無償で上訴の弁護を引き受けます。
モリッツ	：ということは裁判長が間違っていたということかな？
ルース	：モリッツさん、間違っているのは法律です。

その後台所で、モリッツは自分とルースのためにサンドイッチを準備する。

ルース	：ありがとう。お腹すいてたの。
モリッツ	：お金のためでないなら、なぜここに？
ルース	：合衆国憲法修正第 14 条は、全ての人々が法の下で平等に扱われなければならないと述べています。
	：しかし… 事実上、女性は家にいて、男性は仕事に行き、永遠にそうあるべきとする介護者控除のような法律がどれだけあるのか私にはわかりません。
	：私は、そんな法律は憲法違反だと連邦裁判所に認めさせたいのです。
モリッツ	：それをどうやってやるのだい？
ルース	：そうね、1 度に 1 訴訟ずつ。手始めにあなたの裁判から。
モリッツ	：ということは、私はモルモットかい？
ルース	：いいえ、違います。あなたはバンドの前を行進し、道を先導する人です。かつてあなたがそうであった、あの鼓手長のように。

■ with due respect
相手の発言に対して丁寧に反論するときの前置きで一定の敬意を表す意味合いがある。

■ at issue
ex. the matter at issue（論争中の問題）

■ pro-bono
ラテン語のpro bono publico（英：for the public good）を略したもの。ここでのように副詞として、または形容詞として使う。通常、慈善あるいは公共目的のために無償で行う弁護のことを指す。

■ the 14th Amendment to the United States Constitution
1868年に成立。「市民権, 法の適正な過程, 平等権」を次のように規定している。「第1項 合衆国国内で生まれ、または合衆国に帰化し、かつ、合衆国の管轄に服する者は、合衆国の市民であり、かつ、その居住する州の市民である。いかなる州も、合衆国市民の特権または免除を制約する法律を制定し、または実施してはならない。いかなる州も、法の適正な過程によらずに、何人からもその生命、自由または財産を奪ってはならない。いかなる州も、その管轄内にある者に対し法の平等な保護を否定してはならない」

■ caregiver
病人や老人、障害者や児童の治療奉仕者、面倒を見る人のこと。

■ federal court
連邦裁判所。米国における連邦政府における司法府。最高裁判所（連邦最高裁）と各種の下級裁判所（控訴裁判所、地方裁判所等）から成る。

■ federal
state（州の、州立の）に対して用いる語で、日本など多くの国のnationalに相当する。

■ lead
ex. He was led to a living room.（彼は居間に通された）

■ used to
used to は過去の習慣を表す助動詞で後ろに必ず動詞の原形を伴う。つまり [used to 動詞の原形] で使う。意味は「過去に〜していた、過去に〜であった」ことを表し、そこには暗に、「過去には〜していたけれど（過去には〜であったけれど）、今はやっていない（今は〜でない）」といったニュアンスが含まれる。
ex. He used to be angry when he was a child.（彼は子供の頃はよく怒ったものだ）

ダートマス大学の共学化の背景を探る

　本編第 5 章「ルース：女性はダートマスに通えない。ウルフ：男はスミスに入れない」。この場面は 1970 年前後のアメリカを描写している。当時ダートマス大学（Dartmouth College）は男性のみに学部課程を授けた男子大学で、スミス大学（Smith College）は女子大学であった。スミスと言えば米国北東部にある 7 つの有名女子大学の総称セブン・シスターズのうちの 1 校で、今でも女子大学のプログラムを運営しているリベラルアーツカレッジである。現在ダートマスは男女共学の大学だが、その共学化への文脈をこの映画第 5 章での場面を通じて探ってみる。

　1960 年代に始まったベトナム戦争への反対運動は、1970 年代初頭に飛躍的に高まり、大学生たちは戦争と徴兵に抗議した。この戦争を不当な戦争とみなし、兵役を拒否する良心的兵役拒否者（conscientious objector）は数千人にのぼったが、ウルフが言うように「彼らを弁護することは米国ではまだまだ非難を浴びる」ことでもあった。また 1970 年、ベトナム戦争でカンボジア空爆を承認したニクソン大統領に反対する世論は大きな波となった。映画では「ニクソンを捕えたいのか、それともベトコンに捕まえてもらいたいのか」というくだりがあるが、アメリカ国内には反戦・反ニクソンで市民の怒りが渦巻いていた時代を描き出している。

　さらにルースとウルフとのやり取りでは、これまで性別を理由にした不当な扱いに闘いを挑んだグウェンドリン・ホイト訴訟なども取り上げられるが、これらの訴訟では女性の平等を勝ち取ることはできなかった。「訴訟は正義で法律が間違っている」としたルースは、法廷内の男性優位の陪審員システムに起因する問題点だと指摘する。またルースのセリフに、「私たち女性は夫の名前でクレジットカードを手に入れなければならない」というくだりがある。社会的差別に闘う姿勢をもつ女性弁護士が台頭してきた時代だということも伝わってくる。

　そして、家庭で老身の親の面倒を見る独身男チャールズ・モリッ

ッには、扶養している母親の介護のための費用控除を受ける資格がないとした税務裁判所の判決が下されていた。ルースはそれを「介護人は女性でなければならないという想定に基づく男性に対する性差別だ」とし、訴訟によって「その差別的なシステム全体を崩せる可能性がある」という信念でモリッツの控訴を後押しする。つまり制度的差別が司法でも指摘される中で、ルースが硬直した既成の性差による役割分担の差別に対して「法の下の平等」を法廷で勝ち取ろうとするように、いわば公民権運動の闘いに挑む時代でもあった。

　こうした社会的文脈の中でダートマスは男女共学へと舵をきっていく。1968年には、主にセブンシスターズの学校から交換留学生という形で女子学生を迎え、男女共学のクラスを登録する準備ができた。1970年には、学生の83％が共学化を支持、卒業生の59％が共学化を支持していたが、自分たち男性の優位性を主張する声高な少数派も存在していた。数年間のプログラム研究と男女共学論争の後に、ダートマス評議会はキャンパスの通年運営のための女性の入学を承認し、1972年に完全な男女共学化が開始された。コロニアルカレッジとして250年の長い歴史を持つダートマスへの女性の入学率は、1972年の11％が2015年には約50％となっている。当然ながら女子学生は男子学生と同じ権利を持っている。

高橋本恵（文京学院大学）

glossary

■ Ivy League
米国東海岸に位置する8つの私立大学（ブラウン、コロンビア、コーネル、ダートマス、ハーバード、ペンシルバニア、プリンストン、イェール）の総称で、政財界、学界、法曹界をリードする卒業生を多く輩出している。

■ Seven Sisters
米国東部にある名門女子大学7校の総称。男子校であったアイビー・リーグに対する女子大としてこう呼ばれる。レベルの高いリベラル・アーツ・カレッジとして高い知名度を誇り、1学年の生徒が少人数であるのが特徴である。い

ずれも1800年代に創設され、現在は3校が共学となり、4校は少数精鋭の女子大学としてそのままの形で残っている。7校はアルファベット順に：Barnard College（Columbia Universityの一部となる）、Bryn Mawr College、Mount Holyoke College、Radcliffe College（Harvard Universityに吸収合併）、Smith College、Vassar College（Yale Universityの申し出を断り、男女共学化に成功した最初の女子大）、Wellesley College

Mother and Daughter

■■■■■■■■■■■■■■■■■■■■■■■■■■■■■■■■■■■■

⑥ *EXT. NEW YORK CITY STREET – NIGHT - Martin and Tom Maller come out of the office building.*

MALLER : I've invested a lot of my own reputation building up your career. Now, you're on track to be the youngest partner in the history of the firm.

: You wanna risk that for some cockamamie case?

MARTIN : Tom, I'm contractually obligated to ask to take outside work and I'm asking.

MALLER : For heaven's sakes. You're traipsing into this for what? So, your wife can feel like a real lawyer?

MARTIN : She is a real lawyer, Tom.

MALLER : You want to support Ruth? Tell her the truth.

MARTIN : Which is?

MALLER : The case is unwinnable. Congress can write whatever taxes it wants. That's not open to constitutional attack.

MARTIN : But maybe you just say that because no one's ever been able to successfully do it before.

MALLER : Oh, Marty. Fine. Try it. But, when you lose, and you embarrass our firm, just be ready for your career to come crashing back to Earth.

come out （部屋, 場所, 建物などから外へ）出てくる, 現れる
invest 捧げる, 注ぎ込む ➋
reputation 評判, 名声, 世評 ➋
build up （評判・富・信頼などを）徐々に増強し築き上げる
career キャリア, 経歴, （職業における）成功
track 軌道, 道, 人生の進路 ➋
youngest 最も若い, 最年少の *youngの最上級
you wanna risk that ➋
risk ［動詞］（〜を）危険にさらす
cockamamie （略式）（話や考え方, 言い訳などが）ばかばかしい, 信じがたい, 取るに足らない, いかれた
contractually 契約上, 契約によって
obligate 義務づける ➋
ask to （〜すること）頼む, 求める, 請う
take ［動詞］引き受ける, 請け負う
outside ［形容詞］外部の, 外の ➋
For heaven's sakes お願いだから, 頼むから ➋
traipse ぶらつく, 当てもなくだらだら歩く, 足が重そうにのろのろ歩く ➋
feel like 〜のように感じる
You want to support Ruth? ➋
truth 真実, 事実
unwinnable 勝ち取れない, 攻略できない ➋
Congress （通例無冠詞, 単修複数扱い）議会, 国会, その会期（略 C., Cong.）→p221
whatever 〜は何でも, どんな〜でも
open to ［形容詞］（可能性などが〜に）開かれている
attack 攻撃, 非難
no one's = no one has
successfully うまく, 首尾よく, 成功のうちに
embarrass 面目を失わせる, 困らせる
crash 砕ける, 大きな音を立てて崩れる, 激しく衝突する
earth 地球, 地面, 地上

Ⓘ Pen

母と娘

DVD　00 : 51 : 43
□□□□□□□

■■■■■■■■■

屋外－ニューヨーク市内の通り－夜－マーティンとトム・マラーが
オフィスの建物から出てくる。

マラー　　：私は君の経歴を築くために、自分自身のかなり
　　　　　　の評判を注いできた。今や君は、この会社の歴
　　　　　　史上で最年少の共同経営者になるための軌道に
　　　　　　乗っている。

　　　　　：どこかの馬鹿げた訴訟のために、君はそれを危
　　　　　　険にさらしたいのか？

マーティン：トム、僕には契約上、外部の仕事を引き受ける
　　　　　　ためには申し入れるよう義務づけられている、
　　　　　　だから今申し入れているのです。

マラー　　：頼むよ。君は何のためにこれにだらだらと入れ
　　　　　　込んでいるんだ？　それで、君の妻が本当の弁
　　　　　　護士のような気になれるからか？

マーティン：彼女は本当の弁護士です、トム。

マラー　　：君はルースの手助けをしたいのか？　彼女に真
　　　　　　実を伝えろ。

マーティン：どんな？

マラー　　：その訴訟は勝ち取れない。議会は自分たちが望
　　　　　　むどんな税法だって書ける。それは憲法上の攻
　　　　　　撃には開かれていない。

マーティン：でも、あなたがそうおっしゃるのは、ただ単に
　　　　　　今まで誰もそれに成功していないからというだ
　　　　　　けでしょう。

マラー　　：おい、マーティ。わかった。やってみろ。しか
　　　　　　し君が負けたら、そして君が我々の会社の面目
　　　　　　を失わせたら、すぐに君の経歴が地上に音を立
　　　　　　てて崩れ落ちる覚悟をしておくんだな。

■ invest
He invested all his money in stocks.
（彼は株に全財産を投資した）のように、
金銭や資本などを投資するだけでなく、
She invested a lot of time and
energy in studying English.（彼女は
英語学習に多くの時間と精力を注いだ）
のように、「時間や能力、精力などを使
う、注ぐ」という意味も持つ。

■ reputation
= fame
過去の出来事によるある人物の人柄や能力
などについての世間一般的な評判を表す。

■ track
人や車の通った跡、陸上競技の走路だけ
ではなく、人生の行路、処世の道も表す。

■ you wanna risk that
このthatは、前文で述べた、マーティンが
最年少の共同経営者になるために順調に
進んでいることを指し示している。

■ obligate
通常受動態で用い、特に法律的、道徳的
に義務があることを表す。マーティンは、
事前に申告すれば、この法律事務所だけ
でなく、外部の仕事も引き受けることが
できる契約だったと伝えている。

■ outside
ここでは「自分の法律事務所以外の」と
いう意味。

■ For heaven's sakes
怒りや苛立ちを表したり、何かを頼んだ
り、ひどいことだと呆れた心情を表す際
に用いられる。その他、For　heaven's
sake、For God's sakeも同意。

■ traipse
ここではマーティンが実際にのろのろ歩
いているわけではなく、問題なく職歴を
築くことができるのに外部の仕事を引き
受けることで回り道をしているという意
味で用いられている。

■ You want to support Ruth?
= Do you want to support Ruth?

■ unwinnable
not の意味を持つ接頭語 un- と「勝ち
目のある」という winnable の合成語。
→p.229un-参照。

121

MARTIN	: Great. Noted. Noted. And thank you, Tom. Thank you. Thank you.
MALLER	: Yeah, yeah, yeah.

INT. GINSBURG APARTMENT – NIGHT – Ruth is complaining about an essay Jane wrote.

RUTH	: No. Murder can never be condoned. Least of all by a lawyer.
JANE	: It's called justice.
RUTH	: Yeah, what's just to you may not be just to me or to someone else.
JANE	: You know what I'm talking about.
MARTIN	: Hello, family unit.
JANE	: And would it kill you to admit that maybe I actually did something right? This is an 'A' paper!
RUTH	: Of course it is. You're a beautiful writer. It just needs more work.
MARTIN	: Please tell me you aren't going fifteen rounds over To Kill A Mockingbird.
JANE	: Daddy, can you please tell Mom that Atticus Finch can be a role model?
RUTH	: He covers up Bob Ewell's murder. He is a terrible lawyer.
JANE	: Why? 'Cause you say so?
RUTH	: No, not me. Canon One of The American Bar Association's Model Code of Responsibility.
JANE	: What are you talking about?

note 心に留める, 注意する, 覚えておく →p.183

Yeah, yeah, yeah もういい, わかった, 全くもういいよ →p.153 yeah参照

essay 学校のレポート, 作文, 小論 ○

condone （罪や違反, 過失など を）許す, 見逃す, 容赦する
least 最も少ない, 最小の ○

what's = what is
just [形容詞]正しい, 公平な, 公正な ○

family unit 世帯, 世帯単位
unit 単一体, 一団, 一個, 構成単位 ○
kill ひどい苦痛[不快感]を与える →p.181
admit （事実, 正答であることを）認める, 許容する
something 何か, あること
A A評価 →p.151
beautiful すばらしい, 見事な, 立派な ○
writer 書き手, 執筆者
work [名詞]努力, 勉強 ○
To Kill A Mockingbird 『アラバマ物語』 →p.138コラム参照
Atticus Finch →p.138コラム参照
role model 手本, 模範となる人 ○
cover up （間違い, 悪事, 不都合な事実などを）隠す, 隠蔽する, （嘘をつくなどして）かばう
Bob Ewell →p.138コラム参照
terrible ひどい, 恐ろしい, ぞっとする
you say so = you say that he is a terrible lawyer
canon 規範, 規準
The American Bar Association 米国法曹協会 ○
(the) bar 法曹界, （裁判所付属の）弁護士団 →p.227
Model Code of Responsibility 法律家職務模範規則 ○

マーティン : 良かった。覚えておく、覚えておきます。ありがとう、トム。ありがとう。ありがとう。

マラー : もういい、わかった、わかった。

屋内－ギンズバーグのアパート－夜－ルースがジェーンの書いた作文に文句を言っている。

ルース : いいえ。殺人は絶対に許されることではないわ。中でも一番弁護士が許さない。

ジェーン : それは正義とも呼ばれるわ。

ルース : そうね、あなたにとって正しいことは、私や他の誰かにとっては正しくないかもしれない。

ジェーン : 私が何について話しているかわかってるでしょ。

マーティン : やあ、家族のみんな。

ジェーン : それに、もしかしたら私が実は何か正しいことをしたって認めることが苦痛なの？ これはA評価のレポートよ！

ルース : もちろんそうでしょう。あなたは素晴らしい書き手よ。ただもっと手直しが必要ね。

マーティン : 頼むから、君たちは『アラバマ物語』について15回戦争うつもりじゃないって言ってくれ。

ジェーン : パパ、お願いだからアティカス・フィンチは模範になり得るってママに言ってくれない？

ルース : 彼はボブ・ユーエルの殺人を隠蔽したわ。彼はひどい弁護士よ。

ジェーン : どうして？ ママがそう言うから？

ルース : いいえ、私じゃないわ。米国法曹協会の職業規範規則の原則その1よ。

ジェーン : ママは何について話してるの？

■ essay
課題や宿題のレポート・作文のこと。書式や文体、規則などは学術的な論文よりも自由、長さも通常短めなものを指す。

■ least
little の最上級。大きさや量、程度が最小であることを表す。ここでは、殺人は弁護士が最も許さない罪だという意。

■ just
a just trial（公正な裁判）のように、「人や判断、行為などが公正、公平である」という時に用いられる。ここでルースは、ジェーンが正しいと思う殺人（とその隠蔽）は、他の人にとってはそうではないかもしれないと、意見や考え方に相違があることを伝えている。
ex. She was just toward every student.（彼女は全ての生徒に対して公平だった）

■ unit
a family unit（一家族）など、それ自体で完全な単一体であること、全体の一部としての個人や単一の集団であることを示す。呼びかけとして使うことは非常に稀だが、ここでは口論中で、一体感に欠ける2人に向けた皮肉。
ex. The family is regarded as the smallest social unit.（家族は社会の最小単位としてみなされている）

■ beautiful
外見的な容姿が美しく魅力的であるだけでなく、知的、道徳的に見事で素晴らしいことも意味する。場合によっては皮肉が込められる時もある。
ex. She is a beautiful dancer.（彼女はダンスの名手だ）

■ work
= effort; study
It needs work.（まだ完全ではない）などのように、何かが充分に練られていない、まだ一工夫足りない。しかし努力すれば良くなる、完全になるという意味を表す。

■ role model
ある特定の役割において、何らかの社会的役割を果たすことができ、他者の見本になる人。

■ The American Bar Association
1878年創立。米国弁護士協会、米国法律家協会、略してABAとも言われる。日本における日本弁護士連合会（日弁連）に相当する米国の団体。

■ Model Code of Responsibility
米国法曹協会が定めている米国の弁護士たちを対象にした規則。日本弁護士連合会の弁護士職務基本規定のモデルと言われている。

RUTH	: It's called legal ethics.
JANE	: You'd do exactly the same thing if you actually had a heart.

Jane storms off to her room.

RUTH	: I don't know where she gets that stubbornness.
MARTIN	: Can't imagine. So, how was your day?

Ruth hands Martin a card.

MARTIN	: "History discloses that woman has always been dependent upon man. Like children, she needs special care. This justifies a difference in legislation."
RUTH	: Muller v Oregon. The law of the land.

She reads another.

RUTH	: Or Bradwell v Illinois. "The destiny of woman is the benign offices of wife and mother. This is the law of the Creator."
	: I'm writing this brief, and citing the same cases, with the exact same precedents as, as everyone before us.
	: Marty, if this is what we go in with, we're gonna lose.

Glossary (right margin):

ethic　倫理, 道徳, 価値観 ↻

you'd　= you would
exactly　[副詞]正確に, 具体的に
heart　心, 気持ち

storm　(怒りなどの感情で)激しい勢いで突進する, 動く

stubbornness　頑固さ, 強情さ

Can't imagine.　= I can't imagine ↻
imagine　想像する, 思う, 推測する

disclose　明らかにする, 暴露する, 暴く ↻
dependent　[形容詞]頼っている, 依存している
justify　正当化する, 正当だと理由づける ↻
legislation　法律, 制定法
Muller v Oregon →p.242
the law of the land　国法 ↻

Bradwell v Illinois →p.227
destiny　運命, 宿命 ↻
benign　恵み深い, 親切な ↻
office　職務, 役目, 義務
the Creator　創造主, 神 ↻
cite　引用する, (例などを)挙げる, 引き合いに出す
exact　まさに, 全く

if this is what we go in with, we're gonna lose. ↻

ルース ：それは弁護士の倫理とも呼ばれているわ。

ジェーン ：もしママに心があるのなら、ママも全く同じことをするはずよ。

ジェーンは勢いよく出て行き、自分の部屋へ向かう。

ルース ：あの子があの頑固さをどこで身につけたのか私にはわからないわ。

マーティン ：想像つかないね。それで、君はどんな日だった？

ルースはマーティンに1枚のカードを手渡す。

マーティン ：「歴史は、女性が常に男性に依存してきたことを明らかにする。子供たちと同様、女性は特別な配慮を必要とする。これは法律における差別を正当化する。」

ルース ：ミュラー対オレゴン州。国法ね。

彼女は別のものを読む。

ルース ：またはブラッドウェル対イリノイ州。「女性の使命は妻、そして母という慈悲深い役目である。これは創造主の法である。」

：私はこの趣意書を書いていて、そして私たちより以前の全ての人たちと同じように、全く同じ判決例の、同じ訴訟を引用している。

：マーティ、もし私たちもこれで臨むなら、私たちは負けるわ。

■ **ethic**
個人、集団などの倫理規範、倫理的価値体系のこと。ここでは弁護士が守るべき倫理という意で使われている。ここでのようにethicsと複数形で使われることが多いが、「倫理学」という意味のethicsは単数形になる。

■ **Can't imagine.**
見当がつかないと言っておきながら、実はジェーンの頑固な性格はルース譲り、君に似ているという意味を込めている。

■ **disclose**
dis-は動詞に付き、その動作と正反対、または逆の意味を表す接頭語である。そのため、close（閉める）と反対の意味となる。
cf. dislike（嫌う）、disbelieve（疑う）

■ **dependent**
⇄ independent（独立した）

■ **justify**
ex. He tried to justify his mistake.（彼は自分の失敗を正当化しようとした）
接尾辞-ifyは英単語を動詞にする働きがある。simple（[形]単純な）→simplify（[動]単純化する）、class（[名]分類）→classify（[動]分類する）、intense（[形]非常に強い、集中した）→intensify（[動]強化する〔させる〕）

■ **the law of the land**
landは国、国家のことであるため、その国の法律という意となる。ここでは米国憲法のこと。また、その国の習わしという意味で使われる時もある。
ex. We should obey the law of the land.（私たちは国法に従わなければならない）

■ **destiny**
= fate

■ **benign**
= kind
人や性格が慈悲深く寛容、心や行動などに悪意がないことを意味する。

■ **the Creator**
= God
theと共に大文字で表記されると、想像主、造物主、すなわち神を表す。

■ **if this is what we go in with, we're gonna lose.**
thisが指すのは、ルースが書いている趣意書、また戦略。敗訴した先例の引用だけで裁判に臨むなら、負けるに決まっていると悲観的になっている。

Loud music comes from Jane's bedroom.

MARTIN	: Wait, wait, wait, wait. Wait, wait, wait. I got it. I got it. I got it. She's not listening to The Monkees.

Martin knocks on Jane's door.

JANE	: I'm busy.

Martin enters Jane's room and turns off the record player. He sits beside her on the bed and gives her a hug.

MARTIN	: Come here. Come here.
JANE	: I'm fine. I can be as tough as she is. She's a bully. And she needs everyone to know how smart she is.
MARTIN	: Do you want Mom to stop being smart?
JANE	: I want her to stop rubbing it in everyone's face all the time.
MARTIN	: Grandma Celia died when Mom was about your age. But up until her dying breath, they would read together, debate ideas together, and she taught your mom to question everything.
	: She's not trying to bully you, Jane. She just doesn't want you to feel small. She wants to give you what her mom taught her. That's how she shows her heart.

loud やかましい, 騒々しい
come from 〜からくる

I got it わかった, 了解, 理解した
The Monkees モンキーズ (グループ・サウンズ) ●

knock トントンとたたく, ノックする

turn off 消す, 止める
record player レコードプレーヤー, レコード再生器
give someone a hug (人)を抱きしめる
hug 抱きしめること, ハグ
come here こっちへおいで, おいで
tough 強い, 不屈, たくましい ●
she = Ruth
bully [名詞]いじめっ子, 威張り屋 ●

Do you want...? ●

rub it in one's face 優越的立場を見せつける, 思い知らせる ●
all the time いつでも
grandma おばあちゃん ●
up until 〜まで ●
dying 瀕死の, 死にかかっている, 臨終の
breath 息, 呼吸
they = Grandma Celia and Ruth
debate 討論する, 討議する
question 〜に疑問を持つ, 〜を疑う, 〜について問う
bully [動詞]いじめる, おどす
feel small 肩身の狭い思いをする, 恥ずかしく思う ●

騒々しい音楽がジェーンの寝室から聞こえてくる。

マーティン ： 待て、待て、待て、待て。待て、待て、待って。
了解。任せろ。彼女はモンキーズを聞いてはい
ないね。

マーティンはジェーンのドアをノックする。

ジェーン ： 私忙しいの。

マーティンはジェーンの部屋に入り、レコードプレーヤーを切る。
彼はベッドの上で彼女のそばに座り、彼女を抱きしめる。

マーティン ： こっちへおいで。おいで。

ジェーン ： 私は大丈夫。私はママと同じくらい強いはずだ
から。ママはいじめっ子よ。そしてママは、自分
がどれだけ頭が良いのかみんなに知らせる必要
があるのよ。

マーティン ： お前はママに賢くあることをやめてほしいのか
い？

ジェーン ： 私はママに、いつもみんなに優位な立場を見せ
つけるのをやめてほしいの。

マーティン ： シーリアおばあちゃんは、ママがお前の年齢の
頃に死んだ。でも息を引き取る寸前まで、2人は
一緒に読んで、一緒に意見を討論していたよ。
そして、おばあちゃんはお前のママに、全てに
疑問を持つように教えたんだ。

 ： ママはお前をいじめようとはしていないよ、
ジェーン。ママは、お前に引け目を感じてほしく
ないだけなんだ。ママはお前に、自分のママが
教えてくれたことを教えたいんだ。そうやってマ
マは自分の気持ちを見せているんだよ。

■ The Monkees
英国のビートルズに対抗して作られた米
国のロックバンド。オーディションで選
ばれた4人により1966年に結成され
た。テレビ番組『The Monkees Show』
(1966-68)とレコード販売を連動し、
当時としては珍しいメディア戦略で一大
ブームを作った。1970年解散。近年、
Daydream Believer(デイドリーム・ビ
リーバー)を日本で有名アーティストがカ
バーしたり、CMやテレビ番組などでも
使用されている。この場面では、ジェー
ンの部屋から大音量のハードロックが聴
こえてくる。ジェーンがお気に入りのモ
ンキーズの曲を聞いて怒りを収めようと
するより、もっと彼女の怒りの感情が爆
発していることを窺わせる。

■ tough
肉体、身体的に丈夫あるいは頑丈、また
は精神、性格的に頑強という心身両面に
おいて使われる。また difficult の類語と
して、仕事や生活、問題を解決することが
困難、厄介であることも意味する。
ex. Her character is quite tough.(彼
女の性格はかなりたくましい)

■ bully
弱い者いじめをする人、学校のいじめっ
子などを指す。

■ Do you want…?
[want +人+ to 動詞]の原形で、「人に~
してほしい」という意。マーティンはジェー
ンに、ルースの頭が悪くなってほしいのか
と尋ねている。

■ rub it in one's face
ここでは everyone's となっている。rub
には「こする、こすりつける」という意味が
ある。特に、誰かに対し失敗やミスを思い
出させたり、侮辱したり、恥をかかせたり
することを意味する。また、何度も自分の
失敗や過ちを思い出させる相手に対して、
Don't rub it in my face.(もういい加減
にしてほしい)と伝える際にも使われる。

■ grandma
grandmother(祖母)の口語表現。祖父
を表すgrandfatherはgrandpaとなる。

■ up until
up が付くことで untill の強調形となる。
ex. up until now(今まで)

■ feel small
物理的、身体的な小ささを感じることで
はなく「引け目を感じる」ということを表
す。マーティンは、ジェーンがルースに自信
を持ってほしいと思っていると伝えてい
る。

Martin returns to Ruth, who is at the typewriter working.

RUTH : Is she okay?

MARTIN : She'll be fine.

EXT. LOWER WEST SIDE – DAY – Ruth leads Jane through a rundown neighborhood.

JANE : This is stupid. You're the one who said I'm supposed to be in school.

RUTH : If you're gonna write about great American lawyers, you may as well meet one.

INT. DOWNTOWN BUILDING – DAY - As they walk down a poorly-lit corridor, they find DOROTHY KENYON locking the door to her office.

KENYON : You ladies look lost. Well, spit it out.

RUTH : Ms. Kenyon. We're here to see you. I tried to make an appointment.

KENYON : Well, here I am. I don't have all day.

RUTH : It's about Gwendolyn Hoyt.

KENYON : In that case, I have no interest in talking to either one of you.

She blows by them. Ruth and Jane follow.

RUTH : I'm, I'm arguing a case... Sex discrimination violates the equal protection principle.

---

she = Jane

she'll = She will = Jane will

rundown （建物や家具などが）荒れ果てた, さびれた, 崩れかかった, 荒廃した
neighborhood 地区, 地域 ⮥

stupid （人, 行為や判断などが）馬鹿な, おろかな, 馬鹿げた
you're the one ⮥

may as well ～ ～した方がよい, ～するのも悪くない

they = Ruth and Jane
poorly-lit 薄暗い, 明かりが不十分な ⮥
corridor 廊下, 通路
lock 閉める, 閉じる
door ドア, 扉 ⮥

look ～に見える, ～と思われる
lost 道に迷った
spit it out さっさと言う, はっきりと言う ⮥
Ms. ～さん, ミズ～ ⮥
appointment 面会, 面会の取り付け, 予約 ⮥
here I am ⮥

in that case そうなると, その場合には
interest 興味, 関心, 好奇心

blow 急いで立ち去る
by ～のそばを

equal 平等の, 対等の →p.215
protection 保護, 擁護
principle 原則, 原理

マーティンはタイプライターを打っているルースの所へ戻る。

ルース ：ジェーンは大丈夫？
マーティン ：彼女は大丈夫だよ。

屋外－ロウワー・ウェストサイド－昼－ルースはさびれた地域を通ってジェーンを案内する。

ジェーン ：こんなの馬鹿げてる。私が学校に行かなくちゃいけないって言ったのはママだよ。
ルース ：もしあなたが偉大なアメリカの弁護士について書くつもりなら、その人に会った方がいいわ。

屋内－繁華街の建物－昼－彼らが薄暗い廊下を歩いていると、ドロシー・ケニオンが自分の事務所のドアに鍵をかけているところに出くわす。

ケニオン ：あなた方は道に迷ったようね。ねえ、さっさと言って。
ルース ：ケニオンさん。私たちはあなたに会うためにここにいます。面会の約束をしようとしました。
ケニオン ：あら、私はここにいるわ。あまり時間がないの。
ルース ：グウェンドリン・ホイトについてです。
ケニオン ：そういうことなら、私はあなたたちのどちらとも話す気は全くないわ。

彼女は2人のそばを急いで立ち去る。ルースとジェーンは後を追う。

ルース ：私、私はある訴訟の弁護をするんです… 性差別は平等保護の原則に反しています。

■ **neighborhood**
近所や近隣という意味だけではなく、特に修飾語を伴うことで、ある特徴的な区域を表す。
ex. We live in an exclusive neighborhood.（私たちは高級住宅地に住んでいる）

■ **you're the one**
= it is you who ~
one は人を意味し、関係代名詞 who を伴うことで「~なのはあなたである」という強調表現となる。そのためこのセリフには、「そもそも~なのはママなのに」という意味合いが込められている。

■ **poorly-lit**
poorly は「乏しい、みすぼらしい、ぞんざいな」のように、何かが不十分な状態であることを意味し、lit は「光る、明るくする」を意味する動詞 light の過去分詞形である。ハイフンでつなぎ、corridorにかかる形容詞として使われている。
ex. I slept very poorly.（私は昨晩よく寝られなかった）

■ **door**
ドロシーが鍵をかけるドアには KENYON D. ATTORNEY と表示されている。attorney は主に米語で、lawyer同様に弁護士、法律家を意味する。弁護士の名刺には、正式表記 attorney-at-law として記されていることが多い。

■ **spit it out**
spit は、「つばを吐く、吐きかける」という意だが、spit out で「~を吐き出すように言う」ことを表す。エクスクラメーションが付いていると、相手に対して「思っていることを率直に言え、はっきり言え」という意味にもなる。

■ **Ms.**
未婚既婚の区別をしない女性の敬称。姓の前に付けて使う。英国英語ではピリオドを省略することもある。

■ **appointment**
日時や場所を決めての会議や訪問、自分より高い地位にある人との面会やその取り決め、病院や美容院などの予約のこと。ホテルの宿泊やレストランの予約には reservation が使われる。

■ **here I am**
I am here と同意だが、特にhere を強調したい時にこの語順となる。また目的地に着いた時の「さあ着いた」、家に帰宅した際の「ただいま」としても使われる。

KENYON	: 'Equal Protection' was coined to grant equality to the negro, a task at which it has dismally failed. What makes you think women would fare any better?
RUTH	: Please. If we could just talk for…

Kenyon turns on them.

KENYON	: You wanna know how I blew it, is that it? What I'd do differently? Why? You think you can change the country?

She indicates Jane, who is taken by surprise.

KENYON	: You should look to her generation. They're taking to the streets. Demanding change. Like we did when we fought for the vote.
	: Our mistake was thinking we'd won. We started asking, "Please." As if civil rights were sweets to be handed out by judges.
RUTH	: Protests are important. But changing the culture means nothing, if the law doesn't change. As a lawyer, you must believe that.
KENYON	: Let me guess: you're a professor, aren't you? Yeah. Ton of knowledge, and no smarts.
JANE	: Mom. We should go.
KENYON	: You want advice? Here it is. Tell your client she won't find equality in a courtroom.

Glossary (right column):

coin （新語や術語, 語句などを）作り出す, 案出する
grant （要請や願いなどを）認める, 承認する
negro 黒人 ↺
dismally 陰気に, みじめに
fail ～しそこなう, 失敗する, しくじる ↺
What makes you ～? ↺
fare 事が運ぶ, 成る ↺

turn on ～を急に非難する, 責める

blow ［口語］しくじる, 失敗する, 台無しにする(blow-blew-blown)
I'd = I would
differently 違うように, 別様に

indicate 指す, 示す ↺
take by surprise 不意を襲う, びっくりさせる
surprise 驚き
her = Jane's
They're = They are
take to the streets デモ行進する, 街頭に繰り出す
demand ［動詞］要求する
vote 投票権, 選挙権, 参政権 ↺
mistake 間違い, 誤り, 失敗 ↺
we'd = we had

sweet 甘い菓子, 甘い物, 甘味

important 重要な, 重大な, 大切な
culture 文化 ↺
believe 信じる, ～だと考える
that それ ↺

ton （重量の単位)トン ↺
knowledge 知識, 学問 ↺
smarts ［名詞］［米スラング］（複数形で)利口さ, 知性, 知恵

advice 助言, 忠告, アドバイス

she = your client ↺
courtroom 法廷

ケニオン	:「平等保護」は黒人の平等性を認めるために造り出され、みじめにも失敗した仕事よ。なぜあなたは、女性がいくらかでも成功すると思うの？
ルース	:お願いします。もし私たちがちょっとでも話せるなら…

ケニオンは彼らを急に責める。

ケニオン	:あなたはどうやって私がしくじったか知りたいの、そうなの？　私が何かやり方を変えるかって？　なぜ？　あなたは自分が国を変えることができるって思ってるの？

彼女がジェーンを指し、ジェーンはびっくりする。

ケニオン	:あなたは彼女の世代を見るべきよ。彼らはデモ行進をしている。変化を要求している。私たちが参政権のために戦った時にしたのと同じように。
	:私たちの失敗は、自分たちが勝ったと思ったことよ。私たちは頼み始めたわ、「お願いします」って。まるで公民権が裁判官によって手渡されるお菓子であるかのように。
ルース	:抗議は大切です。でも文化を変えることは何の意味もありません、もし法律が変わらないのならば。法律家として、あなたはそれを信じているるに違いありません。
ケニオン	:私に当てさせて。あなたは教授ね、でしょ。そういうことね。どっさりの知識、なのに全然賢くない。
ジェーン	:ママ。帰った方がいいよ。
ケニオン	:あなたは助言が欲しいの？　じゃあこれをどうぞ。あなたの依頼人に、彼女は法廷では平等性を見出せないだろうって言いなさい。

■ negro
ここでは、米国に住む黒人、アフリカ系アメリカ人を意味している。現在では black や African-American などが使われる。その他、人種として特にサハラ砂漠以南に住むアフリカ土着の黒人、アフリカ黒人の血を引く人を表す際にも使われる。

■ fail
単位を落とすという意味を持ち、学業成績における単位落第のF表記にも該当する。

■ What makes you 〜?
直訳すると、何があなたを〜させるのか、すなわち、なぜ〜なのかと理由を聞く際に使われる。Why do you think 〜?とほぼ同意だが、どちらかと言うと感情的な意味合いを含み、怒りや苛立ちを暗示する場合もある。

■ fare
fare well で「うまくいく、成功する」を意味するように、「ある事が〜の具合に運ぶ」という意。well, badly, ill, poorly 等の様態を表す副詞と共に使われることが多い。

■ indicate
暗示的に知らせたり、指や手などで指し示す際に使われる。He indicated the door.(彼はドアを指し示した)には、出て行けという意味が込められる時もある。

■ vote
theと共に使われると、権利の意味が含まれる。ここでは、女性達が投票権のために戦ったこと、女性参政権運動のことを意味している。
ex. Women are not given the vote in that country.(女性はその国では選挙権がない)

■ mistake
考え方や行動、意見や判断、算定などの誤りや失策、手違いのこと。非難されるべき間違いの場合は error が使われる。

■ culture
ある国、ある時代の文化や精神文明、ある人種や宗教、社会的集団に特有の文化の総称を表す。どちらかと言うと精神面が強調され、物質面が重視されるときは civilization が使われる。

■ that
ルースが直前に述べた、文化の変化に応じて法律も変化すべきだということ。

■ knowledge
主に、研究や観察、修練などから習得した学識や見聞を意味する。
ex. a man of knowledge(博識の人)

■ she
このセリフからは、ケニオンがルースの依頼人を女性だと思っていることが窺える。

RUTH	: My client's name is Charles Moritz.	
KENYON	: That's cute.	cute [米スラング]素晴らしい, イカす
RUTH	: He hired a nurse to take care of his mother. But he was denied a caregiver deduction on his taxes.	
KENYON	: He's never been married. You found a bachelor taking care of his mother at home.	he's = he has
	: The judges will be repulsed by him.	repulse 冷たく拒絶する, 嫌悪感を与える
RUTH	: Feeling anything is a start.	anything 何か start [名詞]始まり, 開始, 出発
KENYON	: What did you say your name was?	someday いつか, 他日
RUTH	: Ruth Bader Ginsburg.	mind 心, 精神 →p.213 excuse 許す, 勘弁す, 免じる
KENYON	: Well... Sorry, Professor Ginsburg. Maybe someday. But the country isn't ready. Change minds first. Then change the law.	mayor's = mayor has mayor 市長 decide 決める, 決意する rename 改名する, 名称変更する
	: If you'll excuse me, the mayor's decided to rename the neighborhood, so now a developer's kicking thirty families out of a building he abandoned ten years ago.	developer's = developer is developer 不動産開発業者, 宅地開発業者 kick out 追い出す a building he abandoned ten years ago ↻ abandon (人・場所・家・地位・主義などを)捨てる, (財産・権利などを)放棄する
	: SoHo. Who ever heard of such a ridiculous thing?	SoHo ソーホー ↻ ridiculous 馬鹿げた, おかしい, 滑稽な

EXT. LOWER WEST SIDE – DAY - It's raining hard as Ruth and Jane exit. They huddle under one umbrella.

		exit (建物や部屋から)出る, 出て行く huddle 身を寄せ合う, 体を丸める umbrella 傘, 雨傘
JANE	: I know she's your personal hero and all, but she's kind of a bitch.	she's = she is = Kenyon is personal 個人の, 個人的な, 自分の and all その他全て, など, ～だったりして
RUTH	: No. She's formidable. Dorothy Kenyon has been fighting for Women's Rights and Civil Rights and Labor Rights her entire career.	kind of かなり, なんか ↻ bitch 意地の悪い女, いやな女 ↻ formidable すばらしい, すごい
	: She didn't always win. But she made damn sure she was taken seriously.	have been fighting →p.135 have been losing参照 labor 労働者 entire 全～, 全部の, 全体の ↻ not ～ always 必ずしも～ではない ↻ make sure 確実に[忘れずに]～する, 必ず～する

ルース	：私の依頼人の名前はチャールズ・モリッツです。
ケニオン	：それは素晴らしい。
ルース	：彼は自分の母親を介護するためにある看護人を雇いました。でも彼は税金の介護者控除を拒否されました。
ケニオン	：彼は結婚していないわね。あなたは家で自分の母親を介護している独身男性を見つけた。
	：裁判官たちは彼に拒否反応を示すでしょうね。
ルース	：何かを感じることが始まりです。
ケニオン	：あなたは名前を何と言いました？
ルース	：ルース・ベイダー・ギンズバーグです。
ケニオン	：それは…　失礼、ギンズバーグ教授。たぶんいつかね。でもこの国は準備ができていない。まず人の心を変える。それから法律を変えなさい。
	：失礼、市長が地域を改名することに決めたの、だから今、宅地開発者が、10年前に手放した建物から30家族を追い出している。
	：ソーホーですって。そんな馬鹿みたいなことを今までに誰が聞いたことがある？

屋外－ロウワー・ウェストサイド－昼－ルースとジェーンが外に出ると雨が激しく降っている。彼らは1本の傘の下で身を寄せ合う。

ジェーン	：私は、彼女がママの個人的な英雄だったりすることは知ってる、でも彼女はちょっと意地悪ね。
ルース	：いいえ。彼女は素晴らしいわ。ドロシー・ケニオンは女性の権利や公民権、そして労働者権利のために全職歴をかけて戦ってきたのよ。
	：彼女はいつも勝っていたわけじゃない。でも彼女は確実に真剣に取り合ってもらえるようにしたのよ。

■ mayor
米国の市長は地方自治体の行政長官として多くの職権を有し、選挙で選ばれる。日本語では市長と町長の呼称が分かれているが、英語では共にmayorが該当する。
ex. He was elected mayor.（彼は市長に選ばれた）

■ a building he abandoned ten years ago
buildingの後に目的格の関係代名詞が省略されている。またheは前出のdeveloperを指し示している。

■ SoHo
当時改名されたニューヨーク州マンハッタン南部の地区。south of Houston Street（ハウストン通りの南）の短縮形だと言われており、Sohoとも綴られる。現在は前衛的な芸術やファッション、音楽の中心地、観光スポットとしても世界的に有名な地となっている。

■ kind of
= sort of
的確な言い方が見つからない、あいまいな表現でぼかしたい時に使われることが多い。Kind of.（まあね、そんな感じ）のような単独的な返答としてだけでなく、文脈や会話に応じて、少々、なかなか、かなり、どちらかと言うと～など様々な意味合いを持つ。

■ bitch
女性に対する軽蔑的スラング。時に性的に淫らな女性も意味する。
ex. She is a real bitch.（彼女は本当に性悪な女だよ）

■ formidable
偉大さや優秀さにおいて畏敬の念を起こさせるほど素晴らしい、偉大である、非常に優れていること、大きさや量において驚くほど多いことを表す。

■ entire
= whole
ex. the entire day（まる1日）、I read the entire novel in only two hours.（僕はその小説全てをたった2時間で読んだ）

■ not always
「いつも～というわけではない」、「必ずしも～ではない」という部分否定となる。
ex. The rich are not always happy.（必ずしも金持ちが幸せとは限らない）

133

Ruth and Jane take cover under a scaffolding and try to spot a cab.

JANE	: She didn't help you. What are you gonna do now?
RUTH	: It's the right cause. It's the right client. But women have been losing the same argument for over a century.
JANE	: Well... just because you lost a hundred years before you started is no reason not to try to win.
RUTH	: Jane. That was very wise.
JANE	: You know who said it first? Atticus Finch.

Ruth sees a cab approaching.

RUTH	: Quick.

Some construction WORKERS call out and wolf-whistle at Ruth and Jane.

WORKER	: Hey, lookin' good, ladies.
RUTH	: Just ignore them.
WORKER	: Hey, we'll keep you warm if you're getting wet.
JANE	: Oh, yeah? Real nice. You kiss your mother with that mouth, asshole?
WORKER	: Whoa, whoa!
JANE	: Mom. You can't let boys talk to you like that.

take cover 避難する, 隠れる
scaffolding 足場, 足場材料 ↺
spot 見つける, 見極める

cause 理由, 原因, 根拠, 《法律》訴訟理由
have been losing ↺
argument 論争, 議論
century 世紀, 100年 ↺
hundred 100 ↺
reason 理由 ↺

wise 賢い, ~に通じている ↺

quick 早い, 急速な ↺

construction 建築, 建設, 建造
call out 大声で叫ぶ, 大声で呼ぶ
wolf-whistle 口笛を吹く ↺

lookin' good いいぞいいぞ, いい感じだ ↺
them = construction workers
warm [形容詞]温かい
wet 湿った, 濡れた
Oh, yeah ああ, そう
kiss キスする, 口づけする
mouth 口

whoa おいおい, どうどう , おお →p.171

ルースとジェーンは足場の下に避難し、タクシーを見つけようとする。

ジェーン ： 彼女はママを助けてくれなかった。ママはこれからどうするつもり？

ルース ： 正当な理由がある。正しい依頼人がいる。でも女性は 1 世紀以上もの間、同じ議論に負け続けている。

ジェーン ： そうね… 始める前にただ 100 年負けたっていうだけで、勝とうとしない理由にはならない。

ルース ： ジェーン。それはとても賢明よ。

ジェーン ： ママは、誰が最初にそれを言ったか知ってる？ アティカス・フィンチよ。

ルースはタクシーが近づいてくるのを見る。

ルース ： 急いで。

数人の建設労働者たちが大声で叫び、ルースとジェーンに口笛を吹く。

労働者 ： よう、いい感じだね、ご婦人方。

ルース ： 彼らをただ無視して。

労働者 ： よお、もし濡れているんだったら、俺たちが君らを温めてやるよ。

ジェーン ： あら、そうなの？ そりゃすばらしいわ。あんたたちのその口で自分の母親にキスでもしたら、このバーカ？

労働者 ： おお、おお！

ジェーン ： ママ。男たちにあんな風に物を言わせておいちゃだめ。

■ scaffolding
建築現場の足場やその材料、支柱やいくつかの足場を含めた足場組のこと。

■ have been losing
現在に繋がる過去の出来事を表す「現在完了」と継続中の出来事を表す「進行形」を組み合わせた現在完了進行形は、過去に始まり、今も継続中の事柄を表す。*have lost は現在にも影響を与えている過去の事実を表す。are losing は今負けつつあることを表す。その2つを組み合わせ、過去から継続して今も負け続けていることを強調した表現になる。

■ century
20世紀のように具体的な世紀を示す際には、the 20th century, the twentieth centuryと数字が序数表記となる。
ex. the early 18th century（18世紀初期）, in the late nineteenth century（19世紀後半に）

■ hundred
a hundred years（100年）は前出の a century と同意となる。

■ reason
ある事態の原因や根拠に対する論理的な説明という意。ここでジェーンは、裁判が過去100年以上負けていたとしても、現在のルースの挑戦が負けるとは限らないと伝えている。
ex. There is no reason to apologize.（謝る理由はない）. I have a good reason to believe her.（私には彼女を信じる十分な理由がある）

■ wise
「〜をよく知っている、気づいている」という意でも使われる。そのためこのセリフから、ルースがジェーンの前述の言葉を、その通りだと認めていることが窺える。

■ quick
このセリフのように1語の呼びかけとなる場合、口語表現として「早く、急いで」と相手を促す際に使われる。

■ wolf-whistle
特に、男性が魅力的な女性を見た時に鳴らす口笛のこと。通例、高低2音調で、前半は上昇、後半は下降調で鳴らされる。wolf call とも言われ、時にからかいや冷やかしも表す。

■ lookin' good
lookin' は looking の口語表現。「すごい、その調子だ、いい感じだ」と相手を褒める際にも使われる表現。しかしこの場面では、雨で濡れたルースとジェーンを見た労働者たちがからかっている様子が窺える。

At that moment, Jane sees a vacant cab approaching.

JANE : Taxi! Mom, c'mon. You're getting soaked.

RUTH : Look at you, Jane. You're a liberated, fearless young woman. Twenty years ago, you couldn't have been who you are today.

: Dorothy Kenyon's wrong. The, the times have already changed!

DRIVER : Are you coming or what?

JANE : Yeah, yeah, we're coming.

INT. GINSBURG APARTMENT – NIGHT – Ruth and Martin continue discussing the case.

RUTH : It's what Professor Freund said at Harvard. "A court ought not be affected by the weather of the day. But will be by the climate of the era."

MARTIN : Okay... So, we're not going back and re-fighting old cases.

RUTH : No, we're arguing that the precedents should no longer apply.

MARTIN : Right. But Ruth, Freund was talking about Brown v the Board of Education, that's a once-in-a-generation case.

RUTH : And we're the next generation.

---

vacant （家や部屋, 席などが一時的に）空いている, 使用されていない, 空の ⊖

c'mon = come on ［口語］急いで, 来て

soak 濡れる, ずぶぬれになる ⊖

look at you →p.173

liberate 自由な, 解放された ⊖

fearless 恐れを知らない, 大胆不敵な ⊖

Kenyon's = Kenyon is

times （複数形で）時代 ⊖

or what? それとも他に何か ⊖

ought 〜すべきである ⊖

but will be…the era ⊖

go back 戻る, 過去にさかのぼる

re-fight 再び戦う ⊖

no longer 〜 もはや〜ない, もはや〜しない →p.229

once-in-a-generation 一世代に一度 ⊖

その時、ジェーンは空車のタクシーが近づいてくるのを見る。

ジェーン　：タクシー！　ママ、急いで。ママずぶ濡れよ。

ルース　　：自分を見て、ジェーン。あなたは自由で、恐れを知らない若い女性だわ。20年前、あなたは今のあなたにはなれなかったはず。
　　　　　：ドロシー・ケニオンは間違っている。ええ、時代は既に変化したのよ！

運転手　　：乗るのかい、どうするんだ？

ジェーン　：ああ、はい、私たち乗ります。

屋内－ギンズバーグのアパート－夜－ルースとマーティンは訴訟について議論し続ける。

ルース　　：フロイント教授がハーバード大学で言ったことよ。「法廷はその日の天候に影響されるべきではない。しかし、時代の思潮には影響されるだろう」

マーティン：わかった…　それで、僕たちは過去にさかのぼって、古い訴訟で再び戦うんじゃないよね。

ルース　　：いいえ、私たちは、先例がもはや当てはまらないことを主張するのよ。

マーティン：その通りだ。でもねルース、フロイント教授はブラウン対教育委員会について話していたんだ、それは一世代に一度の訴訟だよ。

ルース　　：そして、私たちが次の世代なのよ。

■ vacant
⇄ occupied（使用中）

■ soak
雨などが人やものをびしょ濡れにすること。wetよりも濡れている程度がひどい。このセリフのように get と共に過去分詞形で使われる時もある。
ex. We were soaked to the skin.（私たちはずぶ濡れになった）

■ liberate
伝統的社会や因習、性的または社会的役割や偏見などから解放されていることを表し、特にウーマンリブの時には、女性が性的、社会的差別から解放されたという意味として使われた。

■ fearless
fear（恐れ、恐怖）と-less（〜のない）の合成語。-lessは「本来あるものがない」というニュアンスであるのに対し、-freeは「（負担など）あってほしくないものから解放されている」というニュアンスの「〜のない」状態。
ex. careless（本来必要な注意を欠いた＝不注意な）、carefree（心配から解放された＝気ままな）

■ times
＝ age; era
ex. ancient times（古代）、Victorian times（ヴィクトリア朝時代）

■ or what?
疑問文の最後に付け、他の可能性があることを示す。

■ ought
通例 to ＋動詞の原形を取る。must や have to のような強制的な意味はない。
ex. We ought to do it soon.（私たちはそれをすぐにしなくてはならない）

■ but will be...the era
＝ but a court will be affected…the era
主語は前文と同じく a court であるため省略されている。

■ refight
再を表す接頭語 re- と、「戦う」を意味する動詞 fight の合成語。

■ once-in-a-generation
once は一度を表し、once-in-a〜で「〜において一度」という意味となる。ここではハイフンで繋いで形容詞として使い、一世代において一度あるかないかというような訴訟であることを表している。
ex. once-in-a-lifetime（一生に一度の、またとない機会）

『アラバマ物語』と母娘

　ルースとジェーンが口論するアティカス・フィンチは、小説『アラバマ物語』の主人公。白人弁護士で、妻を亡くし、2人の兄妹ジェムとスカウトの父親でもある。ある時アティカスは、白人女性メイエラの強姦罪を着せられた黒人トム・ロビンソンの弁護を引き受ける。黒人の肩を持つのかと憤るメイエラの父親ボブ・ユーエルは、ある夜森でジェムとスカウトに襲い掛かり、子供たちを助けようとした精神障害者ブー・ラッドリーによって刺されて死ぬ。その事実を知り、ブーの処遇に悩むアティカスに、スカウトは「マネシツグミを殺すこと」と同じではないかと、以前アティカスが銃を射つジェムに語った表現を繰り返す。つまり、畑を荒らさず納屋に巣もかけない、他の鳥の鳴き声を真似て聞かせ、楽しませるだけのマネシツグミを殺すことは罪であると。そしてアティカスは、人目を避けてひっそり暮らしてきたブーを晒し者にする必要はないと結論づける。

　ルースはアティカスのこの決断に対し、ブーによる「ボブ・ユーエルの殺人を隠蔽」したと批判する。一方ジェーンは、正義でもあり、心がある人間ならば同じ対応をすると擁護する。正反対の意見を言い合う母娘は、正にルースが母親と行っていた「討論」を繰り広げていると言えよう。ちなみにマーティンはその白熱ぶりを15ラウンドに例えるが、ラウンド制の試合と聞いて思い浮かぶボクシングは1970年代には15ラウンドが主流だった。彼は、勝敗が決まらなければ判定にもつれこむその試合形態を引き合いに出し、自分が判定を下すなんて御免だという心境を伝えているのかもしれない。

　しかし母娘の絆は強固である。まずルースに心がない訳ではない。口論後にはジェーンを気遣い、変化を求めて訴える母の姿を見せるかのように、学校を欠席させてまでドロシー・ケニオンに会わせる。またジェーンも、弱い訳でも、賢くない訳でもない。

「100年以上前に負けても今負けるとは限らない」とアティカスの
セリフを引用し、ルースを驚かせる。この言葉は『アラバマ物語』
の第9章、裁判に負けるかもしれないのになぜトムを弁護するの
か、と問うスカウトへの返答である。アティカスはボブの脅迫に
も屈せず、トムが無罪である真実を主張し、人種差別に立ち向か
う決意を伝えている。この言葉を通して、ジェーンはルースの今
の行動が決して無駄ではないと鼓舞しているかのようであり、ルー
スは時代に応じて社会や法律を変え、アティカス同様、信念を持っ
て闘い続ける重要性を再認識したに違いない。さらにルースは、
労働者たちに怯まず言い返すジェーンを見て、彼女が自分の想像
以上に強く逞しく成長していることにも気付く。マーティンが述
べたように、ルースは彼女なりの方法でジェーンに強さを教え、
その教えは確実に娘に継承されている。互いを尊重し、時に子供
の存在や発言が親に真理を悟らせるルースとジェーンの関係は、
アティカスとスカウトの関係をも想起させる。母と娘が口論し、
正義、賢さ、強さを認識しあうまでの一連の描写において、名作
『アラバマ物語』が非常に効果的に使用されている。

白木　玲子（金城学院大学）

glossary

■ To Kill A Mockingbird
ピューリッツァー賞を受賞した米国の女性作家、ハーパー・リー（Harper Lee）による1960年作の小説。1930年代の米国南部アラバマ州の小さな町を舞台に、白人男性弁護士の主人公が人種差別や危険を顧みず、白人女性強姦の罪を着せられた黒人男性を弁護する物語をメインとしている。小説のタイトルに使われている mockingbird とは、北南米に生息し、他の鳥の鳴き声を真似るマネシツグミという鳥である。タイトルは「マネシツグミを殺すこと」と訳されるが、日本では『アラバマ物語』として知られている。1962年には同名タイトルで映画化されており、第35回アカデミー授賞式では、主人公を演じたグレゴリー・ペックが主演男優賞を含む3部門を受賞した。小説、映画共に現在でも語り継がれる有名作品である。

■ Atticus Finch
『アラバマ物語』の主人公である白人男性弁護士の名前。

■ Bob Ewell
『アラバマ物語』の登場人物の1人の名前。彼は、自分の娘を強姦した犯人だとされる黒人男性を主人公フィンチが弁護することに憤りを覚え、フィンチの子供たちを襲おうとした際に殺害される。

Ruth's Brief

7 *INT. RUTGERS LAW SCHOOL – NIGHT - Ruth is writing up her notes.*

INT. RUTGERS LAW SCHOOL – DAY - Ruth is dictating her notes to a legal secretary, MILLICENT RANDALL, who is typing them up.

RUTH : Equal protection applies to all persons, a class in which men and women share full membership.

In the classroom, Ruth's students talk about the case.

VALENTIN : ...divorced man counts the same as a widower.

BENNETT : So, you're saying this guy could've married his nurse, got divorced the next day, and then he'd be eligible for the tax deduction? That's totally nuts.

INT. GINSBURG APARTMENT – NIGHT - Ruth and Martin work on the case.

---

write up 書き上げる, 詳細に書く
notes (演説・講義などの)(簡単な)記録, 下原稿, 草案

legal secretary 弁護士の秘書
secretary 秘書
Millicent...who is typing them up. ↺
type up (手書きのものを)タイプで清書する
apply to (規則・法などが)(人・事に)当てはまる ↺
person 人 ↺
class (資格・社会などの)級, 階級
full 正規の, 完全な
membership 構成員の地位, 会員資格 ↺
classroom 教室
talk about~ ~について話す

divorced [形容詞]離婚した
count A (as) C AをCとみなす ↺
same 同じ ↺
widower 寡夫, 男やもめ →p.223
this guy could've...deduction ↺
eligible (法的に)適格の, (~する)資格がある ↺
tax deduction 課税控除
totally 全く, 完全に
nuts [スラング][形容詞]ばかげた, くだらない ↺

ルースの弁論趣意書

DVD　01：01：12
□□□□□□

屋内－ラトガース法科大学院－夜－ルースは彼女の趣意書を書き上げている。

屋内－ラトガース法科大学院－昼－ルースは、タイプで清書している秘書のミリセント・ランダルに趣意書の口述をしている。

ルース　：平等保護は全ての人に適用され、そこでは男性も女性も共に等しい資格を持つ。

教室で、ルースの学生たちがその訴訟について話している。

ヴァレンティン：…離婚した男は、寡夫とみなす。

ベネット　：つまり、この男性は、この看護人と結婚して、次の日に離婚すると、税金控除の対象になるってこと？　完全に馬鹿げてるよ。

屋内－ギンズバーグのアパート－夜－ルースとマーティンはその訴訟に取り組む。

■ **Millicent...who is typing them up.**
現在進行形。さらに、関係代名詞の継続用法が使われている。継続用法は、先行詞（Millicent）について追加的に説明を加える。通常は接続詞（and, but, for, because）＋代名詞に言い換え可能。

■ **apply to**
規則や法などが何かに当てはまることを意味する。通例、進行形にはならない。

■ **person**
法律に関していること、また個別的に1人1人を強調しているので、peopleではなく、複数形のpersonsが使われている。

■ **membership**
-shipという接尾辞は、名詞につく場合、状態・身分・性（気）質・職・技術、または特定の集団を表す名詞に意味を変える。
ex. friend（友達）→friendship（友情、友好関係）、citizen（市民）→citizenship（市民としての身分、市民権）、professor（教授）→professorship（教授職）、leader（指導者）→leadership（指導者の地位、統率力）、artisan（職人）→artisanship（職人技）

■ **count A (as) C**
AをCとみなす。Cは名詞・形容詞がくる。
ex. She was counted as dead.（彼女は死んだものと考えられた）

■ **same**
通常the sameで使う。

■ **this guy could've...deduction**
仮定法「もしあのとき〜だったら、今は…なのに」。条件節は「過去の事実」に反する仮定なので、仮定法過去完了（could have married/got）を用いて、帰結節は「現在の事実」に反する仮定なので、仮定法過去（would be）を用いる。

■ **eligible**
ex. He is eligible for the presidency.（彼は社長になる資格がある）

■ **totally**
ex. I totally agree with her.（私は全面的に彼女に賛成です）

■ **nuts**
ex. He must be nuts to do such a thing.（そんなことをするなんて彼はどうかしている）

MARTIN : Alright, our client is a man. We cannot lose sight of that because men are also harmed by the stereotype that little boys are told they can't be nurses, they can't be teachers, they can't be secretaries.

RUTH : Or cook dinner for their families.

MARTIN : Exactly. We're counting on you, too.

INT. RUTGERS LAW SCHOOL / GINSBURG APARTMENT – DAY/ NIGHT - Ruth is dictating her notes to Millicent, who is typing them up. Montage of Ruth and Martin drafting case notes.

RUTH : Wholly irrational distinction between single sons and daughters. Any taxpayer may have an invalid parent.

MARTIN : Any taxpayer may have an ailing parent, even an unmarried man.

RUTH : …the unalterable, biological traits of birth over which the individual…

MARTIN : …the principle of American democracy should apply to men and women equally…

RUTH : …arbitrary and unequal treatment prescribed by the Constitution…

MARTIN : …what shouldn't reward or penalize the taxpayers for their sex…

RUTH : Section 214 draws a line solely on the basis of sex.

Millicent brings the manuscript to Ruth.

---

lose sight of （事実などを）忘れる ◎
sight 視界, 視覚, 目に留まること
harm ［動詞］害する
stereotype 固定観念, 既成概念
can't be ~ ～になることができない

Or cook dinner for their families ◎
dinner 夕食 ◎
count on ～を頼る, ～するのを期待する

montage モンタージュ, （映画, テレビで, ある表現を意図するために様々なカットを組み合わせる）編集技法, 場面
draft ［動詞］原稿を書く, 起草する, 立案する
wholly 完全に
irrational 不合理な ◎
distinction 差別, 区別
single 独身の
any （肯定文で）どんな～でも
taxpayer 納税（義務）者
unmarried 未婚の, 結婚していない ◎
unalterable 不変の, 変えることができない →p.219
biological 生物学（上）の, 生物学的な
trait 特徴, 特性
birth 出生
individual ［名詞］（集団・社会に対する）個人, ［形容詞］個々の, 個人の
the principle of...democracy ◎
American democracy アメリカの民主主義
arbitrary 恣意的な, 自由裁量による, （個人の）好み・判断に任せた
unequal...Constitution ◎
unequal 不平等な
treatment 待遇, 扱い
prescribed 規定［指示］された, 所定の
should not ～すべきではない
penalize 罰則を与える, ～を罰する
draw a line （～間の）区別をする
solely ひとえに(only), 単に
manuscript （手書き・タイプの）原稿, 草稿

マーティン ：よおし、我々の依頼人は男性だ。我々はその点
　　　　　　を忘れてはいけない、男性もまた固定観念に
　　　　　　よって害を受けているから。小さな男の子たち
　　　　　　は、看護師になることはできない、教師になる
　　　　　　ことはできない、秘書になることはできないと
　　　　　　言われているんだ。
ルース 　　：家族のために夕食を作ることとかもね。
マーティン ：その通り。僕たちは君のことも頼りにしている
　　　　　　よ。

屋内－ラトガース法科大学院／ギンズバーグのアパート－昼／夜
－ルースはタイプで清書しているミリセントに趣意書を口述して
いる。ルースとマーティンが訴訟の趣意書を書いている場面。

ルース 　　：独身の息子と娘には完全に不合理な差別がある。
　　　　　　どんな納税者も病弱な親を持つことがあるかも
　　　　　　しれない。
マーティン ：どんな納税者も、未婚の男性であっても、病弱
　　　　　　な親を持つことがあるかもしれない。
ルース 　　：…変えることのできない生物学的な出生の特徴
　　　　　　は、個々の…
マーティン ：…アメリカの民主主義の原則は、男女平等に適
　　　　　　用されるべきである…
ルース 　　：…憲法に規定された恣意的で不平等な扱いは…
マーティン ：…性別を理由として納税者に恩恵や罰則を与え
　　　　　　るべきではない…
ルース 　　：税法214項は性別だけを根拠に差別をしている。

ミリセントは原稿をルースに持ってくる。

■ lose sight of
元の「見失う」という意味から比喩的に
「忘れる」という意味で使われるように
なった。Out of sight, out of mind.（見
えないものは忘れられていく）という諺
にも同様の発想が窺える。*だが、一方
で、Absence makes the heart grow
fonder.（不在は恋しさを募らせる）とい
う対極の諺もある。

■ Or cook dinner for their families
= or they're told they can't cook
dinner for their families
本作で描かれる通り、ギンズバーグ家で
はマーティンが料理を担当。マーティンは
We're counting on you, too. と、すぐさ
ま料理下手のルースにフォローを入れる。

■ dinner
本来は「正餐、晩餐会」の意。昼または夜
にとる1日の内での主な食事を指すので、
昼食時も夕食時もある。昼食がdinnerだ
と夕食はsupperとなり、夕食がdinnerだ
と昼食はlunchと呼ばれる。

■ irrational
⇄ rational（合理的な）→p.177参照。

■ unmarried
その時点での既婚・未婚を表すので、厳
密に言えば、離婚した（divorced）人もこ
れに該当する。p.230のようにnever-
marriedを使えば、一度も結婚していな
いことがより明確になる。本件で注目さ
れている Section 214 には widower に
ついて、The term 'widower' includes
an unmarried individual who is
legally separated from his spouse
under a decree of divorce or of
separate maintenance.（「寡夫」とい
う用語は、離婚または別居の法令に基づ
き配偶者と法的に別居している未婚の個
人を含む）と明記している。

■ the principle of...democracy
独立宣言（1776）の序文には "... all men
are created equal..., they are
endowed by their Creator with
certain unalienable Rights, that
among these are Life, Liberty and
the pursuit of Happiness."（全ての人
間は生まれながらにして平等であり、そ
の創造主によって、生命、自由、および幸
福の追求を含む不可侵の権利を与えられ
ている）と述べられている。

■ unequal...Constitution
後置修飾されている。unequal treatment
（不平等な待遇）はby以下（the
Constitution：憲法）によってprescribed
（規定された）と訳す。

MILLICENT: Professor Ginsburg? I finished typing the brief.

RUTH : You're a saint, Millicent.

MILLICENT: May I make an observation? It's just... When I was typing it up, jumping out all over the brief was, well... sex-sex-sex-sex-sex-sex-sex-sex.

RUTH : Oh.

MILLICENT: It reeks of hormones and backseats and... You know how men are. Maybe you should try a less distracting word. Maybe... gender?

RUTH : You realize that means...

MILLICENT: That's no problem. I'm happy to type it again.

RUTH : Thanks.

INT. ACLU OFFICES – DAY - Mel hurries down the hallway, chatting with a staffer.

WULF : Guessing doesn't do us any good. I need to know how many people were turned away from the polls.

ACLU STAFFER 4: The Affiliate still hasn't sent the list.

WULF : Then call Brian Tanner. Remind him that we're on the same team. Tell him if he doesn't start acting like it, I'll fly to Wisconsin and personally rip his throat out myself!

---

finish　～を終える ↩

You're　= You are
saint　聖人のような人
make observation　意見を述べる
jump out　飛び出る
all over A　Aの上のいたるところに

It reeks...backseats and... ↩
reek　～で臭い, 悪臭を放つ
hormone　ホルモン
backseat　（自動車などの）後部座席
maybe　[副詞]～かもしれない ↩
less　もっと少ない, ～より少ない ↩
distracting　[形容詞]目（注意）をそらさせる
gender　（社会的・文化的役割としての）性, ジェンダー, 性差 →p.219
You realize that means... ↩
realize　さとる, 十分に理解する, 実感する, 合点がいく
That's no problem.　問題ないです, いいですよ ↩
I'm happy to　～ 喜んで ↩
hurry down　急いで降りる

guessing　推測すること ↩
do someone good　のため[利益]になる, ～に効く, 役に立つ
turn away　顔をそむける, 向きを変える
poll　投票
affiliate　関係団体, 加盟団体, 関係者
hasn't sent the list ↩
remind　思い出させる, 気づかせる ↩
on the same team　同じチームに ↩
act　行動する
Wisconsin　ウィスコンシン ↩
personally　じきじきに
rip out　裂き切る
throat　喉
myself　（強調して）私自身, みずから

ミリセント	：ギンズバーグ教授？　趣意書をタイプし終えました。
ルース	：あなたは聖人ね、ミリセント。
ミリセント	：ちょっと意見を言ってもよろしいでしょうか？その…　タイプしていた時、趣意書のあちこちから目に飛び込んできたのは…　性、性、性、性、性、性。
ルース	：ああ。
ミリセント	：ホルモンのせいでカーセックスのことしか…　男の人ってそういうものですよね。もっとその気をそらさないような言葉を使ってみたらどうでしょうか？　たぶん…　ジェンダーとか？
ルース	：それってつまり…
ミリセント	：問題ないです。喜んでもう一回打ちます。
ルース	：ありがとう。

屋内 – 全米自由人権協会のオフィス – 昼 – メルは事務所の廊下を速足で歩きながら職員と話をしている。

ウルフ	：推測は何の役にも立たない。どれだけの人が投票を拒まれたのかを知る必要がある。
ACLU 職員4	：関係者はまだリストを送ってきていません。
ウルフ	：じゃあブライアン・タナーに連絡をしろ。我々は同じチームだと伝えろ。そうしないと、僕がじきじきにウィスコンシンに飛んで、喉を引き裂いてやると伝えろ！

■ finish
⇄ begin
動名詞を目的語にとるので、typingが目的語である。

■ It reeks...backseats and...
法廷の男性たちは、セックスという言葉を繰り返し聞くと、ホルモンが分泌され、後部座席でのカーセックスなどの想像が頭から離れなくなるのでは、と示唆している。

■ maybe
ここでは提案や助言を控えめにする用法。

■ less
原級little（ほんの少ししかない、ほとんどない）の比較級がless（より少ない）、最上級はleast（（大きさや程度が）最も小さい・少ない）。

■ You realize that means...
= Do you realize that means you have to type it (brief) again?（もう一度タイプしなくてはいけなくなるとわかっている？）

■ That's no problem.
No problem.と省略して使うこともある。依頼に対する返事として、感謝や陳謝に対する返事として、確認を表すなど、様々な状況で使用することができる。

■ I'm happy to ～.
手助けなどを求められて、快く応じる時に使う。
ex. "Could you check my paper?" "I'm happy to."（私のレポートを直していただけますか/喜んで）

■ guessing
ここでは ～ing を伴い動名詞が主語となり、「推測することは」と訳す。

■ hasn't sent the list
have + 過去分詞で、行動の完了を表す。ここでは否定形で、「まだ送っていない」の意。yet（まだ）を伴うこともある（p.221参照）。

■ remind
remind（人）that　～で、「（人）に～ということを思い出させる」。

■ on the same team
米語では、同じ境遇のことを、一緒に乗る乗り物のように考えてonを用いる。teamの他にcommittee（委員会）、board（役員会）、council（議会）でもonを用いる。類似表現にin the same boat（運命共同体）というのもある。

■ Wisconsin
米国中西部の州。州都はMadison（マディソン）

Mel opens his office door to find Dorothy sitting at his desk.

KENYON : Melvin. Did your mother ever teach you to clean your room?

WULF : Ms. Kenyon. Time for your annual dusting-off already?

KENYON : In 1776, Abigail Adams wrote her husband a letter. "As you write this new constitution," she said, "Remember the ladies." You know what the bastard went ahead and did?

WULF : I can guess.

She shows him a newspaper article which reads, "COURT FINDS FOR CECIL REED."

WULF : Idaho Statesman? You need a hobby.

KENYON : These poor people. Sally and Cecil Reed. Divorced. Their son committed suicide, both parents want to administer his estate.
: In Idaho, the law says in this situation, males must be preferred to females. Why? 'Cause men are better at math. And the Idaho Supreme Court just said that is perfectly legal.

WULF : Dorothy. I've got student protestors in jail in California. I've got schools in Mississippi that still refuse to desegregate. I...

KENYON : You're a sissy. The Board's threatened to can you because you stood up for draft dodgers, and you've had your tail between your legs ever since.

---

find 見つける, 気づく ◐

annual 年に一度の
dusting off 掃除

Abigail Adams アビゲイル・アダムズ →p.162

bastard [スラング]奴
go ahead 先へ進める

guess 推測する

newspaper article 新聞の記事
find for 《法律》(〜に有利な)評決を下す, (〜に有利に)事実を認定する ◐
Idaho Statesman アイダホ・ステイツマン(新聞) ◐
hobby 趣味, 道楽
commit suicide 自殺する
administer 管理する
estate 財産
say (本・掲示などに)〜と書いてある
situation 状況
be preferred 優先される
be good at 〜が得意だ ◐
The Idaho Supreme Court アイダホ州最高裁判所
just まさに(修飾される語の前に置いて強調する)
perfectly 完全に
have got ◐
jail 刑務所
California カリフォルニア州 ◐
Mississippi ミシシッピ州 ◐
refuse to〜 〜を拒否する
desegregate 人種差別(隔離)を廃止する
sissy いくじなし
The Board's threatened to can you... ◐
board 委員会, 役員会
can [スラング]やめさせる, 首にする
stand up for 弁護する
draft dodger 徴兵忌避者
have one's tail between... ◐
ever since それ以来

メルが事務所のドアを開けると、ドロシーがメルの席に座っている。

ケニオン ： メルビン。お母さんは部屋の掃除の仕方をあなたに教えたことはあるの？

ウルフ ： ケニオンさん。もう年に一度の大掃除の時期ですか？

ケニオン ： 1776年、アビゲイル・アダムズは夫に手紙を書いた。「新しい憲法を書く時は女性たちのことを思い出してね」と。奴が先へ進めたこと、そして何をしたと思う？

ウルフ ： 想像はつくな。

彼女は彼に「法廷はセシル・リードに有利な評決を下す」と書かれている新聞記事を見せる。

ウルフ ： アイダホ・ステイツマン？　あなたには趣味が必要ですね。

ケニオン ： かわいそうな人たち。 サリーとセシル・リードは離婚した。彼らの息子が自殺したので、両親ともに彼の財産管理をしたいと考えている。
： アイダホ州の法律では、このような状況では男性が女性より優位なのよ。なぜだと思う？　男性の方が数学が得意だから。アイダホ州最高裁判所は、それが完全に合法であると言っている。

ウルフ ： ドロシー。カリフォルニアでは学生の抗議者が刑務所に入っている。ミシシッピの学校はいまだに人種区別の廃止を拒否している。僕は…

ケニオン ： あなたはいくじなしね。徴兵忌避者のために弁護したから、役員会があなたをやめさせると脅した、あなたはそれ以来ずっとおじけづいている。

■ **find**
to の部分は、不定詞の副詞的用法「〜して（その結果）...」という「結果」を表す。find は多義語であるため訳しづらい語の1つで、ここでの「〜すると〜だった」の形のように「気づく」や「見つける」という語を使わない方が日本語として自然であることも多い。

■ **find for**
⇄ find against（〜に不利な評決を下す）刑事裁判の場合であれば、for/against の代わりに guilty（有罪）, not guilty（無罪）を付け加える。
ex. The jury found her not guilty.（陪審員は彼女を無罪と評決した）

■ **Idaho Statesman**
米国北西部の州アイダホ州の州都 Boise（ボイシ）にある新聞社。1864年設立。

■ **be good at**
ここでは good の比較級 better を使い、より得意であることを表現している。

■ **have got**
現在完了形の形をしているが、口語では「持っている、所有している」の have [has]とほとんど同じ意味で使われる。['ve got]や['s got]の短縮形がよく使われる。この文の訳では「いる」
ex. I have [I've] got a sister.（私には姉[妹]が一人います）

■ **California**
太平洋岸に臨む米国西部の州。州都は Sacramento（サクラメント）。

■ **Mississippi**
米国南部の州。州都は Jackson（ジャクソン）

■ **refuse to〜**
refuse は不定詞だけを目的語にとる動詞。
ex. She refused to sign the paper.（彼女は書類に署名することを拒否した）

■ **The Board's threatened to can you...**
= The Board has threatened to can you...
= The Board has threatened that they will can you...
この現在完了形は「完了」の意味。to 不定詞の意味上（can：解雇する）の主語が本文（threaten：脅す）の主語と同じため、to 不定詞が使われているが、上記のように that 節で言い換えることも可能。

■ **have one's tail between...**
この現在完了形は「継続」の意味。この文の訳は、（あなたはそれ以来ずっとおじけづいている）となる。

WULF : That is, that is not... We don't have the resources to take this on.

KENYON : I've seen you stand up to the might of government with sling and stone for what you know to be right. And kid, I loved you for it.

: They're not gonna fire you, Mel. The board's a bunch of tired old fools, they don't have the nerve to do it. I should know, I'm one of 'em.

She takes his hand.

KENYON : John Adams forgot the ladies. And it's time the ACLU got back in the fight.

WULF : Okay.

KENYON : Good. Now here's where you start. It's a case headed to the Tenth Circuit. It's a professor out of Rutgers. Smart cookie.

She presents him with a copy of Ruth's Moritz brief. He looks at it. Surprised. Then his surprise turns into clarity:

WULF : Ruth.

INT. RUTGERS LAW SCHOOL - CLASSROOM – DAY – 'The Fourteenth Amendment' is written on the board. Ruth, before her class, underlines the Equal Protection Clause.

That is, that is not... ↺

resources （複数形で）資金, 財源

take on （仕事などを）引き受ける, （責任を）負う, 取り組む ↺

I've seen you stand up to... ↺

stand up to ～に抵抗する ↺

might [名詞]力, 権力

sling 投石器, パチンコ

kid [口語]（目下の者への親しい呼びかけとして）（ねえ）きみ

The board's ＝ The board is

a bunch of [口語]連中, 一団 ↺

tired 疲れた, くたびれた

fool 愚人, ばか者

nerve 度胸, 勇気 ↺

should （当然）～だ, （義務として）～しなくてはならない, ～すべきである, ～べきだ, ～しなくてはならない

take ～を取る

John Adams ジョン・アダムズ →p.162

it's time ～ ↺

get back （仕事などに）戻る

fight [名詞]戦い, 論争

here's ＝ here is （文頭で）ここに ↺

Tenth 第10

Circuit 巡回裁判所 →p.233

out of ～から

smart 頭の回転の速い, 頭の切れる, 賢い, 利口な ↺

cookie [スラング]かわい子ちゃん（愛情を込めた呼び方）

present [動詞]差し出す, 提示する ↺

copy 写し

turn into A A～に変わる

clarity 確信

underline （語など）の下に線を引く

clause 条項

ウルフ　：それは、それは違います…　僕たちにはこれを引き受けるだけの資金がないのです。

ケニオン　：私はあなたが正しいと思うことのためにパチンコと石を持って政府の力に立ち向かう姿を見てきた。だから、私はあなたのことが好きなのよ。

　　　　　：役員会はあなたを解雇しないわ、メル。役員会は疲れた年寄りの馬鹿の集まりで、彼らにはそんな度胸はない。当然知ってるわ、私もその一人だから。

彼女は彼の手を取る。

ケニオン　：ジョン・アダムズは女性たちを忘れた。全米自由人権協会が戦いに戻る時がきたのよ。

ウルフ　：わかりました。

ケニオン　：いいわ。さあ、私たちが始めるのはここからよ。第10巡回裁判。ラトガース大学の教授からの訴訟。頭が切れる子よ。

彼女はルースのモリッツ裁判の趣意書のコピーを彼に渡す。彼はそれを見て驚く。それから彼の驚きは確信に変わる。

ウルフ　：ルースか。

屋内－ラトガース法科大学院－教室－昼－黒板に「修正第14条」と書かれている。ルースはクラスの皆の前で「平等保護条項」の箇所に下線を引く。

■ That is, that is not...

...のあとは文脈からtrueが入り、「それは本当ではありません→違います」という訳になる。

■ take on

ex. She took on too much work. (彼女は手に余るほど多くの仕事を引き受けた)、The lawyer took on a case. (弁護士は事件を引き受けた〔捜査した〕)

■ I've seen you stand up to...

この現在完了形は「継続」の意味。さらに、知覚動詞seeの後には原形不定詞standがきて、「~が…するのを見る」の意味を表す。この文の意味は、「私はあなたが~するのをずっと見てきている」となる。

■ stand up to

⇄ give in to (~に屈する、~に降伏する)

■ a bunch of

人の集まり。マイナスイメージの語だが、形容詞が付くと、プラスイメージの意味になる。

ex. a great bunch of musicians (素晴らしい演奏家の一団)。

■ nerve

ex. She had the nerve to come to the party. (彼女はパーティーにくる度胸があった)

■ it's time~

it's time + 主語 +動詞の過去形で「もう~してもよいころ〔時間〕だ」

ex. It's time you took a bath. (もうお風呂に入る時間ですよ)、It's (about) time for lunch. (そろそろ昼食の時間だ)

■ here's

= here is

文頭で、「ここに」を意味する。ここでは、Now here's where you start.の形で「場所」を表す語を先行詞とする関係副詞whereが使われている。先行詞はhere。

■ smart

= clever

日本語で体型を表す時に使われる「痩せた」という意味はなく、知性について肯定的に表す語。

ex. He is a very smart boy. (彼はとても頭の良い子だ)

■ present

発音は[prizént]。

RUTH	: But nowhere does the Constitution say the federal government must treat people equally. What did the Court say about that? Mrs. Parker.	But nowhere does the Constitution say... ⟳ the federal government 連邦政府
PARKER	: That the Due Process Clause implies that Equal Protection applies to the federal government as well.	due process （国民の権利としての）法の適正手続き，デュー・プロセス条項，⟳ imply ～を(暗に)意味する，意味を含蓄する ⟳
RUTH	: Can you cite the case?	

Mel appears in the doorway.

WULF	: Bolling v Sharpe. 347 U.S. 497. Decided in conjunction with Brown v Board of Education in 1954, Bolling desegregated all Washington, D.C.'s public schools. Chief Justice Warren, writing for the Court. How about it, Teach? Do I get an A?	Bolling v Sharpe ボーリング対シャープ →p.243 in conjunction with～ ～と併せて，～と共に ⟳ Washington, D.C. 首都ワシントン ⟳ Chief Justice 最高裁判所首席判事 write 銘記する the Court 最高裁判所 ⟳ teach ＝ teacher [スラング]先生 A A評価 ⟳ reach 手を伸ばす ⟳ drop 手から(取り)落とす，落とすように置く

INT. DINER – DAY - Ruth and Mel have coffee. He reaches into his bag and drops Ruth's brief between them.

WULF	: Well played sending that newspaper and the brief to Kenyon.	Well played ～ing ～をうまくやった ⟳
RUTH	: I thought she might have advice.	
WULF	: Cut the shit. Don't ever do that to me again.	cut ～をやめる shit でたらめ，嘘っぱち Don't ever do that to me again. ⟳
RUTH	: What do you think of the brief?	What do you think of ～? ～をどう思われますか? →p.173
WULF	: It's a compelling argument. Brilliantly reasoned. More women than ever are working now. And why not? We have pre-schools and washing machines and cheap contraceptives.	compelling 説得力のある argument 主張，論理，論法，立論(の方法) brilliantly 素晴らしく reasoned [形容詞](議論などが)道理に基づいた[かなった]，筋の通った more ～ than... …よりも～多くの～ And why not? （前文を受けて）～でいけないことがあろうか ⟳ pre-school 幼稚園 washing machine 洗濯機 contraceptive 避妊薬

ルース : しかし、憲法はどこにも連邦政府が人々を平等に扱わなければならないとは書いていません。裁判所はそれについて何と言っていますか? パーカーさん。

パーカー : 法の適正手続き条項は連邦政府にも平等保護が適用されることを示唆しています。

ルース : 判例を挙げることができる?

メルが教室の入り口に現れる。

ウルフ : ボーリング対シャープ。連邦最高裁判例集 347 巻 497 ページ。1954 年のブラウン対教育委員会の訴訟と併せて判決が下された。この事件は首都ワシントンの公立学校での人種隔離を廃止するものである。ウォーレン最高裁首席判事は法廷のために銘記した。どうです、先生? A を取れますか?

屋内 - 食堂 - 昼 - ルースとメルはコーヒーを飲んでいる。彼はカバンに手を伸ばし、ルースの趣意書を 2 人の間に置く。

ウルフ : 新聞と弁論趣意書をケニオンに送るとはうまくやったな。

ルース : 彼女がアドバイスをくれるかもしれないと思ったの。

ウルフ : ふざけないでくれ。二度とあんなことしないでくれ。

ルース : 趣意書をどう思う?

ウルフ : 説得力のある主張だ。素晴らしく理にかなっている。今は昔よりも多くの女性が働いている。働いてもいいんじゃないか? 幼稚園や洗濯機もあるし安い避妊薬もある。

■ But nowhere does the Constitution say...
nowhere (どこにも〜ない) という否定語を強調するため、そのあとの主語と動詞の語順が疑問文と同じになっている。否定語などを文頭に出すと、do, does, did が用いられる。

■ due process
直訳すると「当然与えられるべき手続き」。法の適正な手続き、または適正な内容によらなければ個人の権利、自由は奪われないとすること。米国憲法修正第 5、第 14 条に保障されている。

■ imply
mean (意味する) に対して、明白に表現されない場合に用いる。

■ in conjunction with〜
ex. We work in conjunction with her.
(私たちは彼女と協力して働く)

■ Washington, D. C.
正式には Washington District of Columbia (コロンビア特別自治区)。どの州にも属さない。Washington と言うと西海岸のワシントン州を指してしまうため、略して言う場合は D. C. と言う。

■ the Court
ここでは文脈から最高裁判所。

■ A
学業成績のA評価。一般的に評価が高い順にA, B, C, D, 不可のFとなり、米国の学業成績評価の場合、日本の「優」に相当。
ex. He got an A in math. (彼は数学で優をとった)

■ reach
ex. She reached into her pocket. (彼女は [何かを取り出そうとして] ポケットに手を突っ込んだ)

■ Well played 〜ing
[You] played well〜。主語が省略され、さらにwellを強調するために動詞の前に置いている。

■ Don't ever do that to me again.
ever (否定文で)「どんなときでも〜しない」を使った命令文。

■ And why not?
= And why women cannot work? (そして女性が働けないことがあるだろうか→働いてもいいではないか)
why not?は相手の否定の言葉に反論して「なぜいけない [しない] のか、いいではないか、していいはずだ」。相手の提案に同意の返事をする際にも使える。
ex. "Let's watch a movie tonight." "Why not?" (「今夜は映画を見よう」「そうしよう」)

RUTH	: Yep, times have changed.
WULF	: There's a glaring problem though. In the unlikely event that you actually win this thing, what's the remedy?
	: The Court takes away the caregiver deduction for everybody, including working mothers. Then you've done more harm than good.
RUTH	: No. Do you remember Justice Harlan's opinion last June in Welsh v United States?
WULF	: Yeah. He said laws could be extended, when doing so would be closer to the legislature's intent than overturning would be.
RUTH	: We're adding one more section to the brief, urging The Court to extend the law, to include Charlie as well as everyone else.
WULF	: Alright. The ACLU is prepared to put their name on your brief.
RUTH	: We appreciate your support.
WULF	: Stop. I still say I'd rather be a woman in this country than a black man. Or a socialist. Or religious minority...
RUTH	: Now, let's talk about you taking on Reed v Reed.
WULF	: Oh, stop! No.
RUTH	: All men in Idaho are better at math?
WULF	: Ruth, I gave you one case. That's all you get.

yep ＝ (口)yes
times have changed →p.195
glaring （欠陥などが）明白な
unlikely うまくいきそうもない, 見込のない, 考えにくい
event （最終的な）結果, 成果
remedy 《法律》救済方法, 救済策 ♪
take away （特権などを）取り上げる, 奪い取る
working [形容詞]働く, 働いている
you've done more harm than good ♪
harm [名詞]損害
good ため(になること), 役に立つこと
remember ～を思い出す, ～を思い起こす, ～を覚えている, 記憶に留める ♪
opinion 意見, (裁判所の)見解
Welsh v United States ウェルシュ対アメリカ合衆国 →p.243
yeah ＝ yes, うん ♪
extend （範囲・意味など）を広げる, 拡大する
doing so would be closer to the ～ than ... ♪
legislature 議会, 立法府
intent 意図, 趣旨
We're adding ～ ♪
add 加える
include 含む
as well as ～ および～, 加えて～も
be prepared to do ～する心構えがある
put 記入する
appreciate 感謝する
support 支援
I'd rather ＝ I would rather
would rather～than... 〈くらいならむしろ〉～した方がよいと思う
socialist 社会主義者
religious 宗教の
minority 少数派 ♪
let's talk about you taking on ... ♪
Reed v Reed リード対リード判決 →p.243
that's all それだけだ, これで終わりだ

ルース	: そう、時代は変わったわ。
ウルフ	: だが明白な問題がある。万が一実際に勝てた場合の救済策は？
	: 裁判所は働く母親を含めた全員の介護者控除を取り上げることになる。そうなると君は利益よりも損害を与えることになる。
ルース	: いいえ。去年の６月のウェルシュ対合衆国のハーラン判事の意見を覚えている？
ウルフ	: ああ、彼は法律は拡大解釈できると言った。法律を覆すよりも法の拡大解釈をすることの方が立法府の意図により近いという場合には。
ルース	: 私たちは趣意書にもう１つの項目を追加するわ。チャーリーはもちろん、他のみんなも同様に含まれるべく法律を拡大解釈するよう裁判所に求めるの。
ウルフ	: わかった。全米自由人権協会は君の趣意書にその名前を載せる準備をするよ。
ルース	: ご支援に感謝します。
ウルフ	: やめてくれ。それでもまだ僕はこの国では黒人男性より女性になる方がマシだと言うぜ。あるいは社会主義者より。あるいは宗教の少数派よりも…
ルース	: さて、あなたがリード対リードに挑むことについて話しましょう。
ウルフ	: ああ、やめろ！ やめてくれよ。
ルース	: アイダホの男はみんな数学が得意なの？
ウルフ	: ルース、一件の訴訟だけを任せた。それだけだ。

■ **remedy**
legal remedy（法的救済）、judicial remedy（司法救済）のこと。ラテン語ubi jus ibi remediumの英語訳where there is a right there is a remedy.（権利あるところに救済あり）は、法律上の原則である。つまり「権利が侵害された場合、法はその権利を守るか、損害を賠償する措置をとる」という意味。実際の裁判では「損害賠償請求」を指すことが多い。ルースの主張通り税法が違憲だと認められ、失効してしまうと、女性も控除を受けられなくなるので、それについてはどうするのかという指摘。それに対し、ルースは、今回の訴訟では、金銭的な救済以外に、法の失効ではなく、拡大解釈という救済措置を求めるつもりだと説明するのである。

■ **you've done more harm than good**
「have + 動詞の過去分詞形done」で 現在完了形の「完了」を表す。

■ **remember**
「〜を覚えている、〜を思い出す」という意味以外に、「忘れないように注意する」という意味もある。

■ **yeah**
yesをくずした形。目上の人に対しては避ける。p.122のように、yeahを繰り返すことで、お喋りなどに対する若干の苛立ちを表す。時に軽蔑や皮肉等の意味も込められる。

■ **doing so would be closer to the 〜 than ....**
closer 〜 than…（比較級）ここでは動名詞が主語となっている。doing so = extending laws（拡大解釈をすること）が主語。

■ **We're adding 〜**
「be動詞＋動詞の〜ing形」。この文脈では「近い未来の予定」を表わしている。その計画や準備が進行中であることを意味している。

■ **be prepared to do**
ex She is prepared to accept defeat.（彼女は負け受け入れる覚悟だ）

■ **minority**
⇄ majority（多数派、大多数）

■ **let's talk about you taking on …**
ここではyouが動名詞takingの意味上の主語となっている。

RUTH	: The Moritz argument works just as well for a female client. And Reed's a state supreme court case. Which means the US Supreme Court must hear the appeal.
WULF	: I told you, I don't want another fifty-year battle.
RUTH	: Call Sally Reed's lawyer, Mel.
WULF	: If I were you, I would worry about my own case. And I expect to see your remedy arguments before they go to the Tenth Circuit. And I want to be there when you practice your oral arguments.
	: We're doing a moot court. Well, it's not negotiable.
RUTH	: When?
WULF	: As soon as we get the government's response brief.

INT. DEPARTMENT OF JUSTICE TAX DIVISION – DAY - JAMES BOZARTH, a Government Lawyer, is in a discussion with Professor Brown.

BOZARTH	: Where did these people go to Law School. You can't make a constitutional challenge to the Tax Laws, can you? And who's ever heard of 'gender discrimination'?
BROWN	: It's a stretch.
BOZARTH	: These folks are runnin' at Hell with a bucket of water.

---

work [動詞](計画などが)うまくいく
state (米)州の
supreme court 最高裁判所 ↺
Which means ↺
hear (職務として)～を聞く,(裁判官などが)公式に聴取する,(事件)を審理する →p.235
fifty-year battle 50年の戦い
battle (比喩的に)戦い
call (人に)電話する
If I were you, I would...case ↺
worry about ～を心配する
own 自分自身の
And I want to be there... ↺
practice 練習する
oral argument (裁判の)口頭弁論 →p.183
We're doing a moot court ↺
moot court 模擬裁判, 模擬法廷 ↺
moot [形容詞]仮定の
negotiable 交渉の余地がある
as soon as～ ～するとすぐ(に)
response 返答

Department of Justice アメリカ合衆国司法省 →p.201
in a discussion 話し合い中

You can't..., can you? ↺
challenge 異議申し立て
Tax Law 税法
who's = who has
heard of ～ ～のことを耳にする
stretch こじつけ, 拡大解釈

These folks are runnin' at Hell... ↺
folks (通例～s)人たち, 一般の人々
runnin' at Hell with...water 地獄の火を消そうと走り回っている
runnin' = running

ルース	：モリッツの主張は女性の依頼人にも同様に通用する。リードの訴訟は州の最高裁の訴訟よ。つまり、米国最高裁が上告を審理しなければならない。
ウルフ	：言っただろう、また新たな50年の戦いはしたくない。
ルース	：サリー・リードの弁護士に電話して、メル。
ウルフ	：僕だったら、自分の訴訟のことを心配するね。第10巡回裁判に行く前に、君の救済策の主張を見せてもらうぞ。口頭弁論の練習をする時には、僕も参加したいと思っているよ。
	：僕たちは模擬裁判をする。まあ、それについては交渉の余地はない。
ルース	：いつ？
ウルフ	：政府の反論趣意書が届き次第だ。

屋内－司法省税務局－昼－政府弁護団の一員、ジェームズ・ボザースがブラウン教授と議論している。

ボザース	：この人たちはどこの法科大学院に行ったのだろう。税法に憲法上の異議を唱えることはできないですよね？ それに「男女差別」なんて聞いたことがある人はいますか？
ブラウン	：それはこじつけだよ。
ボザース	：この人たちは水の入ったバケツを持って地獄を走り回っているんだ。

■ supreme court
ここでは文脈から州の最高裁判所を指し、the US Supreme Court 米国（連邦）最高裁判所と区別して表現している。

■ Which means
Whichは前の文をうける。「そしてそれは～」と訳す。

■ fifty-year battle
公益活動を担う弁護士としてACLUで働いていた経歴を持つAdam Cohenによる2020年に発刊された書籍、Supreme Inequality: The Supreme Court's fifty-year battle for a more unjust Americaでは、サブタイトルが示しているように、最高裁判所が企業や財界の利益に焦点を当てる一方で、不当な行為に対して憤慨した人たちや貧しい人たちの側に立っていなかった過去50年について書いている。

■ If I were you, I would...case.
仮定法過去[条件節（If節）の動詞（過去形were）＋帰結節の動詞（would, should, could, might）]は現在の事実に反する仮定を表す。

■ And I want to be there...
thereは口頭弁論の練習をしている場を指す。

■ We're doing a moot court.
「be動詞＋動詞の～ing形」。この文脈では「近い未来の予定」を表す。

■ moot court
学生が、弁護士、裁判官、原告・被告、証人などの役割を分担し、架空の事件を裁判の形式で行うもの。

■ You can't ..., can you?
付加疑問文が使われている。肯定文には否定の短縮形、否定文には肯定形の疑問形を付ける。付加疑問の主語は人称代名詞にする。「～ですね」、「～でしょうね」と相手に同意を求めたり、念押ししたりする表現。

■ These folks are runnin' at Hell...
ここで使われている前置詞 at は「（行為や感情の的になるもの）～をめざして、～に向かって」という意味。
ex. He threw the ball at me.（彼は私に向けて〔ねらって〕ボールを投げた）

■ runnin' at Hell...water
running at Hell with a bucket of waterは、「少々の水をかけても地獄の火は消えるはずがない」、すなわち「無駄なことをしている」という意味。

155

BROWN : Case law is filled with challenges that could not be made... Until they were.

: I'm putting Murphy on writing our response brief.

BOZARTH : With due respect, Mr. Brown...

BROWN : Not personal, Bozarth. But if we're not careful, this appeal could cast a cloud of unconstitutionality over every federal law that differentiates between men and women.

: I need someone more seasoned on this.

Brown picks up the phone.

BROWN : Could you get me the Solicitor General, please?

BOZARTH : I pulled the file. I deserve the chance.

: Murphy's a weak sister. I know how to win this case, sir. Better than Murphy. Better than anyone.

: You need me on this appeal.

BROWN : This is Brown. I need to see him.

Brown hangs up the phone.

BROWN : Okay. Tell me.

EXT. CAPITOL BUILDING – DAY - Brown and Bozarth walk with Griswold.

---

case law 判例法 ⏷
be filled with~ ～で満たされている、～でいっぱいである
Until they were. ⏷
until （否定文で）～するまで...しない、（後ろから訳して）...して初めて～する
put someone[something] on ~ （人など）を～に割り当てる

cast a cloud over ～にけちをつける、～に暗い影を落とす
unconstitutionality 憲法違反
federal law 連邦法 ⏷

I need someone...this ⏷
seasoned 慣れた、経験豊富な

pick up 電話を取る

Could you~ ～していただけませんか
get （電話などで）～と話す ⏷
Solicitor General （米国の）法務長官
file 資料, 記録, ファイル
deserve 賞罰・助力・注目・感謝などに値する[を受けるに足る]
Murphy's = Murphy is
weak sister （口）（グループ中の）頼りにならない者
how to~ ～の仕方
Better than Murphy. Better than anyone ⏷
This is ~ （電話で）こちらは～です ⏷

hang up 電話を切る ⏷

Capitol Building 米国連邦議会議事堂, 国会議事堂 ⏷

ブラウン ：判例法は成しえなかった異議で溢れている…
　　　　　　誰かが異議を唱えるまでは。
　　　　　：マーフィーに反論趣意書を書いてもらう。

ボザース ：お言葉を返すようですが、ブラウンさん。
ブラウン ：個人的な話ではないのだ、ボザース。だが我々
　　　　　　が注意しなければ、この訴えは男女を区別する
　　　　　　どの連邦法にも憲法違反のけちをつけることに
　　　　　　なる。

　　　　　：これにはもっと経験豊富な人が必要だ。

ブラウンは電話を取る。

ブラウン ：法務長官を呼んでいただけますか？

ボザース ：この案件を引いたのは私です。私にはチャンス
　　　　　　を与えられる資格があります。
　　　　　：マーフィーは頼りになりません。私はこの訴訟
　　　　　　に勝つ方法を知っています。マーフィーよりも、
　　　　　　誰よりも。
　　　　　：この上訴には私が必要です。

ブラウン ：ブラウンだ。彼に会いたい。

ブラウンは電話を切る。

ブラウン ：わかった。その方法を教えてくれ。

屋外 – 国会議事堂 – 昼 – ブラウンとボザースはグリズウォルドと
一緒に歩く。

■ **case law**
裁判の先例のうちに見いだされる法規範。同じような事件について裁判所が同様の判断を繰り返すことによって、法と同じような拘束力を持つに至った規範、ルール。日本とは法体系が違い、日本が制定法主義（statutory law system）であるのに対し、米国は判例法主義（case law system）を採用している。

■ **Until they were.**
= Until challenges were made.

■ **federal law**
米国は連邦制を採用しており、米国法制度は連邦法と州法の二重構造となっている。

■ **I need someone...this.**
this は appeal（男女を区別する連邦法に関する上訴）を指す。on も about も「〜について」と訳すことができるが、on は専門的なテーマを念頭に置いた観点の場合に用いる。about は、一般的な内容の場合に用いる。

■ **get**
ex. Get me Mrs. Brown on the phone.（ブラウンさんを電話に出してください）

■ **Solicitor General**
司法長官（attorney　general）、または同等の地位がある法制度では、法務長官は州の2番目に位置づけされた法務官であり、司法長官の代理であることがよくある。法務長官が実際に法廷で政府に法的助言を提供したり、政府を代表したりする範囲は、管轄によって異なり、場合によっては同じ管轄内の個々の役職者間でも異なる。

■ **Better than Murphy. Better than anyone.**
= [I am] Better than Murphy. [I am] Better than anyone [else].

■ **This is 〜**
ex. Hello, this is Mary.（こんにちは、こちらはメアリーです）

■ **hang up**
⇄ hang on; hold on（電話を切らずにおく）

■ **Capitol Building**
ワシントンD.C.にある米国連邦議会の議事堂。ロタンダ（円形建築物）とドームを中心に，南側が下院、北側が上院の議場となっている。議事堂の敷地内では大統領就任式や独立記念日コンサート、国葬の儀式なども行われる。ルース・ギンズバーグ（2020年9月18日没）の追悼式も国会議事堂で行われ、女性では公民権運動で知られるローザ・パークスに次いで2人目、公職にあった女性としては初めてであった。

GRISWOLD: Gender equality is a civil right?

BROWN : When everyone's aggrieved and everyone's a victim. It's what the ACLU does. Divide the country into smaller and smaller subgroups.

GRISWOLD: Ginsburg... Cancer, right? And the wife. Very demanding.

BROWN : But smart.

GRISWOLD: Ten years. Ten years I fought to enroll women at Harvard Law. The faculty, the university, even my wife warned me against it.

: Now, I'm Solicitor General, it comes back to haunt me.

BROWN : Erwin, we could settle. Martin Ginsburg was one of my best students. A practical young man.

: We can call and tell him we'll give the man his money. And we go our separate ways.

GRISWOLD: No. No. We settle now, it's open season. Let's put this idea of gender discrimination to bed once and for all. They handed us a winnable case.

BROWN : Then we'll win it.

GRISWOLD: You think he's up to it?

BROWN : Oh, Mr. Bozarth is a fine litigator. Tell him your idea.

BOZARTH : We list the laws.

GRISWOLD: What laws?

---

everyone's = everyone is
aggrieved 不当に苦しめられた, 《法律》権利を侵害された
victim 犠牲者
divide A into B AをBに分ける
divide (等しく)分割する
smaller and smaller ますます小さく ⟳
subgroup サブグループ, 小群
cancer 癌, (比喩的に)害悪
demanding [形容詞](人が)要求の厳しい
enroll 入学させる

The faculty...against it ⟳
faculty (大学・学校の)教職員
warn A against B ⟳
warn 警告する

Now,...haunt me ⟳

haunt 悩ませる

settle (争いなどを)解決する, 和解する
one of ～ students ～生徒の1人 ⟳
practical (人が)分別のある

separate 別々の

It's open season (比喩的に)批判にさらされる時期
put to bed (ひとまず)終わらせる
once and for all これを最後に, きっぱりと ⟳
winnable 勝てる

Then we'll win it ⟳

be up to (人が)A(仕事など)ができる, ～する能力がある ⟳
fine [形容詞]立派な, すばらしい
litigator 事実審弁護士 ⟳

list 一覧表にする, リストにいれる, 列挙する ⟳

グリズウォルド：男女平等は公民権だって？

ブラウン　：誰もが権利を侵害され、誰もが犠牲者になる時には。それが全米自由人権協会のやることだ。国をより小さく、より小さなグループに分割する。

グリズウォルド：ギンズバーグは… 癌だよね？ そして奥さんはとても要求の厳しい人で…

ブラウン　：だが頭は切れる。

グリズウォルド：10年間。10年間、私はハーバード法科大学院に女性を入学させるために戦った。教授陣や大学、妻にも警告された。

　　　　　　：今、私は法務長官になったが、そのことがまた私を悩ませる。

ブラウン　：アーウィン、我々は解決することができる。マーティン・ギンズバーグは私の最も優れた学生の一人だった。分別のある若者だ。

　　　　　　：この男性にお金を渡そうじゃないか、と我々が電話で伝えるという手もある。そして別々の道を歩もうと。

グリズウォルド：いやいや。今決着をつけよう。批判にさらされる時期だ。これを最後に性差別という考えを終わらせるんだ。彼らは私たちに勝てる訴訟を手渡したのだ。

ブラウン　：じゃあ勝てますね。

グリズウォルド：彼は適任かね？

ブラウン　：ええ、ボザースは立派な弁護士ですよ。君の考えを彼に伝えなさい。

ボザース　：法律を列挙します。

グリズウォルド：どの法律を？

■ divide
英語で割り算を表す時にも使う。
ex. Six devided by three is[equals] two.（6÷3＝2）
cf. One plus one is[equals] two.（1+1＝2）、Two minus one is[equals] one.（2－1＝1）、Two multiplied by [times] two is[equals] four.（2×2＝4）

■ smaller and smaller
「比較級＋and＋比較級」で、「ますます〜、だんだん〜」。
ex. It's getting warmer and warmer.（だんだん暖かくなってくる）

■ The faculty...against it.
it はハーバード法科大学院に女子学生を入学させようとしたことを指す。

■ warn A against B
ex. The policeman warned me against driving so fast.（警察官は私にあまりスピードを出さないようにと注意した）

■ Now,...haunt me.
it はハーバード法科大学院に女子学生を入学させたことを指す。to haunt は不定詞の副詞的用法の「目的」を表す。

■ one of 〜 students
「one of+the+最上級（+名詞）」で「最も〜の1人（1つ）」。最高の部類に属するものが複数名いて、そのうちの1人という意味なので名詞は複数（students）になっている。

■ It's open season
元は狩猟が解禁されることを指す。転じて、特定の集団や物事が集中攻撃・批判されるという意味で使われる。

■ once and for all
ex. The issue was settled once and for all.（その問題はきっぱりとけりがついた）

■ Then we'll win it.
it は今回の訴訟のことを指す。

■ be up to
ex. I think she is not up to the job.（彼女にはその仕事はできないと思う）

■ litigator
訴訟事件で、法律だけでなく事実審理も行う弁護士。

■ list
ex. Please list all the books you have read.（あなたが今までに読んだ本を全部書いてください）、List all the people you met yesterday.（あなたが昨日あった人をリストアップしなさい）＊リストアップは和製英語。

159

BOZARTH : All of 'em. Every federal law that treats men and women differently.

         : We show the Court exactly what kind of can of worms these folks are trying to open.

GRISWOLD: Son, the last anyone checked, the U.S. Code was 20,000 pages long. Who's gonna read it? You?

BOZARTH : I can get it done, sir. I just need an introduction.

GRISWOLD: To whom?

BOZARTH : The Secretary of Defense.

EXT./INT. THE PENTAGON – DAY - Brown and Bozarth watch the computing machines from the hallway.

BROWN : These computers will find what we're looking for?

BOZARTH : Yes, sir. In just a few days.

BROWN : Without any human beings actually reading the laws. What a horrifying age.

All of 'em ＝ All of them
every どれも全部, 1つ残らず ◑

show A B A(人)にB(もの)を見せる
open a can of worms （わざわざ)厄介(複雑)な問題を表に出す

son （青年に対する呼びかけ)君, お前
the U.S. Code アメリカ合衆国法規, 合衆国法典 ◑
long （長さを表わす語のあとで)〜の長さで
I can get it done ◑
introduction 紹介 ◑

To whom? 誰あてに ◑

The Secretary of Defense
国防長官 ◑

The Pentagon 米国国防総省 ◑
computing machine 計算機

a few いくらかの, 多少の

human beings 人間

What a horrifying age ◑
horrifying 恐ろしい
age 時代

ボザース　：全てです。男女を区別して扱っているどの連邦法も。

　　　　　　：我々は法廷に彼らが厄介な問題を表に出そうとしていることを正確に示すのです。

グリズウォルド：君、前に誰かが確認した際、米国法典は2万ページもあったんだぞ。誰が読むんだ？　君か？

ボザース　：できます。紹介状が必要なだけです。

グリズウォルド：誰宛に？

ボザース　：国防長官です。

屋外／屋内－米国国防総省－昼－廊下からブラウンとボザースがコンピューター計算機を見ている。

ブラウン　：これらのコンピューターは我々が探しているものを見つけてくれるのか？

ボザース　：はい、ほんの数日で。

ブラウン　：人間抜きで実際に法律を読むなんて。なんて恐ろしい時代なんだ。

■ every
everyの後には単数形の名詞がくる。
ex. I read every book in this library.（私はこの図書館にあるあらゆる本を読んだ）

■ the U.S. Code
米国法典は、米国の一般、および恒久的な連邦法の公式な制定と規定である。議会で成立した法律を主題別に分類し、検索を容易にしてある。その分類は編（title）と呼ばれる。1から番号が付されており、54編まである。

■ I can get it done
［get ＋目的語（it）＋過去分詞（done）］で、「（目的語を）～してしまう」という「完了」の意味を表す。

■ introduction
ここでは、a letter of introduction（紹介状）の意味で使われている。

■ To whom?
前置詞＋関係代名詞（whom）、先行詞が人の場合には、目的格のwhomが対応する。

■ The Secretary of Defense
国防総省の長の地位。陸軍、海軍、海兵隊、空軍および、国家安全保障局を指揮下に置く。国防総省は、米国の軍事安全保障に関連するあらゆる事柄を責任範囲とし、軍事以外にも洪水対策、海洋資源開発、石油備蓄管理を担う。

■ The Pentagon
米国ヴァージニア州アーリントンにある米国国防総省（The Department of Defense）の本部庁舎。国防総省そのものを意味することもある。名称は、建物が五角形（＝pentagon）であることに由来している。

■ What a horrifying age.
感嘆文。後ろにit is!が省略されている。

アビゲイル・アダムズ

　アビゲイル・アダムズ（Abigail Adams, 1744 - 1818）は米国第2代大統領ジョン・アダムズ（John Adams）の大統領夫人（ファースト・レディ）としてアメリカ女性史にその名を残した女性の一人で、のちの第6代アメリカ大統領のジョン・クインシー・アダムズの母としても知られている。本編では元公民権弁護士のケニオンがその有名なセリフを取り上げている。

　アビゲイルはマサチューセッツ州ウェイマスの著名な家族に生まれた。父のウィリアム・スミスは牧師で、会衆派教会内の権威ある牧師コミュニティの一員だった。アビゲイルは当時の他の女性たち同様、正式な教育を受けていなかったが、家庭内の蔵書を利用して多くの知識を身に付けた。1764年、アビゲイルはハーバード大学を卒業したジョン・アダムズと結婚し、夫婦はボストンの南にあるブレインツリーにあるアダムズの農場に引っ越した。夫婦は3人の息子と2人の娘に恵まれた。夫が弁護士、社会変革支持者として家を空けることが多くなるにつれて、アビゲイルは子供たちを育てながら彼らの農場と事務的な業務を管理した。彼女は奴隷制に反対し、既婚女性の財産権、女性の教育を支持したことでも知られ、また称賛されていた。

　アビゲイルとジョンの夫妻は結婚当初から、相互に尊敬し合う愛情のモデルと称賛されており「アメリカの最初のパワーカップル」（"America's first power couple"）と呼ばれている。また、2人が交わした手紙の中で、アビゲイルが夫のジョンに宛てた1776年3月31日付けの一節は本編のケニオンのセリフにも引用されているように特に有名で、「新しい憲法を作る時には女性たちのことを思い出してください。無限の力を夫の手に渡さないでください。すべての男性が暴君になる可能性があることを忘れないでください。」

とつづられている。彼女の手紙が、女性の社会的な地位に関する夫ジョンの見解を変えるまでのインパクトを与えることはなかった。しかし、アビゲイル・アダムズのこうした働きかけは、アメリカの長い女性の歴史の中で、女性の平等な権利を求め主張する最初の女性としての高い評価につながっている。

アビゲイルは 1797 年にジョンが大統領に選出された時も、それまで以上に夫に助言や支援を惜しまなかった。彼女はファースト・レディとして毎週大規模な夕食会を開き、また頻繁に公の場にも顔を出した。1800 年、首都がフィラデルフィアからワシントン D.C. に移転した後、アダムズ一家はホワイトハウスに住んだ最初の家族になった。そこで、夫の任期の最後の 4 カ月を過ごした。夫は 1801 年大統領に再選されず、夫婦はマサチューセッツに退いた。しかしそこでもアビゲイルは、選挙で夫を打ち負かしたトーマス・ジェファーソン大統領、および政治指導者との連絡を取り続けていた。アビゲイルは、息子のジョン・クインシー・アダムズの政治的な活動のためにも働いたが、1824 年の大統領選挙を見ることなく亡くなった。大統領の妻、そして大統領の母親でもあったのは、アメリカ史上、アビゲイル・アダムズとバーバラ・ブッシュ（Barbara Bush）の 2 人の女性だけである。

黒澤　純子（愛知淑徳大学）

glossary

■ John Adams
米国の政治家（1735- 1826）。第2代大統領。（在任期間1797年〜1801年）米国建国の父の中で最も影響があった者の一人とされている。1776年に大陸会議が独立宣言を採択する時に指導的な役割を果たした。

163

Moot Court

■■

INT. RUTGERS LAW SCHOOL – EVENING - The students are filing out, talking among themselves. A COURIER arrives with a package.

COURIER : Ruth Bader Ginsburg? Delivery from the Department of Justice.

RUTH : Oh.

INT. GINSBURG APARTMENT – NIGHT - Twenty volumes of the U.S. CODE scattered across the table. Ruth, Jane and Ruth's students Roemer, Valentin and Burton read through them.

VALENTIN : Could someone pass me title thirty-three?

ROEMER : Get this: there's a law that we're not allowed to fly military cargo planes.

VALENTIN : It says here that we're not allowed to work in mines.

BURTON : Why would you want to?

JANE : That's not the point. We should be allowed.

ROEMER : You really think you can change all those laws?

MARTIN : Kiki!

RUTH : That's the plan.

MARTIN : Curtain's up in forty-five minutes. It might be a novel experience to get there before it starts for a change. Please tell me that you are dressed…

語句
file そろって、（ぞろぞろと）列をつくって
among （多数）～の間[中]で、⊘
courier 配達人 ⊘
volume （著作集・全集などの）巻, 冊
scatter 分散させる, あちこちに置く, ばらまく
across ～の全域で
read through 目を通す ⊘
title （法令・法律文書などの）章, 編 ⊘
someone 誰か ⊘
Get this ちょっと聞いて ⊘
fly [他動詞]（航空機・飛行船を）操縦する ⊘
military cargo plane 軍用輸送機, 軍隊で物資や人員の輸送のために使われる航空機
mine 鉱山, 採鉱場 ⊘
Why would you want to? ⊘
That's not the point. ⊘
point 要点, 確信, 真意
curtain's up カーテンが上がる, 開幕 ⊘
curtain's = curtain is
might [助動詞]～かもしれない
novel [形容詞]新手の, 奇抜な, 今までにない
for a change 変化をつけて, 珍しく, 趣向を変えて
get dressed 身支度をした, 服を着た

模擬裁判

屋内－ラトガース法科大学院－晩－学生たちが揃い、話している。配達員が荷物を持ってくる。

配達員　：ルース・ベイダー・ギンズバーグ？　司法省からの配達です。
ルース　：あら。

屋内－ギンズバーグのアパート－夜－合衆国法典 20 巻がテーブルに広げられている。ルースとジェーン、ルースの学生のローマー、ヴァレンティン、バートンがそれらに目を通している。

ヴァレンティン：誰か 33 章を取ってくれる？
ローマー　：聞いて。女性は軍用輸送機を操縦できないという法律がある。
ヴァレンティン：ここには炭坑で働いてはいけないとあるわ。

バートン　：なぜ働きたい？
ジェーン　：問題はそこじゃない。許されるべきだわ。
ローマー　：本当にこれらの法律を全部変えられると思う？

マーティン　：キキ！
ルース　：それこそが計画よ。
マーティン　：あと 45 分で幕が上がるぞ。たまには始まる前に着くというのも新鮮な経験になるかもしれないぞ。頼むから服は着替えていると言ってくれ…

■ **among**
通常3つ以上の物、事の間に使う。2つの間は between。

■ **courier**
物流業界においてクーリエと言えば、「国際宅急便」を指すが、英語では、「国際」であるかどうかは問わず使い、国際であることを明確にしたければ、air courier と言う。

■ **volume**
略はvol.と表す。複数の場合はvols.

■ **read through**
= read over; look through; look over

■ **title**
この他にも、表題、題目、見出し、書名、曲名、タイトル等の意味がある。

■ **someone**
ex. You need someone to help you.（あなたには誰か助けてくれる人が必要です）、Someone left the door open.（誰かがドアを開けっぱなしにした）

■ **Get this**
会話の始めや、伝えたいことを強調する際に使われる表現。自分に対して使うと、I got this.（私に任せて）となる。

■ **fly**
自動詞のflyは「飛ぶ」の意。

■ **mine**
資源として有用な鉱物の採掘や製錬などの鉱業活動を行う事業場。「採掘する」という動詞としても使う。1人称所有代名詞と綴りも発音も同じ。

■ **Why would you want to?**
= Why would you want to work in mines?

■ **That's not the point.**
= You're missing the point.
相手が話の核心からずれたことを言った時に使う。

■ **curtain's up**
45分後という「未来」の事柄を現在形で表している。このように、未来であっても確定している予定である場合、現在形を使える。
ex. The festival ends this Sunday.（祭りは今週の日曜に終わります）

Martin enters the room and sees everyone working.

MARTIN : Hi, what are you doing?

RUTH : Government's brief came. And look who else is on it.

She passes it to him.

MARTIN : I knew Griswold was trying to get Brown over to the DOJ. Looks like that worked. How's it look?

VALENTIN : Check out Appendix E.

Valentin passes him the book.

JANE : It's every federal law that discriminates on the basis of sex. We're looking them all up. There must be hundreds.

MARTIN : Good, God.

INT. GRISWOLD'S HOME – DAY - Bozarth stands before a screen projecting slides of the case judges: DAUGHERTY, HOLLOWAY and DOYLE.

BROWN : So, you're convinced Daugherty will see it our way?

BOZARTH : Well, based on reading all of his opinions, yes. And so will Holloway.

: But the final judge, Doyle... Well, he's gonna be a tougher nut to crack.

---

government 政府, 行政, 統治機関(の執行部) ⊙

try to ～しようとする ⊙

over ～を越えて, 渡って, ～を乗り越えて, ～の向こう側へ ⊙
DOJ ＝ Department of Justice 司法省 →p.201
look like ～のように見える ⊙
How's it look? ⊙
check out (品定めのため)じっくり見る, 点検する, 検討する, 確かめる
appendix (文書などに追加情報として付けられる)附属書, 添付書類
the book ＝ government's brief
It's every federal... of sex ⊙
discriminate (偏見や好みで)差別する, 選り好みする, 差別(待遇)する
look up (言葉などを)調べる
hundreds (複数形で)何百も
good God おやまあ, なんてことだ ⊙

screen projecting slides of the case judges ⊙
screen スクリーン, 画面
project 投影する, 映す
slide (映写用の)スライド

be convinced 確信する

so will Holloway ハロウェイもそうだ ⊙

a tough nut to crack (「割れにくい木の実」の意から)難問題, 難物, 扱いにくい人

マーティンが部屋に入ると、作業をしているルースらが目に入る。

マーティン ：やあ、何してるの？

ルース ：政府の趣意書が来たの。誰がいるか見てみて。

彼女は彼に趣意書を手渡す。

マーティン ：グリズウォルドがブラウンを司法省へ引っ張り込もうとしているのはわかっていた。それはうまくいったようだな。どんな様子だ？

ヴァレンティン：添付書類 E を見てみて。

ヴァレンティンが彼に文書を渡す。

ジェーン ：性に基づいて差別をしているありとあらゆる連邦法よ。それを全て調べているの。何百もあるに違いないわ。

マーティン ：すごいな。

屋内－グリズウォルドの家－昼－ボザースがこの訴訟の判事、ドハティー、ハロウェイ、ドイルらのスライドを映すスクリーンの前に立っている。

ブラウン ：ドハティーは我々と同じ見方だと君は確信していると？

ボザース ：彼の意見全てを読んでみたところでは、そうです。そしてハロウェイもそうでしょう。
：ですが最後の判事のドイル…　彼は厄介そうです。

■ government
ここでは対立する司法省を指す。

■ try to
tryは目的語に不定詞、動名詞のどちらも取るが、動名詞の場合は、「試しに～する」の意味になる。
ex. I tried to talk to him.（彼に話しかけようとした）、I tried talking to him.（彼に話しかけてみた）*先の例だと実際には話しかけていないが、あとの例では実際に話しかけている。

■ over
overを入れずにget Brown to the DOJ（ブラウンを司法省に入れる）とも表せるが、overを入れることにより「何らかの難があっても敢えて引き入れる」=「引っ張り込む」というニュアンスを持つ。

■ look like
look likeの後には名詞や節が、lookの後には形容詞が続く。
ex. She looks healthy.（彼女は健康そうだ）、She looks like she is healthy.（彼女は健康そうだ）、She looks like an athlete.（彼女は運動選手のように見える）

■ How's it look?
=How does it look?
通常how doesをhow'sと省略して表記することはないが、口語ではこのように発音されることが多い。

■ It's every federal... of sex.
It's … that～.（that以下は…である）の強調構文。
ex. It's a red dress that I wanted for my birthday.（私が誕生日に欲しかったのは赤いドレスです）

■ good God
= My God!; Oh God!

■ screen projecting slides of the case judges
screenを修飾する部分が後に続いている。後置修飾。

■ so will Holloway.
soが文頭に置かれて、主語と動詞が倒置する。[so + V + S.]で、「Sもまたそうだ」。Vにはbe動詞や助動詞、do/doesが入る。
ex. "I like this movie.""So do I."（「この映画好きなんだ」「私も」）

GRISWOLD: That's unacceptable.

BROWN : We need a unanimous decision out of the Tenth Circuit, James.

GRISWOLD: We don't want so-called gender discrimination finding its way to the Supreme Court.

BOZARTH : Yes, sir. I understand that.

HARRIET : What makes this judge so difficult?

BOZARTH : Well, ma'am, he's a civil rights crusader.

: Two years ago, he ordered Denver to start busing black students to white schools.

: There were protests, arson, demands for him to quit the bench.

: But even after someone threw a bomb at his house, Doyle wouldn't budge.

GRISWOLD: In that case he was enforcing the law. The Ginsburgs are asking him to make law. We need to drive home the difference.

BROWN : Paint the judges a picture of the America that will exist if they rule the wrong way.

: Children running home from school to find... no one's there. Mommy's at the office. Or on a factory floor.

GRISWOLD: Man and woman vie for the same job, she can work for less.

: What is a man without a paycheck to take care of his family?

BROWN : What woman would want him?

---

unacceptable 受け入れられない, 容認できない

We don't...Supreme Court ↻
so-called いわゆる, 世間でいうところの ↻

ma'am （目上の人, 店の客, 見知らぬ女性に対する呼びかけ, 敬称）あなた, 先生, 奥様
crusader 社会運動を実行する人, 活動家 ↻
crusade 社会運動に関わる, (改革・撲滅などの)運動に関わる〔推進する〕
order 命令する, 命ずる, 指図する ↻
bus 〔動詞〕～をバスで送迎する ↻
arson 放火
demand 〔名詞〕要求, 要望 ↻
the bench 裁判官, 裁判官席, 裁判官職 ↻
throw 投げる, 放る, 投げ打つ (throw-threw-thrown)
bomb 〔名詞〕爆弾
budge 意見〔態度〕を変える
The Ginsburgs ギンズバーグ夫妻 ↻
drive home （人)を理解〔納得〕させる
paint a picture 〔スラング〕ばか丁寧に説明する ↻
no one's = no one is
factory 工場, 製作所
vie 競う, 張り合う
for less ↻
paycheck 給料, 給料支払小切手 ↻

グリズウォルド: それは受け入れられん。

ブラウン : 第10巡回裁判所満場一致の決定が必要だ、ジェームズ。

グリズウォルド: いわゆる性差別とやらに最高裁への道を開くようなことはしたくない。

ボザース : ええ、わかっています。

ハリエット : この判事の何がそんなに厄介なの？

ボザース : 彼は公民権の擁護者です。

: 2年前、彼はデンバーで黒人生徒を白人の学校へバス通学させるよう命じました。

: 抗議や放火、彼の辞任要求もありました。

: しかし誰かが彼の家に爆弾を投げ込んだ後でさえ、ドイルは意見を変えなかった。

グリズウォルド: その場合、彼は法を執行していたんだ。ギンズバーグらは彼に法の制定を求めている。その違いをはっきりさせないと。

ブラウン : 誤った判断をするとアメリカがどうなるかを、判事たちに想像させてやれ。

: 子供たちが学校から帰ってきても、家には誰もいない。母親は会社にいる。あるいは工場か。

グリズウォルド: 男と女が同じ仕事を取り合い、女は男より安い金で働ける。

: 家族を養うだけの稼ぎのない男とはなんだ？

ブラウン : どんな女がそういう男を求める？

■ We don't...Supreme Court.
ルースらの訴えを今回の裁判で満場一致で棄却しておかないと、さらに訴訟が続いて最高裁判所まで持ち越されかねないとの懸念から出た言葉。

■ so-called
話し手が対象の物や事柄に対して否定的な気持ちを込め、皮肉として使われることもある。
ex. He is a so-called expert.（彼はいわゆる専門家です）

■ crusader
er（語尾がeの場合はrのみ）が付くことにより、「～をする人（物）」となる。

■ order
= give the command to; give the order to
order（人）to…で、〔人〕に～するよう命令する。名詞もorder。

■ bus
人種差別廃止を推し進める裁判所が、1970年に特定の学区に対して、強制的に、白人と黒人を一緒にバス通学させるよう命令した。人種差別をなくす試みとして、何人かの白人学生が黒人だけの公立学校へ行くことになり、黒人の学生が白人だけの公立学校へ行くことになった。

■ demand
= request; command; order

■ the bench
判事席、法廷の意もある。

■ The Ginsburgs
通例[The+人名s]で「～家の人たち」の意となる。ここではルースは夫マーティンと共にこの裁判に取り組んでいるため、ルースとマーティンの両者を指してこのように言っている。

■ paint a picture
= draw a picture
絵を描いて説明する. の意から。

■ for less
= for less money
女性の方が賃金が少ないことから、雇用主は人件費を抑えられる、の意。

■ paycheck
当時、米国では小切手で支払われるのが一般的だった。現在でも、日常の買い物や、光熱費等の支払いでも小切手を使う。給与の口座振込が主流となった今も、単に「給料」という意味で、paycheckは使われ, to live paycheck to paycheck（給料ギリギリの暮らしをする）という慣用句もある。

169

BOZARTH : Wages would go down. Divorce rates would soar. The very fabric of our society would begin to unravel.

BROWN : Exactly! The other side wants this to be about the Equal Protection Principle.

GRISWOLD: The judges are deciding what kind of country, what kind of society they want their children and grandchildren to grow up in.

: You make sure the Court sees what's at stake is the American family.

INT. GINSBURG APARTMENT – NIGHT - Martin, in his usual golf shirt and apron, is cooking. He lifts a flambé pan warming on the stove and he ignites the Calvados inside.

JAMES : Whoa! Cool!

JANE : Mom. Can I be on the jury?

RUTH : No, there is no jury in federal appeals court. No witnesses, no evidence. Just you and the judges.

She looks to Jane and smiles. Then opens the door to welcome GERALD GUNTHER.

RUTH : Gerry.

GUNTHER : Hello.

RUTH : Hello.

GUNTHER : How are you?

RUTH : You remember Jane.

JANE : Hi.

RUTH : Jane, my old professor, Gerald Gunther.

---

wage （労働者に支払う）賃金, 時間給 ↻

go down 下がる, 下落する ↻

divorce rate 離婚率

soar 上昇する, 急増する ↻

very まさしく, 紛れもない, 〜に ほかならない

fabric （組織などの）骨組み, 基礎構造

unravel ほどける

the other side もう片側 =the Ginsburgs

want someone to 〜 （人）に 〜してほしい, してもらいたい

what's = what is

at stake 危うくなって, 危機に瀕 して

---

usual 通常の, 普段の, ありふれ た

shirt シャツ

apron エプロン ↻

flambé

warm ［動詞］（物が）温まる, 温 かくなる

ignite 点火する

Calvados カルヴァドス酒 ↻

whoa おいおい, どうどう, おお ↻

cool ［口語］素晴らしい, かっこ いい

federal appeals court 米連 邦控訴裁判所 ↻

witness 証人, 参考人, 立会 人 ↻

evidence 証拠, 証言 ↻

---

look to 〜に顔[視線]を向ける

welcome 歓迎する, 喜んで迎え 入れる

---

old 昔の, 過去の, 以前の

Gerald Gunther ↻

ボザース ：賃金は下がる。離婚率は跳ね上がる。我々の社会基盤は崩れ始めるでしょう。

ブラウン ：その通り！　向こうはこれを平等保護の原則についての問題にしたいと思っているが。

グリズウォルド：判事らは自分たちの子供たちや孫たちが、どんな国や社会で育ってほしいかを決めることになるのだ。

：危機にさらされているのはアメリカの家族だと法廷によくわからせろ。

屋内 – ギンズバーグのアパート – 夜 – 普段着のゴルフシャツとエプロンを身につけたマーティンが料理をしている。ガス台で温めておいたフランベ用フライパンを持ち上げ、中のカルヴァドス酒に火をつける。

ジェームズ：わあ！　すごい！

ジェーン：ママ、私も陪審になっていい？

ルース：いいえ、米連邦控訴裁判所には陪審はいないの。証人も証拠もない。上訴人と判事だけ。

ジェーンに目をやり微笑む。そしてドアを開けジェラルド・ガンターを迎える。

ルース：ジェリー。

ガンター：やあ。

ルース：こんばんは。

ガンター：元気か？

ルース：ジェーンを覚えてるでしょう。

ジェーン：こんばんは。

ルース：ジェーン、私の恩師のジェラルド・ガンター教授よ。

■ wage
これが労働に対して支払われる時給や日給、週給を表すのに対し、会社員や専門職に支払われる固定給や定額の賃金（給与）はsalary と表す。

■ go down
= fall

■ soar
= go up; rise

■ apron
発音は「エィプロン[éiprən]」。上半身も覆う形のものはFrench apron。

■ flambé
ブランデーなどのアルコール飲料を食材にかけて、火を付けて、アルコール分を飛ばす調理法。flambé panは、それ用のフライパン。

■ Calvados
フランス、ノルマンディー産のりんごを原料とした辛口のブランデー。

■ whoa
馬やロバなどを止める時のかけ声や、人に対して落ち着くようになだめる時、驚きや感銘の表現として使われる。

■ federal appeals court
連邦地裁の判決、決定に対する上訴を扱う控訴裁判所。アメリカ国内12カ所に設置。上訴は、民事や刑事の判決、または決定に対する不服を一定の期間内に上級裁判所に申し立てて、その取り消しを求める訴訟。ここでの判決をさらに上訴する場合、連邦最高裁判所に持ち込むことになる。陪審を用いずに裁判官が決定をする審理の形態を bench trial（非陪審審理）と言う。

■ witness
裁判所または裁判官に対し、尋問に答えて、自分が過去に経験した事実を供述する第3者。虚偽の証言をすれば偽証罪で処罰される。

■ evidence
裁判所が裁判の基礎となる事実を認定するために必要とする資料や、ある事実を証明するための証人の言葉。

■ Gerald Gunther
ドイツ生まれの憲法学者。アメリカのロー・スクールで最も広く使われている憲法学の教科書の著者としても知られる。コロンビア大学転学後のルースを指導し、またルースが連邦最高裁判事に指名された際の上院承認公聴会で証言に立った人物。

JANE : Come on in.

GUNTHER : Look at you. All grown up.

Gunther follows them into the dining room.

GUNTHER : Hello, James.

JAMES : Hi.

JANE : What do you think of our courtroom?

The place has been transformed into a pretend courtroom with the dining table as the judges' bench and a lawyer's podium made from a lectern.

GUNTHER : Well, all that's missing is Justice holding her scales. So, who did Mel find to be the third judge?

RUTH : Pauli Murray.

GUNTHER : So, he's not making it easy for you, huh?

JANE : Who's Pauli Murray?

GUNTHER : Thurgood Marshall himself called Pauli's writings the Bible of the Civil Rights Movement.

Martin enters, wielding a meat tenderizer.

MARTIN : Gerry. I come bearing your gavel.

Gunther pounds the gavel.

look at you ↪

What do you think of ～?　～をどう思われますか？ ↪

transform　～の形を（…に）変える, 一変させる, 変形させる
pretend　[形容詞]架空の, 偽の
podium　演台, 講演・演説などの話者の前に置く机
be made from　（原料・材料）でできた〔作られた〕 ↪
lectern　講演用の机, （立ったまま読むための前方が上がっている）書見台
miss　（人・物が）（必要なものを）欠いている, 持たない ↪
Justice　正義の女神 ↪
scales　はかり, 天秤 ↪
Pauli Murray →p.175

wield　（剣などを）ふるう, 振りまわす, （道具を）用いる, 使いこなす
tenderizer　肉叩き, 肉を叩くことで柔らかくするのに使う道具

bear　（人・物を）運ぶ, 持っていく ↪
gavel　（議長, 裁判長が使う）議長槌, 槌 ↪
pound　（ドンドンと）打つ, 叩く

ジェーン　：こちらへどうぞ。

ガンター　：見てみろ。こんなに大きくなった。

ガンターがルースとジェーンについてダイニングルームに入る。

ガンター　：ジェームズ、こんばんは。

ジェームズ：こんばんは。

ジェーン　：私たちの法廷、どう思います？

その場所は、ダイニングテーブルの判事席と、弁護士用演台に見立てた書見台から成る疑似法廷に変わっている。

ガンター　：あと足りないのは天秤を持つ正義の女神だけだな。それで、メルは３人目の判事役に誰を見つけたんだ？

ルース　：パウリ・マリー。

ガンター　：そうか、君にとって簡単にはいかないようにしているな。

ジェーン　：パウリ・マリーって誰なの？

ガンター　：サーグッド・マーシャル自身、パウリの書いたものを「公民権運動の聖書」と呼んでいる。

マーティンが肉叩き器を持ってくる。

マーティン：ジェリー、木槌をお持ちしました。

ガンターが木槌を打つ。

■ look at you
人の外見に注意を引いた上で驚きの気持ちを込めて何かを言うときに使う。良い意味、悪い意味どちらの場合でも使われる。
ex. Look at you! You're all muddy.（まあ！泥だらけじゃない）

■ What do you think of...?
どう思うか尋ねる場合、疑問詞はwhatを使う。howを使うのであれば動詞はfeelになり、How do you feel（about…）？

■ be made from
fromの後に原料や材料がくる。通常、原料や材料の見た目や質が変わらないものには be made of を、それらが変化している場合に be made from を使う。
ex. Cheese is made from milk.（チーズは牛乳でできている）This desk is made of wood.（この机は木でできている）

■ miss
通常現在進行形で使う。 all that is missing is…では、all を that の文が修飾している。「欠けている全てのものは～（である）」、つまり、「～のみが欠けている」。
ex. There is one page missing in this book.（この本は1ページ欠けている）

■ Justice
小文字でjusticeであれば、正義、公正、妥当、司法（官）、裁判（官）などを表す。ここでは大文字になっているため、「正義の女神（Lady Justice）」を指す。ちなみに女神像はイラストのように、証拠を計るための天秤と、力を象徴する剣を携え、偏見のない公平さを表すための目隠しをしているものが多く見られる。

■ scales
昔のはかりは天秤の形だったので、皿が2枚あることから、英国英語では今でも複数形でscalesと表す。米語では単数形でscaleと表すのが一般的。

■ bear
= carry; bring; transport; move
bearをbearingにして、付帯状況（～しながら）を表す分詞構文となっている。

■ gavel
裁判長や議長などが議場整理に用いる。オークションでも使われる。

GUNTHER : Counsel for the appellant, you may proceed. Again.

Gunther, Mel and PAULI MURRAY sit at the dining table being used as a mock judge's bench.

RUTH : Your Honors and may it please the court.
: Section 214 of the tax code covers employed single women who care for their dependents. But excludes Charles Moritz, a bachelor providing the same care.

MURRAY : My wife stays home to raise our children. Are you saying she's oppressed?

RUTH : No, Judge. But as a man, you may not...

WULF : No, no, no. Stop, stop. Stop. Never make it about the judge.

GUNTHER : You don't think the judge knows he's a man?

WULF : I don't wanna put him on the defensive about it, though.

MURRAY : In Brown, we put it out there without apology: This. Is. Wrong.

WULF : Yeah, no offense, but Ruth doesn't exactly have Thurgood Marshall's ah....

MURRAY : Balls?

WULF : Gravitas.

---

counsel （法廷）弁護士、（集合的に）弁護団 ◑
appellant 上訴人
proceed （行為を）始める、開始する

Pauli Murray ◑

Your Honor （呼びかけ）裁判官 →p.231
may it please the court お許しを得て →p.211
cover ～を対象にする、含める
employ （人を）使用する、雇用する ◑
dependent ［名詞］扶養家族
But excludes ◑
exclude ～を除く、除外する
provide 与える →p.231
oppressed （1部の人々が他の人々と差別されて）不公平な扱いを受けた、虐げられた
never 決して～ない、少しも〔全く・絶対に〕～ない ◑

put （人・物を）（ある関係・状態に）置く、させる
on the defensive 守勢に立つ、受け太刀になる、守勢を取る
defensive （批判などに対して）身構えた、自己防衛過剰の
Brown ブラウン対教育委員会の裁判 →p.242
without apology 断りなく、勝手に、弁解なく、堂々と
This. Is. Wrong. ◑
no offense 悪気はない ◑
ball ［卑］睾丸、キン玉 ◑
gravitas （言葉や態度などの）重々しさ、真剣さ、真面目さ

ガンター	：上訴代理人、始めてください。もう一度。

ガンター、メル、パウリ・マリーは判事席に似せたダイニングテーブルに座っている。

ルース	：ではお許しを得て。
	：税法214項は、扶養家族を介護している働く独身女性は対象にしています。しかし同じ介護をしている独身男性のチャールズ・モリッツ氏は除外しているのです。
マリー	：私の妻は家にいて子育てをしている。彼女は虐げられていると？
ルース	：いいえ、判事。ただ判事は男性なので…
ウルフ	：いや、ダメだ。やめろ。話を判事に関することにするな。
ガンター	：判事は自分が男であることを知らないと思うのか？
ウルフ	：だが彼を守りに入らせたくはない。
マリー	：ブラウンの時だって堂々と持ち出したわ。これは間違ってる、と。
ウルフ	：いや、悪く取らないでくれ。サーグッド・マーシャルにはあるアレがルースには欠けているから…
マリー	：キン玉？
ウルフ	：威厳だ。

■ counsel
代理人は、本人に代わって意思表示をしたり、意思表示を受けたりする権限のある人。通常、弁護士がこれに該当する。
ex. defense counsel（被告側弁護士＝defense attorney）

■ Pauli Murray
公民権活動家、弁護士、女性の権利活動家、学者、また、アフリカ系アメリカ人の女性初の米国聖公会の司祭でもある。彼女にとって公民権活動家としての原点とも言える事件が起きたのは、1940年、パウリはバスの黒人席に移動することを拒否し逮捕されている。これは、「公民権運動の母」と呼ばれるローザ・パークスが白人に席を譲らず逮捕された一件が起きる15年も前のことである。トランスジェンダーであったこともあり、本名Paulineを短縮し、より中性的なPauliを使用していた。

■ employ
雇用する人・雇用主はemployer、雇用される人・従業員はemployee。
ex. I'm employed in a textile factory.（私は繊維工場で雇われている）

■ But excludes
= But section 214 of the tax code excludes Charles Moritz.
ここでは主語となるSection 214 of the tax codeが省略されている。

■ never
notよりも強い否定。文頭に来ると、「決して～するな」と強い禁止を表す。
ex. Never give up.（決して諦めるな）、Never mind.（全然気にしないで）

■ This. Is. Wrong.
強調するために、あえて1語ずつ区切って話している。文面でも、強調したいことは大文字で書くことがある。

■ no offense
ex. She meant no offense.（彼女に悪気はなかった）

■ ball
= testicle
通常、複数形ballsでこの意味となる。勇気や度胸、男らしさを指すこともある。ballは球、玉、またそういった形の物を指す。
ex. soccer ball（サッカーボール）、meat ball（肉団子）、eyeball（眼球）

RUTH	: Should I, should I start again?
WULF	: Unless you think you won the case already.
GUNTHER	: Whenever you're ready.
RUTH	: Your Honors and may it please the court.
	: Section 214 of the tax code covers employed single women who care for their dependents. But excludes Charles Moritz, a bachelor providing the same care.
	: There is no rational basis for...
GUNTHER	: Why is it not rational? Men go out. Women stay home. It's been the way of things for thousands of years.
RUTH	: Historical justification was also used to legitimize the separation of the races. Now, classification...
MURRAY	: Are you saying race and gender are the same?
RUTH	: W-Well... both are unalterable biological traits...
MURRAY	: This nation struggles to give blacks fair representation throughout society.
WULF	: Would you pass the...
MURRAY	: ...And you are saying that, if we decide in your client's favor, we're committing ourselves to moving towards half of our, I don't know... firemen being women? Half our nurses being men?
RUTH	: But why shouldn't men be nurses? And if, if women want to fight fires...
WULF	: What about pilots?

Unless you think...already. ⇨
unless ～でない限り, もし～でなければ

Whenever you're ready. ⇨
whenever いつ～しようとも, ～な時はいつでも, ～した時はすぐ

rational 合理的な, 理にかなった
basis for... ⇨
It's been = It has been
way (～の)やり方, 仕方, 様式
thing 物, 事物, 事柄 ⇨
thousand (複数形で)数千も, 何千も
historical 歴史上の, 歴史の
justification 正当化, 理由, 言い訳
legitimize 合法化する, 正当化する
separation 分離, 区別 ⇨
race 人種, 生物学的特徴に基づいて分類した人類集団 →p.219
classification 分類, 区分, 等級分け →p.217
nation 国民, 国家, 民族国家, 民族 ⇨
struggle (課題や困難などに)取り組む, 悪戦苦闘する
fair 公平な, 公正な, 偏見のない
representation (通常複数形で)考えの表明, 表示, 表現
Would you pass the... ⇨
pass 渡す, (食卓などで)(物を)回す
in one's favor ～に有利に, (人)のために
commit oneself to ～すると約束する, 確約する
move towards ～に向かって動く, 移動する ⇨
half 半分
fireman 消防士, 消防隊員 ⇨
fight (the) fires 消火にあたる
what about ～はどうですか, ～についてはどうですか ⇨
pilot 操縦士, パイロット

ルース	：私、私もう1度やりましょうか？
ウルフ	：すでに勝てていると思うのでなければ。
ガンター	：いつでも始めてくれ。
ルース	：ではお許しを得て。
	：税法214項は、扶養家族を介護している働く独身女性は対象にしています。しかし同じ介護をしている独身男性のチャールズ・モリッツ氏は除外しているのです。
	：これには何の合理的根拠もなく…
ガンター	：なぜ合理的でないと？　男は外へ出る。女は家にいる。何千年もそうだった。
ルース	：歴史の正当化もまた人種差別を合法とするのに利用されました。つまり分類というのは…
マリー	：人種と性別は同じだと？
ルース	：それは、どちらも変えることのできない生物学的特徴で…
マリー	：この国は黒人に社会のあらゆるところで公正な権利を与えようと闘っています。
ウルフ	：こちらにそれを…
マリー	：…あなたが言っているのは、もしあなたの依頼人の訴えを認めれば、我々は…　そうね、消防士の半分が女性で、看護師の半分が男性になっていくと約束することになると？
ルース	：しかしなぜ男性が看護師になるべきでないと？もし女性が消防士になりたければ…
ウルフ	：操縦士はどうだ？

■ **Unless you think...already.**
= Unless you think you won the case already, you should start again.

■ **Whenever you're ready.**
= Whenever you're ready, you may start.（準備ができたら始めてください）
When you are ready .や Anytime you are ready.という言い方も。

■ **rational**
= logical; reasonable; well-reasoned

■ **basis for...**
for excluding Charles Moritz（チャールズ・モリッツを除外するのに合理的根拠はない）という主旨で話している。

■ **thing**
複数形thingsで、（全般的な）事情、事態、情勢、状況。ここでは、the way of thingsで、「物事のやり方・様式」。
ex. How are things?（状況〔調子〕はどうですか）

■ **separation**
米国憲法では人々に法の下の平等な保護を保障しているが、住居や医療、教育など、それぞれの人種に提供される設備やサービスが同等であれば人種によって分離することは正当であり、separate but equal（分離すれど平等）と考えられていた。

■ **nation**
= country; state; land
ここではthis nationで、米国家や米国民を指す。

■ **Would you pass the...**
= Would you pass the dish?
メルがガンターに料理を取ってくれるよう頼んでいる。would youは、will you（〜してくれますか？）のより丁寧な依頼の表現。

■ **move towards**
towardsは「〜の方へ、〜へ向かって」の意味。towardも同じ意味で置き換え可能。

■ **fireman**
複数はfiremen。

■ **what about**
= how about
相手に意見や説明を求める時や、相手の意向を尋ねる時などに使われる。

RUTH	: Yeah, again if women choose to take on these roles…	if women … on these roles… ⏎
WULF	: Judges?	
RUTH	: Why not?	
WULF	: CEOs? Generals? What about garbage men? You wanna be a garbage man?	CEO　最高経営責任者 ⏎ general　軍事司令官, 将軍 garbageman　ゴミ収集作業員 ⏎
RUTH	: And if, if men wanna be teachers or raise children…	if men…or raise children… ⏎
WULF	: Oh, come on.	
RUTH	: Percentages aren't the point. People should be able to pursue their passions.	percentage　割合, パーセンテージ one's passion　好きな道
WULF	: Wrong. Wrong. Wrong. You're screwing it up! Ruth!	screw up　(計画などを)めちゃめちゃにする, 台無しにする, 大失敗する

She holds up the Government's Appendix E.

RUTH	: Have you, have you read the appendix attached to their brief?	have you read ⏎ attach　添える, 添付する ⏎
WULF	: You're making the wrong case!	
RUTH	: These are laws written by men who think we're privileged to be excused from men's obligations.	write　文書〔原稿〕を書く, 著述〔著作〕する (write-wrote-written) who ⏎ privileged　特権を持つ, 特権のある obligation　責任, 義務
	: But it is not a privilege. It is a cage. And these laws are the bars.	privilege　特権 ⏎ cage　おり, 監獄 bar(s)　柵, 鉄格子

As they all fall silent, Ruth realizes she's blown it. Mel eyes her smugly.

		silent　静かな, しんとした, 音を立てない, 無言の, 沈黙した ⏎ she's　= she has eye　[動詞]~を見つめる, 凝視する smugly　すまして, 気取って them all ⏎
WULF	: So, that's it? You're going to take them all on at the same time?	at the same time　同時に

ルース	：ええ、それももし女性がそれらの役割に就くことを選ぶなら…
ウルフ	：判事は？
ルース	：もちろん。
ウルフ	：代表取締役は？　将軍は？　清掃員はどうだ？　清掃員になりたいか？
ルース	：そして、もし、もし男性が先生になりたかったり子供を育てたかったりすれば…
ウルフ	：おいおい、勘弁してくれ。
ルース	：割合は問題ではありません。人々は自分の好きな道に進めるようあるべきです。
ウルフ	：ダメだ。ダメだ。間違ってる。めちゃめちゃにしているぞ！　ルース！

彼女は政府の添付書類Eを持ち上げる。

ルース	：彼らの趣意書に添付された別表はお読みになりましたか？
ウルフ	：君は間違った主張をしている！
ルース	：これらの法律は、私たち女性が男性の義務から免除される特権があると考える男性によって書かれた法律です。
	：でもそれは特権ではありません。檻なんです。これらの法律は鉄格子なんです。

場が静まり、ルースはしくじったことに気づく。メルは取り澄まして彼女を凝視する。

ウルフ	：それでおしまいか？　全てのことに同時に挑むつもりか？

■ if women … on these roles…
= if women choose to take on these roles, they should be able to do so. (もし女性がそれらの役割を引き受けることを選ぶなら、そうできるようするべき)

■ CEO
=chief executive officer

■ garbageman
複数形はgarbagemen

■ if men … or raise children…
= If men want to be teachers or raise children, they should be able to do so.

■ have you read
ここでは現在完了の文なので、readは過去分詞形。綴りは現在形、過去形、過去分詞形全て同じだが、発音は、現在形[ri:d]; 過去形[red]; 過去分詞[red]。

■ attach
ここでは、過去分詞形attached（添付された）で、前のappendixの後置修飾となっている。

■ who
関係代名詞。who以下が、直前の語men を修飾している。

■ privilege
= a special right or advantage that a particular person or group of people has
出生、地位、努力、許可などによって得た権利。一方、p.210にあるprerogativeは、地位、性別、相続などによって得た、しばしば法的・公的な専有権。また、rightは、権利を意味する最も包括的な語。自然的、法的、倫理的、その他の根拠に基づく権利。
cf. the prerogatives of a queen（女王の特権）、the right to life（生存権）

■ silent
⇄ noisy
fall; become; go; growの動詞と合わせて「静かになる」
ex. The audience went silent as she began to sing.（彼女が歌い始めると、観客は静かになった）

■ them all
ここではthemの後にallを付けて、チャールズ・モリッツの裁判と女性を差別している法律、さらには判事らが持つ差別意識等、「それら全て」の意。

RUTH	: You asked the questions.	
WULF	: Well, it doesn't mean you have to fucking answer them, Ruth. You're making the government's case for them. Look, you either make this case about one man, or you lose.	fucking 〔卑〕ひどく look ♪ one man ＝ Charles Moritz
	: Because to the judges, you're not talking about women in the abstract. You're talking about their wives. At home. You know, baking briskets.	in the abstract 抽象的な you know （つなぎ言葉として） えー, ほら, あの bake （オーブンで）焼く ♪ brisket 牛の胸肉 ♪ braise （肉・魚・野菜を）油で炒 め少量の汁を使って蒸し煮にする ♪
JANE	: You braise a brisket. You don't bake it.	
GUNTHER	: Perhaps that's enough, Mel.	perhaps たぶん, あるいは, ～ かもしれない
WULF	: No. I don't think it is, Gerry. Look, when you were a kid, you were pretty and you were smart as a whip, but you're coming across as this bitter, unlikable shrew that I don't even recognize.	I don't think it is ♪ smart as a whip とびきり頭が 良い(切れる), 聡明な whip むち come across as （ふるまいか ら）(人に) (～という)印象を与え る, 受け取られる, (～のように)見 える, 思われる ♪
	: And if that's who shows up in Denver, you will blow it. And would it kill you to smile?	bitter 手厳しい, 辛辣な, 毒舌の unlikable 好ましくない, 人から 好かれない ♪ shrew 口やかましい女, ガミガミ 女 ♪
RUTH	: That's your advice? Just ignore the judges and smile?	recognize 見覚えがある, (見て) 思い出す, 識別する
WULF	: Paté is the best I've ever tasted.	show up 〔口語〕(会合などに) 出る, 現れる, 姿を見せる ♪
MARTIN	: You could evade. "Should women be firefighters? With all due respect, Your Honor, I haven't considered it, because my client isn't a firefighter."	kill ひどい苦痛[不快感]を与え る ♪ paté パテ best 最も良い, 最良の, 至上の (good-better-best) evade はぐらかす
	: Or you can redirect. "With respect, Judge. This case is not about firefighters, it's about taxpayers. And there is nothing inherently masculine about paying taxes."	redirect 向きを変える, 切り替 える inherently 本質的に, 元々は masculine 男の, 男性の, 男 子の, 男性的な, 男らしい ♪

ルース	：質問されたから。
ウルフ	：ルース、全てに答えなければいけないわけではない。君は政府のための政府側の主張をしてしまっている。いいか、この訴訟を一人の男性についてのものにしなければ君は負けるぞ。
	：判事にとってみれば、君は抽象的な女性について話しているんじゃない。君が話しているのは、家にいて、ブリスケットを焼いたりしている、彼らの妻についてなんだ。
ジェーン	：ブリスケットは蒸し煮にするの。焼かないわ。
ガンター	：おそらくもう十分だよ、メル。
ウルフ	：いや、ジェリー、そうは思わない。いいかい、子供の頃君はかわいくてとびきり頭がよかったが、僕も見覚えがないほどこんなに辛辣で嫌味な口やかましい女のようになっている。
	：そしてもしそれがデンバーに現れる人物なら、失敗するだろう。少しは微笑んだらどうだ？
ルース	：それが助言？　判事を無視して微笑めと？
ウルフ	：このパテは最高だ。
マーティン	：うまくかわせ。「女性が消防士になるべきか？　慎んで申し上げますが、依頼人は消防士ではないので、それは考えておりません。」
	：それとも切り返せ。「恐れ入りますが、判事、この件は消防士についてではなく納税者に関してです。納税は何も男性固有のものではありません。」

■ **look**
相手に何かを実際に見てもらいたい時は、look at（～を見る）。この場合のように、「ねえ」「ほら」「考えてみて」など、相手の注意を引くためにも使う。

■ **bake**
「焼く」という訳でも、調理法により英語では表現が異なる。
cf. grill（網の上で直火でやく）、roast（長時間かけて焼く）、broil（あぶって焼く）

■ **brisket**
牛の前脚の内側の部分。肉質が硬いため、主に煮込み料理に使われる。

■ **braise**
braised brisket は、ユダヤ系の人々にとって、安息日やHanukkah（ユダヤ教のお祝い）といった日のご馳走として馴染みのある料理。ジェーンのこの指摘は、p.38のルースのセリフ Words matter. を彷彿とさせ、親たちの信念が子供に受け継がれていることを窺わせる。

■ **I don't think it is**
= I don't think it is enough

■ **come across as**
ex. He came across as a quiet person, because he didn't say even a word.（彼は一言たりとも言葉を発さなかったので、静かな人間である印象を与えた）

■ **unlikable**
likable（〔人が〕感じの良い、好ましい）の反意語。likableは、like（〔～が〕気に入る、好む）の動詞に、-able（～できる）を付けたlikableでこの意味となる。ここではそれにun-（=not）の接頭辞が付いている。→p.229un-参照。

■ **shrew**
後に続くthat以下でshrewを修飾している。

■ **show up**
= appear

■ **kill**
通常[It won't[wouldn't] kill ～ to ＋ 動詞の原形]となり、「～にとって～しても負担ではない、大したことではない、悪くない」として使われる。終始硬い姿勢のルースに、仮定的に「もし微笑んだら殺されるとでもいうのか」と問いかけている。

■ **paté**
鶏肉・レバーなどに香辛料を加えてペースト状にしたもの。通常、薄切りにして前菜とする。マーティンの得意料理。

■ **masculine**
⇄ feminine

MARTIN	:	Crack a joke. "Your Honor, anyone who's raised a child couldn't possibly be intimidated by a burning building."
	:	And then bring them back to your case.
WULF	:	Marty. You should do the oral argument.
MARTIN	:	No, no, no. Ruth is the expert on gender law.
GUNTHER	:	At least half this case is tax.
WULF	:	The most important thing is that Charles Moritz wins.
MARTIN	:	I said no, Mel. Drop it.
MURRAY	:	They could split the time. Martin goes first, focuses the argument on tax. Then Ruth steps in, talks about gender.

INT. GINSBURG APARTMENT – NIGHT - The 'Judges' are getting ready to leave. As Ruth chats with Gunther and Pauli, Martin sidles up to Mel.

RUTH	:	Pauli, here you go.
MURRAY	:	Thank you.
RUTH	:	Gerry, this is yours.
MARTIN	:	Mel, Mel. There is no aspect of the law at which Ruth Ginsburg can be bested.
	:	I don't know how things work at the ACLU, but if anyone at my firm couldn't see that, they would be fired.
WULF	:	Objection noted, counselor. She's still arguing half.
MARTIN	:	This is her...

---

crack a joke 冗談を言う, 軽口をたたく
anyone 誰でも
who's = who has
possibly （否定文で）どうしても～できない, とうてい～ない
intimidated （人）をおじけづかせる, （人）に恐れを抱かせる
burn 燃える, 焼ける, こげる
building 建築物, 建物, ビルディング
and then ［口語］（つなぎ言葉として）それから, ～したら, 次に
oral argument （裁判の）口頭弁論 ↻
expert 専門家, 熟практ器

Drop it よせ, やめろ ↻
drop （議論を）やめる, （要求を）撤回する
split 分け合う, 分配する, 分割する ↻
go first 最初に行く（やる）, 先に行く
focus (something) on ～（何か）を～に集中させる
step in ～に介入する, 参加する, 割り込む
get ready 準備をする ↻
sidle （～の方へ）（横歩き・斜め歩きで）にじりよる, にじり進む ↻

aspect of the law ↻
aspect 局面, 側面
which ↻
best ［動詞］（人を）打ち負かす, しのぐ
see わかる, さとる, 理解する, 了解する ↻
objection noted ↻
objection 反対, 異議, 異論, 不服
note 心に留める, 注意する, 覚えておく ↻
counselor 法廷弁護士
This is her... ↻

マーティン	：軽口を叩いてもいい。「判事、子供を育てたことがある者なら、燃える建物に怖気づくことなどないでしょう。」
	：そしてそれから本題に戻る。
ウルフ	：マーティ、君が口頭弁論をやるべきだ。
マーティン	：いや、いや、いや。ルースがジェンダー法の専門だ。
ガンター	：少なくともこの件の半分は税についてだ。
ウルフ	：最も大切なのはチャールズ・モリッツが勝つことだ。
マーティン	：メル、ダメだ。よしてくれ。
マリー	：時間を分けたら。まずマーティンが最初に出て、税に論点を集中させる。そしてルースが入り、ジェンダーについて話す。

屋内 – ギンズバーグのアパート – 夜 –「判事」たちは帰り支度をしている。ルースがガンターやパウリと話している間に、マーティンがメルに近寄る。

ルース	：パウリ、どうぞ。
マリー	：ありがとう。
ルース	：ジェリー、あなたのよ。
マーティン	：メル、メル。法律でルース・ギンズバーグが敵わない部分などない。
	：米国自由人権協会ではどうだか知らないが、もしうちの法律事務所でそれがわからない奴がいればクビだ。
ウルフ	：弁護士さん、異議はわかったよ。彼女はまだ半分弁論するじゃないか。
マーティン	：でもこれは彼女の…

■ oral argument
訴訟手続において、双方の当事者または訴訟代理人が公開法廷における裁判官の面前で、争いのある訴訟物に対して意見や主張を述べ合って攻撃防御の弁論活動をする訴訟行為のこと。

■ Drop it
= Stop it

■ split
ex. The teacher split the class into two teams for a game（先生はゲームのためにクラスを2つのチームに分けた）, Shall we split the check?（割り勘にしましょうか）

■ get ready
= prepare; make ready

■ sidle
後にup; up to; towardを付けて進む方向を表す。

■ aspect of the law
どのような法律の局面かを修飾する部分がat which以下に続く。

■ which
関係代名詞。先行詞はlaw。

■ best
= defeat; beat; conquer
goodの最上級と同じ綴り・発音だが、ここでは動詞の過去分詞形。

■ see
= understand; grasp; comprehend

■ objection noted
法廷において、Objection!（異議あり！）と弁護士や検事が申し立て、異議を認める場合、Sustained.（認めます）と言い、反対に却下する場合、Overruled.（却下します）と言うが、ここでメルは単にnoted（承った）を使っている。内容に賛同するかどうかはともかく、相手の主張は理解した、というニュアンスが伝わるセリフ。

■ note
相手の依頼や報告などを了解、了承したこと、相手の言うことを確認したことを表す。メールの文面などで noted with thank you（了解しました、ありがとう）として使われることもある。
ex. Please note what he says.（彼の言うことをよく聞いてください）

■ This is her...
= This is her case.（これは彼女の裁判だ）

WULF	: She's written a revolutionary argument. But brief writing is an academic's job. Okay?	she's written = she has written academic 教育者, 学者
	: Oral arguments require a lawyer who can command a judge's respect. A real appellate lawyer.	require （人・事情などが）必要とする, 要する ⟳ command （人・物, 行為が）（尊敬・関心・信頼・同情・高評価などを）当然のこととして受ける〔集める〕, 受ける〔引く〕に足る appellate lawyer ⟳ appellate ［形容詞］上訴〔控訴・上告〕の
GUNTHER	: What a team you're gonna be...	lawyer 法律家, 弁護士 ⟳ What a team you're gonna be... ⟳
RUTH	: It was a good experience...	suddenly 急に, いきなり

Mel turns away, suddenly cheerful. Leaving Martin to stew.

cheerful 陽気な, 快活な, 朗らかな

stew ［口語］やきもきさせる, 気を揉ませる, いらいらさせる ⟳

WULF	: I think that was a very productive exercise. I have to go to a fundraiser. Pauli, Gerry, you wanna split a cab downtown?	productive 生産的な, 有効な exercise 練習, 訓練 have to ～しないといけない, ～する必要がある, ～すべきである ⟳
GUNTHER	: Sure.	fundraiser 基金調達者（係）, 基金調達のための催し
MURRAY	: Sure.	split a cab タクシー代を割り勘する ⟳
GUNTHER	: Good teamwork.	downtown 繁華街に〔へ〕, 町の中心部へ〔に〕
MARTIN	: Good to see you, Gerry. Thank you for that.	sure ⟳
GUNTHER	: Bye, bye.	
MARTIN	: Great to see you.	
MURRAY	: Bye.	
RUTH	: Bye.	

They all leave. When the door closes, Martin looks to Ruth. And waits for her to speak first...

RUTH	: You have such a light touch. It... it's just effortless for you, isn't it?	such a それほどの, これほどの, こんな, そんな ⟳ have a light touch 手先が器用である, 手際が良い effortless 努力を要しない, 骨の折れない, 楽な
MARTIN	: Mel was goading you. He was trying to make you feel overwhelmed.	isn't it? ⟳ goad ～を煽り立てる, 唆す overwhelmed 圧倒された, 困惑した, 参った

ウルフ	：彼女は革新的な趣意書を書いた。だが趣意書作成は学者の仕事だ。わかるか？
	：口頭弁論は、判事から敬意を得られる弁護士を必要とする。本物の上訴担当弁護士を。
ガンター	：なかなかのチームになりそうだ。
ルース	：いい経験でした。

メルが向きを変え、突如明るく声を掛ける。マーティンは困惑のまま。

ウルフ	：とても生産的な練習だったと思う。資金集めにいかないと。パウリ、ジェリー、街中までタクシーを同乗しないか？
ガンター	：いいとも
マリー	：もちろん。
ガンター	：いいチームワークだ。
マーティン	：ジェリー、会えてよかった。どうもありがとう。
ガンター	：またね。
マーティン	：会えてよかった。
マリー	：さよなら。
ルース	：さよなら。

全員帰る。ドアが閉まり、マーティンはルースを見る。そして彼女が口を開くのを待つ。

ルース	：あなたは軽妙ね。あなたにとっては簡単なことでしょうね。
マーティン	：メルは君を煽っていたんだ。参らせようとしたんだよ。

■ require
= need; demand

■ appellate lawyer
上訴を担当する弁護士。上訴とは、判決に対して不服がある場合に、上級の裁判所に対してその判決の確定を遮断して新たな判決を求める不服申立てをいう。

■ lawyer
法律にかかわる資格を持った弁護士で一般的な語。attorneyは法廷で原告の代理人、被告の弁護をする弁護士。

■ What a team you're gonna be...
通常、what＋(a/an)＋形容詞＋名詞＋SVで、話し手が受けた印象や感情を強調して表すが、この例のように形容詞がない場合もある。
ex. What a surprise!（なんて驚きなの！）

■ stew
= worry; be anxious; be nervous

■ have to
= should; must; have got to; need to
have toとmustはどちらも必要性や義務を表すときに使われるが、have toは外的要因の場合であるのに対し、mustは話し手の意思や命令が含まれる場合が多い。
ex. I have to go on a diet (, because my doctor told me).（〔医者に言われたから〕ダイエットしないといけない）、I must go on a diet (, because I want to be slim.)（〔細くなりたいから〕ダイエットしないといけない）

■ split a cab
文字通りタクシーを割るわけではないので、正確にはsplit the taxi fare（タクシー料金を割る）

■ sure
= yes, of course, indeed, certainly; absolutely

■ such a
形容詞を伴う名詞の前で、veryやsoと同じように強調の意味を持つ。
ex. He is such a wonderful guy.（彼はすごく良いやつだ）

■ isn't it?
不可疑問文。相手に「〜ですよね？」と同意を求めたり念を押したりする質問。
ex. You like animals, don't you?（動物は好きですよね？）、You're coming to the party, aren't you?（パーティーには来るんだよね？）

RUTH	: Of course he was. He's a relentless prick. But it doesn't change the fact that I'm not ready.	
MARTIN	: It's not your fault. You've never done this before.	
RUTH	: Is that what I'm supposed to tell Charlie when I blow it in court?	

本名からニックネームへ

　RBG いう愛称で皆に愛され、ポップ・カルチャーアイコンとして T シャツやマグカップなど様々なグッズにまで顔写真が載り、ティーンも熱狂する最高裁判所判事 Ruth Bader Ginsburg。1933 年 3 月 15 日ニューヨーク市ブルックリンの病院で生まれた時の名は Joan Ruth Bader だった。Joan がファースト・ネーム、Ruth はミドル・ネームである。しかし夫マーティンは彼女を Kiki と呼ぶ。ミドル・ネームの Ruth がなぜファースト・ネームになったのか、そして Kiki や RBG というニックネームを得た経緯などを探ってみよう。

　まず Kiki というニックネームは姉の Marylin が名付けた。Marylin は、Joan が "a kicky baby"（元気な赤ちゃん）だったため "Kiki" と呼んでいた。しかし彼女は髄膜炎のためわずか 6 歳で亡くなり、その時 Joan はまだ 14 ヶ月の赤ちゃん。家族は Marylin への思い出と共に Joan を Kiki と呼び続けた。

ルース	：もちろんそうね。彼は容赦ない嫌なヤツだもの。でも私が準備不足だという事実に変わりはない。	■ Of course he was = Of course he was trying to make me feel overwhelmed. ■ relentless = fierce; cruel; severe; strict ■ prick 特に男性に対して、軽蔑的に使う。 ■ this this は、the moot court（模擬裁判）のこと。ルースは実際に法廷に立った経験がないため、マーティンに You've never done this before. と言われている。
マーティン	：君が悪いんじゃない。初めてのことなんだから。	
ルース	：それが、私が法廷で失敗したらチャーリーに言うべきこと？	

　Joan が学校に行き始めると、同じクラスには何人かの Joan がいた。先生が "Joan!" と呼ぶと数人が返事をする始末。そこで Joan の母は先生に、他の Joan と区別するため、彼女を本来ミドル・ネームであった Ruth と呼ぶよう提案した。それ以来彼女は Ruth と呼ばれるようになった。

　Notorious R.B.G. のニックネームは、ラッパーの The Notorious B. I. G. からのものである。notorious は悪名高いという意味で、良いことで有名な時の famous とは正反対である。確かに性差別に関する訴訟で次々に勝利していく女性判事を、保守的な男性判事たちは notorious と呼びたくなったであろう。だが Ruth と B.I.G. は 2 人ともブルックリン生まれであるなど共通点も多く、彼女はこのニックネームを喜んで受け入れている。

子安　惠子（金城学院大学）

Settlement Offer

INT. RUTGERS LAW SCHOOL – DAY - Ruth is packing books, journals, notes into a box. Millicent enters with another book in hand.

MILLICENT: Do you want "Theories in Public Taxation" with you in Denver?

RUTH : Who needs a tax reference when you have Marty?

Millicent's phone rings as Ruth resumes packing.

RUTH : Did you pack the ah... the Kirk v Commissioner briefs?

MILLICENT: Yes. Rutgers Law. It's Mel Wulf for you.

RUTH : Just tell him I'm not here.

MILLICENT: I'm sorry, Mr... He says it's urgent.

EXT. ACLU'S OFFICE BUILDING – DAY - Ruth enters Mel's office.

RUTH : What was so important?

Mel is on the phone. Before him is another lawyer: ALLEN DERR.

---

settlement 《法律》調停，示談
Rutgers ラトガース大学 ⊙
pack （物･人を）(…に)詰め込む (in, into)
journal 日記･日刊新聞･(堅い内容の)雑誌，専門誌，(専門的な)定期刊行物
theory 理論，学説，セオリー

Who needs 〜? 誰が必要とする? ⊙
reference 出典，参考書，言及した事柄，引用
when you have Marty ⊙

ring 電話が鳴る
as... 〜ながら，〜している時 ⊙
resume 〜ing （中断していた仕事，話などを）再び始める
Kirk v Commissioner カーク対長官 →p.243

for you あなたに

tell someone ⊙

urgent 緊急の

be on the phone 電話に出ている
Before him is 〜 彼の前に〜がいる[ある] ⊙

和解の提案

DVD　01：21：19
□□□□□□

屋内－ラトガース法科大学院－昼－ルースは本、専門誌、メモを箱に詰めている。ミリセントが別の本を持って入ってくる。

ミリセント　：デンバーで『公税の理論』はご入用ですか？

ルース　：マーティがいれば税の参考文献なんていらないわ。

ルースが再び荷造りを始めると、ミリセントの電話が鳴る。

ルース　：カーク対長官の訴訟事件趣意書は…　詰めてくれた？

ミリセント　：もしもし。ラトガース大学法科です。メル・ウルフからです。

ルース　：いないと言って。

ミリセント　：申し訳ございませんが…　お急ぎだそうです。

屋外－米国自由人権協会のオフィスビル－昼－ルースはメルの事務所に入る。

ルース　：何がそんなに重要だったの？

メルは電話に出ている。彼の前にもう1人の弁護士、アレン・ダーがいる。

■ **Rutgers**
米国東海岸ニュージャージー州の州立総合研究大学である。1766年創立で、植民地時代に創設された全米で8番目に古い歴史をもつ名門大学である。正式名はラトガース・ニュージャージー州立大学。ルースの訃報から3ヶ月後の2020年12月17日、大学は彼女を称えて、学内のシンボル的な学生寮の1つを Ruth Bader Ginsburg Hall と改名することを発表した。

■ **Who needs ～?**
「誰が必要とする?」＝「誰も必要としない」という反語の用法。

■ **when you have Marty**
夫のマーティンが税法の専門家であるから、本で調べることはなく、マーティンに聞けばよい。

■ **as**
asは「～と同じく」「～している時、～したとたん」「～だから」という意味で、2つの出来事をほぼ同時に生じたものとして表現するので、whenやwhileよりも同時性が強いが、ここではasはwhenと交換できる。しかし、I'll visit you when（× as）I've finished my work.（仕事を終えたら伺います）のように2つの出来事が独立して起こる場合にはwhenはasと交換できない。また、When（× As）I decided to learn French, I didn't know how difficult it would be.（私がフランス語を勉強しようと決めたとき、それがどれほど難しいものになるかわからなかった）のように主節が状態を述べている場合はasではなくwhenを用いる。asは多義なので、時を示す場合はwhen、whileが、原因・理由を示す場合はbecauseが好まれる（p.25as dinner is served参照）。前置詞asの用法はp.113参照。

■ **tell someone**
主語を省略して、「動詞の原形」で文を始める命令文。「～しなさい」の意味。

■ **Before him is ～**
＝ ～ is before him.
のbefore himを文頭に持ってくることで、彼の前に～がいることを強調し、主語と動詞の倒置が起こっている。

DERR	: I'm excited to work with you.
WULF	: (on the phone) I understand. She just walked in. And you too.

Mel hangs up.

WULF	: Okay. Ruth Ginsburg. Allen Derr.
DERR	: How do you do?
WULF	: The Supreme Court just announced they're gonna hear Reed v Reed on appeal from the Idaho Supreme Court.
RUTH	: That's fantastic.
DERR	: Mrs. Reed is very excited for the opportunity.
WULF	: Allen's Sally Reed's lawyer.
RUTH	: So, is the ACLU gonna help?
WULF	: You told me it was the right thing to do, right?
DERR	: Mel says no one knows this area of the law better than you.
WULF	: You're our secret weapon, Ruth.
RUTH	: So, you want me...? In the Supreme Court?
WULF	: I, ah...I told Allen you'd be eager to help him write his brief.
RUTH	: Oh.
WULF	: Basically take the Moritz brief and swap around the pronouns, isn't that right?
RUTH	: It's a little more involved than that.
WULF	: Joking. Alright. Let's start right away. Allen. Enjoy the city. You should catch a show while you're here.

excited [形容詞] (人が) うきうきした, 興奮した ☜

Ruth Ginsburg. Allen Derr. ☜

How do you do? 初めまして

announce ～であると公表する, 知らせる ☜
on appeal 上訴して

Idaho Supreme Court アイダホ最高裁判所 ☜
fantastic [略式] すばらしい, すてきな ☜

Allen's ＝ Allen is

it ☜
right thing (道徳・法律・社会通念上) 正しいこと, 正当なこと, 当然のこと
right [形容詞] 正しい ☜
no one knows...than you. ☜
this area of the law 法律のこの分野
secret 秘密の, 内緒の
weapon 兵器
you'd ＝ you would
be eager to ～ ～したいと思う
help someone do (人) が～するのを手伝う
oh (驚き, 苦痛, 失望, 喜びなどを表して) おお, おや, まあ, あら
swap around pronouns ☜
swap 交換する, 取り換える ((a)round, over)
pronouns 代名詞
involved 複雑な, 入り組んだ
joking ＝ I'm joking
right away すぐに
the city ☜
catch (番組・映画などを) 見る

ダー　　：あなたと一緒に仕事ができてわくわくします。

ウルフ　：（電話で）わかります。彼女が来ましたよ。あなたもね。

メルが電話を切る。

ウルフ　：よし。ルース・ギンズバーグだ。こちらはアレン・ダー。

ダー　　：初めまして。

ウルフ　：連邦最高裁判所はアイダホの最高裁からリード対リードの上訴を審理するつもりだと発表したところだ。

ルース　：それは素晴らしいわ。

ダー　　：リード夫人はその機会をとても喜んでいます。

ウルフ　：アレンはサリー・リード夫人の弁護士なんだ。

ルース　：じゃあ、米国自由人権協会が援助するの？

ウルフ　：君がそれは正しいことだと言っただろ？

ダー　　：メルは、法律のこの分野のことであなた以上にわかっている人はいないと言いました。

ウルフ　：君は我々の秘密兵器だよ、ルース。

ルース　：じゃあ、私が必要？　最高裁で？

ウルフ　：いや…　アレンには、君が喜んで彼の趣意書を書くのを手伝ってくれるだろうと言ったんだ。

ルース　：あら。

ウルフ　：基本的にはモリッツの趣意書を使って、代名詞を置き換える、それじゃあだめかい？

ルース　：それよりもう少し複雑よ。

ウルフ　：冗談だよ。よし。すぐにとりかかろう。アレン。ニューヨークを楽しんで。ここにいる間にショーを観るべきだよ。

■ excited
at, about, over, by, to などと合わせて使い、わくわくしている原因を表す。

■ Ruth Ginsburg. Allen Derr.
紹介の順序は、最初に外部の人に対して身内の紹介をしてから、次に身内に外部の人を紹介する。メルにとってルースはこれまでともに仕事をしてきた身内のような存在である。一方、今回のリード夫妻の訴訟に関して初めて会ったアレン・ダーは外部の人なので、先に彼にルースを紹介し、次にルースにアレンを紹介している。ここでは通常名前の前に使う This is は省略し、名前だけの紹介になっている。

■ announce
後ろに that 節を続けて「…であると公表する」だが、that は省略することもある。
ex. The president of the company announced (that) he would resign within a few weeks.（その会社の社長は数週間以内に引退すると発表した）
受け身は be announced that の型をとる。
ex. It was announced that a new tax system would be introduced.（新しい税制度が導入されることが公表された）

■ Idaho Supreme Court
アイダホ州都ボイシ（Boise）にある。1863年設立。

■ fantastic
= great; excellent

■ it
= to help
リードの裁判を ACLU が援助すること。

■ right
⇄ wrong

■ no one knows...than you.
比較級を使った文の主語を否定して、結果的に最上級の意味を作る。
ex. No one can run faster than he.（彼より速く走れる人はいない＝彼が一番速く走れる）

■ swap around pronouns
ルースが手掛けたモリッツの訴訟事件趣意書の代名詞、すなわち人名や場所の名前などを取り換えることで、リードの弁論趣意書とすることを提案している。

■ the city
ここではニューヨークの街、特にマンハッタンのこと。

DERR : Oh! Well, thank you.

WULF : Yeah.

DERR : Yeah.

WULF : Oh, ah, Kiki and I have some stuff to discuss.

DERR : Yes, of course! I'll get out of your way. It was a pleasure meeting you, Ruth... or Kiki. Mel. Oh! My bag.

WULF : Don't forget that.

DERR : Mustn't forget that, yeah.

Derr leaves the office.

WULF : What a schmuck!

RUTH : Let me argue Reed in Court.

WULF : Oh, give me a break.

RUTH : I am no less experienced than Allen Derr in Federal Court.

WULF : You have zero experience.

RUTH : If you're gonna use my arguments...

WULF : He's been Sally Reed's lawyer for three years. She trusts him. She wouldn't even let me argue the case.

: Now, listen to me for a second. There's something else I wanna discuss.

: Ernie Brown called this morning. In light of Reed going to the Supreme Court, government wants to settle the Moritz case for a dollar.

RUTH : Reed ups the profile of our case. They're getting nervous.

WULF : I told him you'd be in D.C. on Monday to sign the paperwork.

RUTH : Why would you say that? Charlie won't want to settle.

WULF : No? Convince him.

---

stuff (漠然と)もの，物事，問題。(自分に関係した)仕事内容，専門知識

pleasure 喜び，光栄

Kiki ➲

mustn't = must not

what a schmuck ➲

schmuck 馬鹿，まぬけ，うすのろ

argue 論争する，主張する ➲

give me a break ➲

no less ... than O ～に劣らないほど...，～と同じ程度に...で ➲

zero ［形容詞］ゼロの(修飾される名詞は単数形)，ないに等しい(修飾される名詞は複数形)

he's been = he has been

trust (人が)(人・話など)を信用する，信頼する

wouldn't = would not ～しないだろう

argue the case 事件の弁護を行う

for a second ちょっとの間

second 秒

in light of ～を考慮して，～の観点から

a dollar ➲

up ［動詞］～を上昇させる，昇格させる ➲

profile 注目度，目立ち具合

nervous 神経質な，心配な，不安な

you'd = you would

sign the paperwork ➲

no? ➲

ダー　：ああ、そうですね。ありがとう。
ウルフ　：そうだね。
ダー　：ええ。
ウルフ　：ええっと。キキと僕はちょっと話し合わないといけないことがあるんだ。
ダー　：ああ、もちろんです！　私は失礼します。あなたにお会いできて嬉しかったです、ルース、ええっと… キキ。メル。おっと！　私の鞄を。
ウルフ　：それを忘れてはだめだね。
ダー　：ああ、忘れちゃいけない、ええ。

ダーは事務所を去る。

ウルフ　：なんて馬鹿なやつ！
ルース　：裁判所で私にリードを論じさせて。
ウルフ　：いい加減にしてくれよ。
ルース　：私はアレン・ダーに劣らず連邦裁判所での経験があるわ。
ウルフ　：君には経験がないよ。
ルース　：もしあなたが私の論法を使うつもりなら…
ウルフ　：彼は３年間ずっとサリー・リードの弁護士をしてきたんだ。彼女は彼を信用している。彼女は僕にだって事件の弁護をさせないだろう。
　　　　：なあ、ちょっと聞いてくれ。他に話したいことがあるんだ。
　　　　：今朝アーニー・ブラウンが電話してきた。リードが最高裁に行くことを考慮して、政府はモリッツの訴訟を１ドルで和解したがっている。
ルース　：リードの訴訟が私たちの訴訟の注目度を高めるのね。彼らは神経質になっているんだわ。
ウルフ　：彼には君が月曜日に首都ワシントンへ行き、書類にサインするだろうと言っておいたよ。
ルース　：なぜそう言ったの？　チャーリーは和解をしたくないわ。
ウルフ　：したくない？　説得しろよ。

■ Kiki
昔からルースをよく知っているメルがルースのことをKikiと呼んだのを聞いて、アレン・ダーも別れ際に呼んで、親しみを込めたものと思われる。p.186のコラム参照。

■ what a schmuck.
= what a schmuck he is!
感嘆文の主語、動詞が省略されている。

■ argue
that節と共に使われると、「理由などを示しながら〜ということを主張する」という意味合いが強くなる。
ex. She argued that his decision was wrong.（彼女は彼の決断が間違っていると主張した）

■ give me a break
勘弁してくれ、いい加減にしてよ（不快な感情）、ちょっと待ってくれ（不信の念）、よく言うよ、そんな馬鹿な、冗談だろう。などを表すフレーズ。

■ no less 〜 than O
1.She is no less beautiful than her sister.（彼女は姉に劣らないほど美しい*姉が美しいという前提がある）「Oに劣らず〜」。2.He is no less a person than the king.（彼は誰あろう王その人である）のように、no less a person[place] than Oで「（人・場所）そのもの、本物の（Oは有名な人・場所）、〜にほかならない」。また、no less than〜の形であれば、1.と同様に、「〜に劣らず」もしくは「（数詞（相当語）を伴って）〜ほども多くの」と予測していた以上に数・量が多いことを強調する。
ex. He has no less than twelve children.（彼には子供が12人もいる）

■ a dollar
現行法では控除が認められないため、未納付とされている不足額を全額ではなく1ドルにすると譲歩しつつも、納付させたという体面は保ち、この一件を解決しようというのが、ブラウンらの目論見である。

■ up
リードの訴訟が連邦最高裁で取り上げられることになり、男女の違いで税控除の適用が異なるモリッツの訴訟に対する関心も上がる。という意味でupという言葉を使っている。

■ sign the paperwork
和解に同意する書類にサインするということ。

■ no?
ルースのセリフ Charlie won't want to settle. の否定の部分だけをとりあげている。

RUTH	: I will not. First you took half the argument away from me...	I will not.
WULF	: Nobody took anything away from you, Ruth. You weren't robbed in the middle of the night, alright? I was giving you this opportunity for the good of the cause.	rob （人から）（暴力・脅しで）（金品・権利・帆的所有物などを）奪う，強奪する in the middle of the night 真夜中に for the good of ～のためになるように
RUTH	: You think you gave this to me?	the cause 目的，信念(ここでは性差別撤廃)
WULF	: In fact I did. And get your emotions in check.	in fact 実際 get one's emotion in check ～の感情を抑える
RUTH	: You first.	
WULF	: Allen is gonna be arguing in the Supreme Court that times have changed. We can't afford the Tenth Circuit saying that they haven't.	times have changed can't afford ～するわけにはいかない they haven't
RUTH	: Nothing would strengthen the argument more than the Appeals Court deciding for Charlie.	Nothing would strengthen... more than ～ ～以上に議論を強固にするものはない strengthen （議論・主張）を強固にする，（物・事）を強化する，（法律・決まり）をより厳しくする Appeals Court 控訴裁判所
WULF	: Yes. That would be very nice. But here in the real world, with working lawyers...	decide for ～に有利な判決を出す
RUTH	: You think I can't be persuasive?	persuasive 説得力のある be certain of 確信して
WULF	: I've never been more certain of anything in my life, Ruth.	
RUTH	: You don't get to tell me when to quit.	get to do （主に米）（人が）～する機会を得る，どうにか～する make it through やり通す
WULF	: You couldn't even make it through moot court without embarrassing yourself. : You will lose, Ruth! And when you do, you will set the women's movement back ten years. More. : We're dodging a bullet here. Are you the only one that can't see that?	without ～なしに[で]，～のない embarrass oneself 自分自身に恥ずかしい思いをさせる，まごつく when you do set ～ back ～を遅らせる women's movement 女性解放運動 more それ以上 dodge （身をかわして）（打撃・人などを）避ける

ルース	：しないわ。第一、あなたは私から弁論を半分取り上げた…
ウルフ	：誰も君から何も取り上げていないよ、ルース。君は夜中に盗まれたんじゃない、いいかい？僕は目的のために機会をあげたんだぞ。
ルース	：あなたがこれを私にくれたと思っているの？
ウルフ	：実際そうだろう。感情を抑えろよ。
ルース	：あなたが先よ。
ウルフ	：アレンは最高裁で時代は変わったと論じるつもりだ。我々は第10巡回裁判所にまだ時代は変わっていないと言わせるわけにはいかない。
ルース	：チャーリーに有利な判決をする控訴裁判ほど弁論を強固にするものはないわ。
ウルフ	：そうだな。そうだったらすばらしい。でも現実社会では、働いている弁護士と…
ルース	：私では説得できないと？
ウルフ	：これまでの人生の中で、これほど確信を持ったことはないよ、ルース。
ルース	：あなたは私にいつやめるべきかを言って聞かせることなんてできない。
ウルフ	：君は模擬裁判でさえまごつかずにやり通せなかったじゃないか。
	：君は負けるよ、ルース！　そして負けたら、君は女性解放運動を10年遅らせるだろう。もっとだ。
	：我々はここで弾丸を回避しているんだ。それが見えていないのは君だけか？

■ I will not.
= I will not convince him.

■ in the middle of the night
強盗被害に遭ったわけではないという比喩で、口頭弁論を分割することになったのは自業自得であると指摘している。

■ get one's emotion in check
get の他にkeep, holdも使う。check は名詞で「（動作などの）抑制、制止、（感情表出などを）こらえていること」。

■ times have changed
「have+ 動詞の過去分詞形」で現在完了形を表す。ここでは「完了」の意味。リード対リードの裁判の判決の根拠となった時代の人々の意識は、今（1971年）のものと変わってきていることをアレン・ダー弁護士は前面に押し出して裁判を進めるつもりである。

■ can't afford
否定文、疑問文で用いることが多い。肯定文の場合、「どうにか～することができる」、「金銭的・時間的に～する余裕がある」。

■ they haven't
= times haven't changed
連邦最高裁判所で"times have changed"と主張するつもりであるのに、その前に連邦裁判所よりも下位の位置付けである第10巡回控訴裁判所にそれを否定されるわけにはいかない、と言っている。

■ Nothing would strengthen...more than ～
否定のnothingを主語にした比較の文で、「～が一番強固にする」という最上級の意味を表現している。

■ Appeals Court
= Court of Appeal

■ decide for
⇄ decide against

■ without
⇄ with
ex. Without the immigrants, America would not be the nation it is today. （移民抜きでは、米国は今日のような国にはなっていなかったろう）

■ embarrass yourself
第8章の模擬裁判で、3人の判事役の質問に満足な返事ができなかったことを言っている。

■ when you do
= when you lose

■ women's movement
= feminist movement; feminism

■ more
= more than ten years

WULF	: These are Allen's briefs from the previous appeals. Tie them into the framework of the Moritz brief. I'll review it when you're done.	Allen's briefs ↻ tie ~ into　~に関連付ける review　検閲する be done　[自動詞](事が)終わる ↻
	: It's a Supreme Court brief. I can assign it to someone else, if that's what you'd prefer. Oh, and Ruth, sooner you call Charlie the better.	I can assign it to someone else ↻ assign　割り当てる if that's what you'd prefer ↻ sooner ~ the better　早ければ早いほど良い ↻

INT. GINSBURG APARTMENT – NIGHT - Ruth chats with Martin over wine.

chat with someone over~　~を飲みながら(人)とおしゃべりをする

RUTH	: I had this idea...	
MARTIN	: What's that?	
RUTH	: It doesn't matter now.	matter　(事が)重要である，問題である ↻
MARTIN	: Tell me.	
RUTH	: We could have taken Appendix E from the Government's brief, that entire comprehensive list of laws that differentiates between the sexes, and turn it into our own hit list.	We could have... ↻ take A from B　AをBから引用する，借用する Appendix E　添付書類E ↻ turn ~ into...　~を…に移し替える hit list　対象者リスト ↻
	: We could have started a special project at the ACLU to go after those laws one-by-one in the legislature, in the courts, until women and men were genuinely equal under the law.	go after　追求する
	: And I've been running around claiming things have changed.	claim (that)　[動詞]主張する

In her study, Ruth looks at the picture of her late mother and then takes down the note cards and clippings still tacked to the wall. Jane appears.

study　書斎，勉強部屋，研究室
late　故~ ↻
take down　降ろす，下げる
note card　短い手紙，絵入りの二つ折りメモ用紙
clipping　新聞・雑誌の切り抜き
tack　鋲で留める ↻

ウルフ	：これが前の上訴からのアレンの趣意書だ。モリッツの趣意書の枠組みと関連付けるんだ。できたら僕が見よう。
	：最高裁の趣意書だ。誰か他の奴に割り当てることもできる、君がその方がいいと思うなら。ああ、ルース、チャーリーには早く電話をした方がいい。

屋内－ギンズバーグのアパート－夜－ルースはワインを飲みながらマーティンと話す。

ルース	：考えがあったの…
マーティン	：どんな？
ルース	：もう関係ないけど。
マーティン	：話して。
ルース	：政府の趣意書から添付書類Eを借用することができたなって、あの性差別をする法律の完全で包括的なリスト。そしてそれを私たちの攻撃対象リストに替えるの。
	：米国自由人権協会で特別プロジェクトを始めて、それらの法律を一つ一つ追求することもできたわ、議会で、法廷で、女性と男性が本当に法の下で平等になるまで。
	：そう私は物事が変わってきたと主張しながら走り回ってきたんだから。

彼女の書斎で、ルースは亡き母親の写真を見つめ、それからまだ壁に鋲で留めてあったメモや切り抜きを外す。ジェーンが現れる。

■ **Allen's briefs**
アレンが以前、アイダホで提出したもの。これに手を加えるよう、ルースに話をしている。

■ **be done**
= have done; finish

■ **I can assign it to someone else**
最高裁判所に提出する趣意書なので、他にも仕事としてやりたい人はたくさんいる、ということをほのめかしている。

■ **if that's what you'd prefer**
=if that is what you would prefer
thatはルース以外の人が趣意書を書くこと。whatは関係代名詞で、「君がその方がよいと思うこと」。

■ **sooner ～ the better**
the ＋比較級…, the+比較級で、「…すればするほどますます…」。the sooner, the better の最初のtheが抜け落ちた形で、「チャーリーに電話をするのは、早ければ早いほど良い」。

■ **matter**
非人称の it を主語にし、疑問文・否定文に用いる。
ex. It matters little if[whether] she comes late or not.（彼女が遅れようと遅れまいと大した問題ではない）, Your age doesn't matter.（年齢は問題ではない）

■ **We could have...**
過去の事実に反することを述べる仮定法過去完了。「もし時間がたっぷりあったら、もし可能だったら、実際にはできなかったが」というif節が省略された帰結文のみが2文続いている。

■ **Appendix E**
Appendix E のことを that entire comprehensive list of lawsと言い換えている。thatは「あの」という指示代名詞。

■ **hit list**
添付書類Eに列挙された性差別をしている法律を対象に、順番に訴訟を起こそうと考えたのである。

■ **late**
= deceased
故人をdeadと直接的に表現するのを避けるために使われる丁寧表現。この意味で使うときは必ず限定詞（herなどの所有詞や定冠詞the）を伴う。

■ **tack**
ここではtackの過去分詞で後置修飾になっている、あるいは関係代名詞whichareが省略されている。

JANE	: Daddy told me about the case. Why's Mel Wulf being such a dick?
RUTH	: He thinks I'm gonna lose.
JANE	: No way, Jose. Not in my experience.
RUTH	: As Mr. Moritz's lawyer, I'm... I'm ethically bound to convey him the offer.
JANE	: So, would you like help taking apart your life's work, or is that something you'd rather do by yourself?
RUTH	: I, I know that this case that... That I disrupted our lives, and... I'm sorry.
JANE	: Sorry for what? For, for doing your job? Who was it for, if not for me?

INT. GINSBURG APARTMENT/MORITZ'S HOUSE – DAY - Ruth talks with Moritz on the phone.

MORITZ	: And they'll say it, right? That I'm not a cheater. That the law's unfair.
RUTH	: No, Charlie. The government won't say that on its own.
MORITZ	: But if they don't say it, how will I have won?
RUTH	: You, you haven't. But you, you get the money.
MORITZ	: What about everyone else? When you came to see me, you said...
RUTH	: Charlie, the settlement is only for you. No one else can benefit.
MORITZ	: But could we win?

daddy　パパ ⮂
Why's　＝ Why is
dick　利己的で嫌な奴，意地悪な人
lose　負ける，敗れる(lose-lost-lost) ⮂
No way, Jose　まさか，ありえない ⮂
ethically　倫理上，道徳上
be bound to do　～する義務がある
offer　[名詞]提案 ⮂
would you like help taking... ⮂
take apart　バラバラにする
or　（前言の訂正または言い換えに用いて）…というよりはむしろ…（しばしばratherを伴う）
would rather do　～する方が良い，むしろ～したい
by oneself　ひとりで，自分で
disrupt　混乱に陥れる

apartment　アパート，賃貸の共同住宅の1戸分の区画 ⮂

they'll say it ⮂

on one's own　自分で

how will I have won ⮂

get the money　お金を手にする

everyone else　他のみんな，モリッツ以外の税の控除を受けられる対象でない人

benefit　[動詞]利益を得る

could　かもしれない ⮂

ジェーン	:	パパが訴訟のことを話してくれたわ。メル・ウルフはなぜそんなに意地悪なの？
ルース	:	私が負けると思っているのよ。
ジェーン	:	ありえない。私の経験ではそんなことない。
ルース	:	モリッツさんの弁護士として、私は… 私は倫理上彼に和解の申し出を伝える義務があるわ。
ジェーン	:	じゃあ、人生をかけた仕事をバラバラにする手助けはいる？ それともそれはママがむしろひとりでした方がいいこと？
ルース	:	私は、私はこの訴訟が… 私たちの生活を混乱に陥れたことをわかっているわ。だから… ごめんなさい。
ジェーン	:	ごめんって何に？ ママが自分の仕事をしていることに？ 誰のためだったの？ もし私のためじゃないなら？

屋内－ギンズバーグのアパート／モリッツの家－昼－ルースは電話でモリッツと話す。

モリッツ	:	それで、彼らはそう言うんだね？ 私が詐欺師ではないと。法律が不公平なんだと。
ルース	:	いいえ、チャーリー。政府は自らそうは言わないのです。
モリッツ	:	でも、もし彼らが言わないのなら、私はどうやって勝つのだ？
ルース	:	あなたは、あなたは勝っていないのです。でもあなたは、あなたはお金を手にするわ。
モリッツ	:	他の人はどう？ あなたが私に会いにきた時、あなたは言ったよね…
ルース	:	チャーリー、和解はあなただけのです。他の誰も恩恵を受けないのです。
モリッツ	:	でも私たちは勝てるのだろう？

■ daddy
小児語で、dad（パパ）よりも強い親しみを込めた言葉。

■ lose
We lost the match by two point.（私たちは試合に2点差で負けた）のように、勝負や議論、戦争などに負けること。ここではHe lost a lawsuit.（彼は訴訟に負けた）のように、「裁判に負ける」という意味。

■ No way, Jose
Oh my God. のように No way Jose. もアメリカのスラングだが、「とんでもない」「絶対だめ」と強く否定したい時の表現。Jose [housei] はメキシコを含むスペイン系男性によくある名前で、相手がJoseでなくてもJoseがくるのは、No way Jose [nóu wéi houséi] と韻をふむ（rhyme）、いわゆる語呂合わせである。たとえば子供たちが別れる時に、See you later alligator. と言うのと同じである。

■ offer
ブラウン教授がメルを通して伝えてきた和解の提案のこと。

■ would you like help taking...
ここのhelpは「助け」という意味の名詞。その後ろに前置詞inが省略されている。help in doingは「〜をする手伝い」の意。これまで集めた資料を捨てる手伝いはいるかという質問を通して、全てを捨てて断念してしまうのか、と問いただし、ルースに再考を促している。

■ apartment
＝（英）flat
日本語のアパートはapartmentの略。分譲マンション〔アパート〕の場合はcondominiumともいう。

■ they'll say it
itの内容は2つのthat以下、「私が詐欺師でない」ということと、「法律が不公平だ」ということ。

■ how will I have won
未来完了。「（未来のある時点で）裁判に勝ったことになる」を表す。

■ could
可能性・推量を表す助動詞。過去形でも、現在時または未来に対する推量を表す。ex. The situation could get worse.（状況はもっと悪くなるかもしれない）couldの用法は他にも、過去の能力（〜できた）、許可（〜してもよい）、提案（〜してはどうですか）がある。

RUTH	: Oh, we could. And the impact would last generations. But the ACLU feels it's best if you take the offer.	last ［動詞］〜が(ある時期)続く, 継続する
MORITZ	: But you're my lawyer, Ruth. What do you think?	

INT. DEPARTMENT OF JUSTICE - BROWN'S OFFICE – DAY - Brown opens the door to Ruth. Griswold is waiting inside.

Department of Justice　アメリカ合衆国司法省 ↻

BROWN	: Ah, Ruth.	
RUTH	: Professor Brown.	
BROWN	: Please, come in.	
RUTH	: Dean Griswold.	
GRISWOLD	: Mrs. Ginsburg. I'm pleased you found a use for your Harvard Education.	find a use　使い方を見つける Harvard Education　ハーバード大学での教育
RUTH	: Actually, what I'm doing now, I learned at Columbia.	actually　［副詞］(事実関係を訂正して)本当は, 実際は, 実のところ ↻ what I'm doing now, I learned at Columbia. ↻
BROWN	: Ruth was always my most thoroughly prepared student. So much to prove. These days the girls are as hopeless as the men. How's little Jane?	thoroughly　完全に, 十分に ↻ prepared　準備[用意]の整った ↻ so much to prove　証明できる(証拠とできる)ことがたくさんある as hopeless as　同じくらい希望がない
RUTH	: Not so little. And we have another. James.	another　もう一人, 別の ↻
BROWN	: I'm sure they keep you busy.	sure　［形容詞］自信がある ↻ keep someone busy　(人)を忙しい状態に保つ
RUTH	: Yes. Both of us.	both of us ↻
GRISWOLD	: Ernie has your paperwork ready.	
RUTH	: My client was very excited about your offer.	
GRISWOLD	: Good. Good.	
RUTH	: He did, however, have some conditions.	He did...some conditions. ↻ conditions　条件
BROWN	: Conditions? What kind of conditions?	

ルース	：ええ、可能性はあります。そしてその影響は何世代も続くでしょう。でも米国自由人権協会はあなたが和解の申し出を受けるのが一番だと感じているのです。
モリッツ	：でもあなたが私の弁護士だ、ルース。あなたはどう思うかね？

屋内 – 司法省 – ブラウンの事務所 – 昼 – ブラウンがルースにドアを開ける。グリズウォルドが中で待っている。

ブラウン	：ああ、ルース。
ルース	：ブラウン教授。
ブラウン	：さあ、中に入って。
ルース	：グリズウォルド学部長。
グリズウォルド	：ギンズバーグ夫人。君がハーバードの教育を生かす方法を見つけてくれて嬉しいよ。
ルース	：実は、私が今やっていることはコロンビアで学んだんです。
ブラウン	：ルースはいつも一番よく準備していた学生だった。証明できることはたくさん。最近の女学生たちは男子学生たちと同じくらい希望がない。小さなジェーンはどうしている？
ルース	：そんなに小さくはないんですよ。そしてもう1人、ジェームズがいます。
ブラウン	：子供たちで君は忙しいんだろうね。
ルース	：ええ。私たち2人とも。
グリズウォルド	：アーニーが君の書類を用意しているよ。
ルース	：私の依頼人はあなた方の申し出にとても興奮していました。
グリズウォルド	：よかった、よかった。
ルース	：けれども、彼にはいくつか条件があるのです。
ブラウン	：条件？　どんな条件だね？

■ Department of Justice
米国の連邦政府行政府における司法関係事務を司る行政機関。米国司法長官によって統括されている。国民の利益を守り、公正で公平な権利を保障することを目的としている。司法機関（裁判所）とは違い、日本の法務省にあたる。裁判所に対する指揮命令権、司法行政権は、三権分立の原則があるため保有していない。1870年設立。本部所在地はワシントンD.C.。ブラウン教授 (1906-2001) は1971年に65歳でハーバード大学を退職し、1972年には司法省にオフィスを構えていた。本作では他にボザースがDOJの弁護士。
cf. the Minister of Justice（法務大臣）

■ actually
= really; in fact

■ what I'm doing now, I learned at Columbia.
whatは関係代名詞「～こと」。グリズウォルド学部長やブラウン教授らに学んだハーバードでの教育ではなく、今回のことは転学したコロンビア大学で学んだことだとやんわりと反論している。

■ prepared
ここでのprepareは予習をすることで、preparedは「予習がしっかりしてある」の意味である。

■ another
= another child

■ sure
文頭に用いて「確かに、なるほど」という使い方もするp.202参照。sureとcertainの違いは、sureが主観的な判断に基づく確信を表すのに対し、certainは確かな証拠や根拠に基づく確信を表す時に用いる。

■ both of us
ブラウン教授たちは子育ては家庭にいる母親の仕事、という古い思い込みがあるので、ルースはマーティンと2人で子育てをしていることを強調している。

■ He did … some conditions.
挿入されているhoweverを除くとhe did have some conditionsとなり、助動詞didが入ることでhaveを強調している。強調を省くとHe had some conditions.となる。

RUTH : First of all, he'd like you to forgive a hundred percent of the money. None of this one dollar business.

BROWN : Ha. Well... Sure we can manage to arrange that.

RUTH : And he'd like the government to concede that he did nothing wrong.

: And enter into the court record that Section 214 of the Tax Code discriminates on the basis of sex, and is, therefore, unconstitutional.

GRISWOLD: I can't agree to that. And you know it.

BROWN : Does Mel Wulf know about this? Then, we'll see you in court.

Ruth pushes back the file and stands to leave.

RUTH : Thank you, gentlemen. It was a pleasure.

first of all 何よりもまず, まず第一に
forgive a hundred...the money 100パーセント(借金・夫妻・義務など)を免除する, 帳消しにする
none of ~ (何1つ)～ない ⟳
business (予期に反して)厄介なこと, たぐい
Ha はあ, ほう ⟳
arrange 手配する, 準備する
he'd like the government to... ⟳
concede that ~ ～ということを認める
enter into 登録する
court record 訴訟記録
Section 214 of the tax Code 税法214項 ⟳
on the basis of sex ⟳

Then, we'll see you in court. ⟳

the file ⟳

ルース	：まず、彼はあなた方にお金を 100％免除してほしいと望んでいます。1 ドルの話ではなく。
ブラウン	：ほう。まあ…　確かにそれは何とかできるだろう。
ルース	：それから彼は何も悪いことはしていないと政府に認めてもらいたいのです。
	：そして裁判所の記録に、税法 214 項は性に基づいた差別をしている、だから憲法違反だと記載してほしいのです。
グリズウォルド	：それには同意できない。それは君にもわかっているだろう。
ブラウン	：メル・ウルフはこのことを知っているのかな？ それなら裁判所で会おう。

ルースはファイルを押し戻し、立ち去るために立ち上がる。

ルース	：ありがとうございました。お目にかかれて光栄でした。

■ none of
none of ＋the （one's, thisなど）＋単数名詞（…のうち）少しも…ない。
ex. None of the food was delicious.
（どの食べ物もおいしくなかった）

■ Ha
驚き、悲しみ、喜び、得意、疑い、ためらいなどを表す時に使われる。

■ he'd like the government to...
toに続く動詞はconcedeと次の文のenterの2つ。

■ Section 214 of the tax Code ～
Section 214 of the tax Codeを主語とするこの文の動詞はdiscriminatesとisの2つ。

■ on the basis of sex
この映画の原題、On the Basis of Sex（性に基づいて）が回収されるセリフ。

■ Then, we'll see you in court.
メルもこのことについて納得しているのであれば、1ドルでの和解の話はなくなり、裁判所で対決する、ということ。

■ the file
ブラウン教授が用意した和解に関する書類のファイル。

時代は変わった "Times have changed"

　毎日目まぐるしく変化している世の中に生きている私たちは、時々「時代が変わった」と立ち止まることがある。この映画の登場人物たちも、何度もそれに気づいてきた。例えば第4章、ルースがラトガース大学で教授を務めていた1970年代に、学生たちはベトナム戦争（1955～1975）反対の行動を起こしていた。長期化、深刻化するベトナム戦争への若者たちの関心は、アメリカ全体の反戦運動へと発展していくことになる。第6章で、ルースは思春期の娘ジェーンとのすれ違いに悩んだが、彼女を連れて公民権運動で知られたケニオン弁護士に会いに行った帰りに、娘が見せた行動に自分の娘時代とは違う若者の強さと時代の変化を見た。若い女性をからかう労働者を無視するようにと言う母ルースに対して、黙っていてはだめだとジェーンは自己を主張した。

　変わっていくのは人々の考え方だけではない。第7章で今回のモリッツの訴訟の相手方、国税長官側のボザース弁護士は、178に上る男女を区別した法律を、2万ページもの米国法典の中から、ほんの数日で読み込んだ。科学技術の発達で、これまでなら人の手で調べていたはずのものがコンピューターで短時間で処理できるようになっていたのだ。これを目の当たりにしたブラウン教授は驚き、"What a horrifying age!" と言ったが、司法省からの趣意書を受け取ったルースたちもその法律の多さには言葉を失った。

　そしてこの第9章では、アレン・ダー弁護士がリード夫妻の裁判を上訴することになり、「時代は変わった」"the times have changed" ことを主張するのだという。これは第7章でケニオン弁護士がメルの事務所で話題にしていたアイダホ州のリード夫妻の裁判だ。離婚したリード夫妻が自殺した息子の財産の取り分を争った際に、数字に強いからという理由で男性が有利になった裁判を上訴するのである。

　アメリカの若者社会が、母親ルースが、ブラウン教授が、そして

アレン・ダー弁護士が様々な場面で感じた「時代の変化」は、私たちが気づかないところでも刻一刻と進んでいる。時には大勢の人々が関わり、取り組んでいるにも関わらず、なかなか進展しないものもあるだろう。例えば、キング牧師が率いた 1960 年代の黒人による公民権運動はその後も大きな進展をとげ、2009 年から 2017 年は初のアフリカ系アメリカ人オバマ大統領がアメリカを牽引した。しかし 60 年後の 2020 年になってもいまだに "Black Lives Matter" が叫ばれていることを考えると、人種差別問題はまだ解決には至っていない。

　男女差別問題もまだ途上にあるといえるが、これはアメリカ社会のみならず、ジェンダー問題が議論され始めてきた日本でも言えることだ。毎年 3 月 8 日の国際女性デーにイギリスの経済誌『エコノミスト』が行っている調査によると、2021 年の女性の働きやすさは主要 29 か国のうちアメリカは 18 位、日本は 28 位であった。男女の労働参加率や給与の差、管理職や議員などにおける女性の割合など 10 項目を指標としている。社会全体が女性に対して家庭かキャリアかを選択するよう暗黙のうちに求めている現状は少しずつ変化してはいるが、「ガラスの天井」を打ち破るべく、社会全体で取り組んでいくべき問題である。このような時代に、ルース・ベイダー・ギンズバーグ判事が一つ一つ成し遂げてきた差別撤廃の功績は皆が称えるところだ。

　エンドクレジットで流れる歌 "Here Comes The Change" は、この映画のために作られた主題歌で、アメリカ人ポップ歌手のケシャ（Kesha）が力強く歌う。ビートルズの "Here Comes The Sun" を思い出させるタイトルだが、繰り返し出てくる「変化がやってきた」というフレーズは、私たちすべてが変わりつつある時代の真っただ中にいることを感じさせる。

松原　知津子（名城大学）

Professor Ginsburg

■■■

10 INT. HOTEL BATHROOM – DAY – Ruth practices her case dialogue while putting on makeup.

RUTH : Your Honors and may it please the court...
Your Honors and may it please the court...
Your Honors and may it... Section 214 of
the Tax Code. Section 214 of the Tax Code.
Your Honors and may it please the court.

EXT. COURTHOUSE - FRONT STEPS – DAY - A cab pulls up across the street from the courthouse. Ruth, Martin, Mel and Jane all get out.

BROWN : Good morning.

Ruth stares at the imposing court building.

MARTIN : You're ready for this. You've been ready
for this your whole life. So, go in there and
let the judges see the Ruth Ginsburg I
know.

MARTIN : Professor Brown.
BROWN : Marty!

They enter the building, followed by the DOJ lawyers, Bozarth and Brown.

---

bathroom 浴室, トイレ

dialogue 対話, 会話, （双方の代表者による問題解決のための）意見の交換, 討論, 話し合い

while [接続詞]〜の間, 〜して
いる間, 〜と同時に ↻

put on （口紅などを）つける ↻

makeup [名詞]化粧 ↻

Courthouse 裁判所, 裁判所の建物 ↻

pull up （車・人が）〜に止まる

across from 〜 〜の向こう側に, 向かいに

stare （目を大きく開いて）（…を）じっと見つめる

imposing 大変印象的な, （大きさ・風采などが）人目を引く, 堂々たる

You are ready for this. You've been ready for this... ↻

the （強調する名詞の前で）真の, 一流の, あの有名な ↻

Brown アーネスト・ブラウン ↻

ギンズバーグ教授

DVD　01:32:00
□ □ □ □ □ □

■■■■■■■■■■■■■■■■■■■■■■■■■■■■■■■■

屋内－ホテルの浴室－昼－ルースは化粧をしながら訴訟の対話を
練習している。

ルース　　：ではお許しを得て…　ではお許しを得て…　で
　　　　　　　はお許し…　税法214項。税法214項。ではお
　　　　　　　許しを得て。

屋外－裁判所－正面入り口の階段－昼－タクシーが裁判所の通り
の向こう側に横付けする。ルース、マーティン、メル、そして
ジェーンが皆降りる。

ブラウン　：おはよう。

ルースは堂々たる裁判所の建物をじっと見つめる。

マーティン：君はこのために準備ができている。君はこのた
　　　　　　　めに人生を全てかけて準備してきたんだ。だか
　　　　　　　ら、中に入って、僕が知っているルース・ギンズ
　　　　　　　バーグを判事たちに見せてくるんだ。

マーティン：ブラウン教授。
ブラウン　：マーティ！

彼らは司法省の弁護士たち、ボザースとブラウンに伴われて建物
に入る。

■ **bathroom**
浴槽（またはシャワー）がある部屋を指す
が、一般的にトイレも設置されているの
で、トイレの意味でも使われる。個人宅など、
公共ではないトイレを指す。「浴室」の
意をよりはっきりさせるにはbathを用い
る。公共のトイレにはrestroomを使うの
が一般的。

■ **while**
主節と主語が一致する場合、while節の
「主語＋be動詞」は省略可能。

■ **put on**
⇄ take off

■ **makeup**
cf. put on makeup（化粧をする）、take
off one's makeup（化粧を落とす）、
freshen one's makeup（化粧を直す）

■ **Courthouse**
ここはコロラド州デンバー市にある、第
10巡回控訴裁判所（Tenth　Circuit
Court of Appeals）である。

■ **You are ready for this. You've
been ready for this…**
現在形のbe　readyforと、現在完了の
have been ready forを使って、マーティ
ンは、ルースのハーバード在学中からの
努力、弁護士として職が見つからず教員
になった過去も全てこの日のためだった
と言っている。

■ **the**
ex. "My name is Ichiro Suzuki." "You
aren't the Ichiro, are you? The
famous baseball player?"（「私の名前
はスズキイチローです」「あのイチローで
はないですよね？あの有名な野球選手
の？」）

■ **Brown**
Ernest J. Brown（1906-2001）教授は
マーティンとルースのハーバード法科大
学院時代の教授で1971年に65歳で退職
し、2001年12月31日に95歳で亡くなる
まで名誉教授であった。モリッツの訴訟
が起こされた1972年は司法省のtax
division（税務課）において、今回の訴訟を
起こされた側になる。

INT. COURTROOM – DAY - A small crowd loiters amid the pews in the gallery. Moritz sits in the front row.

RUTH	: Charlie.
MORITZ	: Good morning. You must be Jane.
JANE	: Nice to meet you, Mr. Moritz.
MORITZ	: Mr. Ginsburg?
WULF	: No. Mel Wulf. ACLU.
MARTIN	: That's me. I'm Mr. Ginsburg. Nice to meet you, Charlie.
MORITZ	: My pleasure.

Bozarth and Brown pull out their files at the appellee's table. A sign reads, "REASON IS THE SOUL OF ALL LAW."

WULF	: Well, here we are.

A Court Clerk rises.

COURT CLERK: All rise. The United States Court of Appeals for the Tenth Circuit is now in session. Judges Doyle, Holloway, and Daugherty presiding.

The Judges enter the courtroom.

HOLLOWAY	: Be seated.
BROWN	: You have a century of case law on your side. Just do your job.

---

crowd 群衆 ↺
loiter うろうろする
amid ～の真ん中に
pews (教会の)会衆席, [口語]椅子, 席
gallery (議会などの)傍聴席, (教会・講堂などの)(二階)桟敷

Nice to meet you. 初めまして, よろしく ↺

pull out 引っ張り出す
appellee 被上訴人 ↺
sign 標示, 掲示, 標識, 看板, 掲示板
reason is the soul of all law ↺
here we are. さあ, 来たぞ ↺

court clerk 法廷書記官
clerk (裁判所・町議会などの)書記・事務員 →p.229
rise 立ち上がる ↺

The United States Court of Appeals for the Tenth Circuit 米国第10巡回控訴裁判所
be in session 開廷(開会)中である ↺
session 会議, 会合
preside 議長(座長・司会)を務める ↺

a century 1世紀, 100年 ↺
be on one's side ～の味方である
side (～の味方の)側, 組, サイド
do one's job やるべきことをやる, 務めを果たす

屋内－法廷－昼－小さな群衆が傍聴席の席の真ん中でうろついている。モリッツが前の列に座っている。

ルース	：チャーリー。
モリッツ	：おはようございます。君がジェーンだね。
ジェーン	：モリッツさん、お会いできて嬉しいわ。
モリッツ	：ギンズバーグさんですか？
ウルフ	：いいえ、メル・ウルフです。米国自由人権協会の。
マーティン	：僕がそうです。僕がギンズバーグです。お会いできて光栄です、チャーリー。
モリッツ	：こちらこそ。

ボザースとブラウンは被上訴人のテーブルにファイルを引っ張り出す。掲示には「理性こそ全ての法の魂である」と書いてある。

ウルフ	：さあ、来たぞ。

法廷書記官が起立する。

書記官	：全員起立。米国第10巡回控訴裁判所を開廷します。ドイル判事、ハロウェイ判事、そしてドハティー判事が主宰します。

判事たちが裁判所に入廷する。

ハロウェイ	：着席。
ブラウン	：君の側には1世紀分の判例法がついている。君の仕事をしたまえ。

■ **crowd**
個人を問題にするときは複数扱い、米では単数扱いが多い。
ex. All the crowd was[were] waiting to see the President. (群衆はみんな大統領を見ようと待っていた)

■ **Nice to meet you.**
meetは初対面で、通例紹介された場合に[It's]nice[good] to meet you.、I'm glad[pleased] to meet you.などとして使う。初対面の折の別れの挨拶は[It's] nice[I enjoyed] meeting you.、Nice to have met you.、It's been a great pleasure to meet you.とし、知り合いと会った時の挨拶にはI'm very glad[pleased] to see you.のようにmeetではなくseeを使う。

■ **appellee**
[æpəli:] (respondent)
⇄ appellant　(略) appl. (上訴人)

■ **reason is the soul of all law**
英国の哲学者Thomas Hobbes (1588-1679) の言葉。

■ **here we are.**
we are hereの副詞hereを文頭に持ってくることによって人の注意を喚起し、ここに来たことを強調する。主語が代名詞のため、SとVの倒置はおこらない。
ex. Here he comes. Here comes Ben. (ほら、彼が〔ベン〕が来た)

■ **rise**
裁判所の全員に向かって起立を指示する命令詞。
ex. Class, rise! (〔教室で〕起立！)

■ **be in session**
⇄ be out of session

■ **preside**
発音は[prizáid]。

■ **a century**
米国では1788年に合衆国憲法が発効して以来、様々な変遷を経て、1891年に巡回控訴裁判所 (circuit court of appeals、現在の控訴裁判所→p.233 circuit court参照) が設けられた。モリッツの訴訟の81年前である。当時は9つの巡回区に1つずつ置かれ、徐々に数を増やし、今では12の控訴裁判所がある。様々な裁判が行われた中で、被上訴人にとって有利な判例が数多くあると言っている。

HOLLOWAY: The first case is docket number 71-1127. Charles Moritz v Commissioner of Internal Revenue.

: Each side will have thirty minutes to present. When two minutes remain, the Court Clerk will rise to give warning. When your time is up, he will sit.

: Counsel for the appellant. Mr. Ginsburg, you may proceed.

Martin takes his place at the lectern at 9:00 AM.

MARTIN : Good morning, Your Honors. And may it please the court.

: Today we are going to demonstrate that Section 214 of the US tax code unfairly discriminates against our client, Mr. Charles Moritz, because he is a man.

HOLLOWAY: Congress assumed that a caregiver is most likely a woman. Is that so unreasonable?

MARTIN : If the law says all caregivers are entitled to the deduction, and if the writers in the back of their minds thought, well, this will only apply to women, then that would be an assumption.

: But they went farther than that, Judge. They explicitly list who qualifies as a caregiver.

DOYLE : As is their prerogative.

---

docket　訴訟事件一覧表

Commissioner　長官
Internal Revenue (Service)
内国歳入庁, 国税庁 〔財務省の一部局 (略IRS)〕

present　[動詞]陳述する, 申し立てる
warning　警告, 予告, 通告 ↺
up　(時間が)尽きて, 終わって

proceed　進む, 前進する →
p.221

take one's place　～の場所につく

may it please the court　お許しを得て ↺

demonstrate　はっきり示す

code　条例 ↺
unfairly　不公平に

assume (明確な証拠はなくても)
想定する, ～であるとみなす, ～だと思い込む, 決めてかかる ↺

unreasonable　不合理な

in the back of one's mind
心の底で

assumption (明確な証拠なしに)当然のことと考えること, 想定, 憶測, 思い込み
they ↺
explicitly　明白に
qualify as(for)　適任である, 資格を得る
as is ↺
their prerogative　彼らの特権 ↺

ハロウェイ ：最初の訴訟は訴訟事件一覧表番号 71-1127。
チャールズ・モリッツ対国税長官。

：双方陳述に 30 分あります。残り 2 分になったら
法廷書記官が予告のために立ち上がります。時
間が終わると彼は着席します。

：上訴代理人。ギンズバーグ氏。前へ。

マーティンは午前 9 時に書見台につく。

マーティン ：おはようございます。判事の皆さん。ではお許
しを得て。

：本日私たちは、米国の税法 214 項は、私たちの
依頼人でありますチャールズ・モリッツ氏を、彼
が男性だからという理由で不当に差別している
ことを立証します。

ハロウェイ ：議会は介護者がほとんどの場合女性だと想定し
ている。それはそんなに不合理だろうか。

マーティン ：もしこの法律が全ての介護者に控除される資格
があるというなら、そしてもし心の底で筆者が、
その、これは女性だけに当てはまるだろうと考
えたなら、それは思い込みでしょう。

：しかし彼らはそれよりもさらに踏み込んでいるの
です、判事。彼らは明白に誰が介護者として該
当するかを並べ立てているのです。

ドイル ：彼らの特権だからね。

■ warning
取扱説明書などにおいて危険に対して注意を促す表現がいくつかあるが、それぞれ危険度に違いがある。以下は米国国家規格協会による安全標識の格付けと定義。1. danger（危険）：死亡または重傷を招く危険な状況、2. warning（警告）：死亡または重傷を負う可能性もある危険な状況、3. caution（注意）：軽度または中程度の傷害を招く可能性、4. notice（指示）：人体に危険はない状態。
ex. an advance warning（事前の警告・通告）, a flood warning（洪水警報）
■ may it please the court
法廷で発言をする際に使われる前置きの決まり文句。「お許しを得て」、「申し述べさせていただければ」。直訳すると「それが裁判所を喜ばせますように」。助動詞のmayは感嘆文で希望・願望を表す。may ～で、「願わくは～ならんことを」という祈願・願望・のろいの表現。常にmayを主語の前に置く。この用法はきわめて形式張っていて現在ではめったに用いられない。
ex. May it please your honor!（恐れながら申し上げます）、May it please your Majesty（おそれながら陛下に申し上げます、御意に叶いますように）と、裁判所以外でも使われる文型。
■ code
ex. the sanitary code（公衆衛生条例）, the fire code（消防条例）
■ assume
根拠のある推論にはthinkを用いる。
ex. I assume that he is honest.（私は彼を正直だと思う）
■ they
= the writers
税法214項を書いた筆者たち。
■ as is
「～なので」という理由や原因を表す接続詞の as。it が省略されていると考えるとわかりやすい（= as it is）。
■ their prerogative
theirは、1つ前のマーティンのセリフtheyと同様に、この法律の筆者のことを指す。p.120でマーティンの上司マラーがCongress can write whatever taxes it wants..また p.222でもボザースがCongress can write whatever tax code it wants. と言っているように、好きなように法律を書くのが議会の特権であるという意味。

MARTIN	: Yes, but, Judge, I doubt that you'd turn the same blind eye if it said that only white caregivers...
DOYLE	: Oh, that's hardly the same thing.
MARTIN	: Respectfully we disagree. I'm gonna turn it over to my co-counsel who'll discuss the constitutional questions...
DAUGHERTY	: You're telling us that race and gender are the same?
MARTIN	: My co-counsel...
DAUGHERTY	: Yes. Yes. We'll get to her in a minute. But I'd appreciate an answer to my question.
	: In order for a law to discriminate, it must distinguish between groups arbitrarily. Is that correct?
MARTIN	: My co-counsel...
DAUGHERTY	: Mr. Ginsburg, I have asked you.
MARTIN	: It must be arbitrary. Yes. And in this case, we believe the law is.
	: Mr. Moritz is a man who never married. That may make him less likely to have child-care responsibilities. But not parent-care responsibilities. And had he been a woman...
DOYLE	: And to your mind, classifications of this kind must always be discriminatory?

At the appellee's table, Brown leans close to Bozarth.

Glossary (right column):

doubt that ～でないと思う ✿
turn the same blind eye ✿
turn a blind eye 見て見ぬふりをする, 気づかぬふりをする
if it said that only white caregivers... ✿
hardly (婉曲)とても～ない, どうみても～ない ✿
respectfully うやうやしく, 謹んで, 丁重に
disagree 意見が合わない, 同意しない
turn over (to) (仕事などを)引き継ぐ
co-counsel 共同弁護人
co- [接頭辞]共同の, 共通の, 相互の
I'd appreciate = I would appreciate ✿
appreciate (厚意などに)感謝する, ありがたく思う
in order for ～ to ... ～が…するために
distinguish 区別する, 識別する, (…の間の)相違を見分ける
arbitrarily 恣意的に, 主観的で自分勝手に, 論理的な必然性なく, (法規によらず)判事によって決められて, 自由裁量によって ✿

the law is ✿

That ✿

had he been a woman... ✿

mind 心, 精神 ✿

lean close to ～に体を寄せる
lean 傾く
close 近くに, そばに

マーティン ： はい、でも判事、あなたは見て見ぬふりをする
　　　　　　とは思えません、もし白人の介護者だけが…

ドイル　　 ： ああ、それはどうみても同じことではない。

マーティン ： 謹んで申し上げますが、私たちは意見が合わな
　　　　　　いようです。私は共同介護人にこのことを任せ
　　　　　　ます。彼女は憲法の疑問について論じます…

ドハティー ： 君は人種差別と性差別は同じだと言っているん
　　　　　　だな？

マーティン ： 私の共同弁護人が…

ドハティー ： そう、そう。彼女にはすぐ後で聞こう。しかし
　　　　　　私の質問に答えてくれたら嬉しい。
　　　　　： 法律が差別をしているとするためには、集団を
　　　　　　恣意的に区別している必要がある。そうだね？

マーティン ： 私の共同弁護人が…

ドハティー ： ギンズバーグ君、私は君に尋ねているのだよ。

マーティン ： それは恣意的でなければいけません。はい。そ
　　　　　　してこの場合、私たちは法律が恣意的であると
　　　　　　信じています。
　　　　　： モリッツ氏は一度も結婚していない男性です。
　　　　　　それは彼が子供の面倒を見る責任を負う可能性
　　　　　　を低くしたでしょう。しかし親の面倒を見る責
　　　　　　任は違います。そして、もし彼が女性だったら
　　　　　　…

ドイル　　 ： そして君の心には、この種の区分はいつも差別
　　　　　　的に違いないんだね？

被上訴人のテーブルで、ブラウンはボザースに体を寄せる。

■ doubt that
否定・疑問文では、「〜でないと思う」。
ex. I don't doubt that it is true.（それ
が本当であることを疑わない）
反対に肯定文でthat節を続けるのは強
い不信を示す。
ex. I doubt that she killed her
husband.（彼女が夫を殺したとはとても
考えられない）

■ turn the same blind eye
一般に使う a blind eye を the same
blind eye にしているのは、男女差別を見
て見ぬふりをするその同じ目で、人種差
別に気づかぬふりはしないだろう、と言
おうとしたから。

■ if it said that only white
caregivers...
もし税法214項に、白人の介護者だけが
税の控除を受けられると明確に書いて
あったとしたら、（判事たちはそれに気づ
かぬふりはしないだろう、人種差別には
気をつけるだろう）。

■ hardly
= not at all
「女性の介護者だけが」というのを「白人
の介護者だけが」と置き換えたら…と
マーティンが言いかけたが、判事はそれ
は全く同じことではない、と否定している。男
女差別と人種差別は全く別の問題だと
言っている。

■ I'd appreciate
ex. I would appreciate it if you could
agree to my plan.（私の計画に賛成して
くださると幸いです）

■ arbitrarily
ex. No one shall be arbitrarily
deprived of his property.（何人もみだ
りに財産を略奪されざるべきこと（世界
人権宣言17条））

■ the law is
= the law is arbitrary

■ That
前文の「モリッツ氏が一度も結婚しな
かったこと」を指す。

■ had he been a woman...
=If he had been a woman…
「もし彼が女性だったら」という仮定法過
去完了。

■ mind
ここでは、人間が考え、感じる心の有り
様、意見や考え方を意味している。
ex. The event changed his mind
completely.（その出来事は彼の考えを
完全に変えた）

BROWN	: There's some help. He's asking him to make a broad categorical claim.	There's some help. ⊙ **help** [名詞]助け, 救助 **broad** 広範の ⊙
MARTIN	: I can't speak to always, Judge. I can only speak to this case and this man.	**categorical** 分類(別)の, 範疇の **claim** [名詞](事実としての)主張, (…するという)断言 ⊙ **speak to** (物·事を)証明する, 証言する, 証拠立てる
DOYLE	: Very well.	
MARTIN	: Thank you.	

Martin prepares to move away from the lectern.

DOYLE	: Then speak of him.	**speak of** (人·事)について話す, ~について議論する

The judges grin. Martin turns to check on Ruth.

turn (人が)振り返る
check on ~ 様子を見る

MARTIN	: Again. The only distinction between our client, Mr. Moritz, and any other caregiver, in Judge Daugherty's words, is arbitrary.	**in someone's words** ~の言葉によれば **cede** 譲る **remainder** (通例 the ~)残り, 残りのもの[人]
	: Thank you, and I cede the remainder of the time to my co-counsel.	

Ruth steps up to the lectern.

step up to ~ ~に近づく

RUTH	: Your Honors...	
HOLLOWAY	: Whenever you're ready, Mrs. Ginsburg.	

RUTH	: Your Honors and may it please the court. Section 214 denies Mr. Moritz a caregiver tax deduction available to similarly situated women...	**similarly** 同様に **situate** 位置づける
HOLLOWAY	: Yes, yes, we've been through all that. Ah, Mrs. Ginsburg, you are aware that the government has three co-equal branches? Mrs. Ginsburg?	**be through** ~を終えて **be aware [of/that]** ~に気が付いている, ~であることを知っている **co-equal** 同等の **equal** 平等の, 対等の ⊙

ブラウン　：助かるな。彼はマーティンに幅広いカテゴリー
　　　　　　の主張をするよう求めている。

マーティン：私はいつもについては論じることはできません、
　　　　　　判事。私はこの訴訟とこの男性についてのみ論
　　　　　　じます。

ドイル　　：いいだろう。

マーティン：ありがとうございます。

マーティンは書見台から離れる準備をする。

ドイル　　：では彼のことを話しなさい。

判事たちはにやりと笑う。マーティンはルースの様子を確認する
ために振り返る。

マーティン：もう一度言います。私たちの依頼人、モリッツ
　　　　　　氏と他の介護者の唯一の違いは、ドハティー判
　　　　　　事の言葉によると恣意的なものということです。
　　　　　：ありがとうございます。残りの時間を共同弁護
　　　　　　人に譲ります。

ルースが書見台に近づく。

ルース　　：判事の皆さん…

ハロウェイ：準備ができたらいつでもどうぞ、ギンズバーグ
　　　　　　夫人。

ルース　　：判事の皆さん、お許しを得て。税法214項はモ
　　　　　　リッツ氏に同じ立場の女性が利用できる介護者
　　　　　　税控除を与えていません…

ハロウェイ：ああ、そこはもう終わったよ。ええっと、ギンズ
　　　　　　バーグ夫人、君は政府には3つの平等な権限が
　　　　　　あるのはご存知ですね？　ギンズバーグ夫人？

■ There's some help.
判事たちからマーティンへの質問は自分
達、被上訴人にとっての助けになる、と
いう意味。

■ broad
同義語のwideと同様に、「（端から端ま
での）幅が広い」という意味。wideよりお
broadの方が堅い語。類語のlargeは
「（平均に比べ）サイズが大きい・面積が
広い」、extensiveは「サイズや面積に加
え、程度や度合いが大きい、広範囲にわ
たる」。

■ claim
ある物や事を権利や権威をもって要求・
主張することを表す。動詞としても使
う。なお、文脈によっては「苦情」とい
う意味でも用いる場合がないとは言えな
いが、claimはあくまでも正当性のある・
事実に基づいた主張である。クレームに
当たる英語は通常complain（動詞：不満
〔苦情・文句〕を言う）、complaint（名
詞：苦情、クレーム）を使い、また、ク
レーマーはcomplainerと表す。

ex. It is my claim that I have done
nothing wrong.（私はなにも悪いことは
していないと言っているのです）、I
made a copyright claim.（私は著作権
侵害の主張〔苦情〕を行った）

cf. The morning show received over
10,000 complaints from viewers.（例
の朝の番組は、視聴者から1万件以上の
クレームを受けた）

より意味が強く、「有無を言わさず要求
する」という時はdemandを使う。

ex. They are demanding higher rates
of pay.（彼らはより高い給料を要求して
いる）

■ equal
全ての点、特定の点で一致していること
を意味する。

ex. All men are equal before the law.
（全ての人間は法の下では平等である）、
Is Japan an equal society?（日本は
平等社会ですか）

RUTH	: Yes. Of course, Your Honor.
HOLLOWAY	: And that it is the Congress's role to write law.
RUTH	: Your Honor, I understand how government works.
WULF	: Take it easy, Ruth.
HOLLOWAY	: Well, sometimes a law, even a good law, even a law that is legal under the constitution, may not be good for every individual it affects.
DOYLE	: I have a question. If I understand correctly, you're concerned about men and women being pigeon-holed into certain roles based on gender.
RUTH	: Yes. That's correct. Because…
DOYLE	: Excuse me. That wasn't my question. It strikes me that the caregiver deduction does the opposite. It helps women be able to work outside the home. Isn't that a good thing?
RUTH	: But the law assumes it must be the woman who is supposed to be at home in the first place.
HOLLOWAY	: Well, that is the case in every family I know.
DOYLE	: So it's the assumption that's the problem?
DAUGHERTY	: Then when can a law differentiate on the basis of sex? Never?
RUTH	: When the classification rationally relates to the law.

of course もちろん, 当然 ◐

take it easy （命令文で）（なだめて）興奮するな, そんなにむきになるなよ, 無茶をするなよ

constitution 憲法(特定の国の憲法を指す時はthe Constitution) ◐

affect （事・状態などが）影響する, はね返る, 作用する

be concerned about 心配である, 気掛かりである, 憂慮する

pigeon-hole （書類を）整理棚に入れる, 分類整理する, [略式] （人)を分類する

based on ～ ～に基づいて, ～を根拠にして, ～をふまえて ◐

strike 思わせる, 印象付ける

opposite （通例 the opposite) (～と)反対の人〔物・事〕

differentiate 区別する, 差別化する ◐

classification 分類, 区分, 等級分け ◐

rationally 合理的に, 理性的に, 道理をわきまえて

relate A to B AとBを関連づける

ルース	：はい、もちろんです、判事。
ハロウェイ	：それに法律を制定するのは議会の役割だ。
ルース	：判事、政府の役割はよくわかっています。
ウルフ	：落ち着け、ルース。
ハロウェイ	：時には法律、良い法律でさえ、憲法上合法な法律でさえ、それが影響をおよぼす全ての国民に良いとは限らない。
ドイル	：ひとつ聞きたいんだが。私の理解が正しければ、君は男性と女性が性別によって役割を分類されていることを憂慮しているのかね。
ルース	：はい、その通りです。と言いますのは…
ドイル	：待ちたまえ。さっきのが質問じゃない。私には介護者控除はその逆に見えるが。それがあるから女性は外で働ける。それは良いことじゃないか？
ルース	：しかし法律はそもそも家にいなければならないのは女性だと想定しています。
ハロウェイ	：当然だ、どの家庭でも皆そうだ。
ドイル	：じゃあ問題なのは、法律による想定ということか？
ドハティー	：じゃあ、いつ法律は性別に基づいて区別できるのかね？　絶対にできないのかい？
ルース	：区別がその法律と合理的に結びついているときです。

■ of course
カジュアルな会話の中でよく使われる表現で、「当然（当たり前）」、という意味を含んでいる。Of course.と似ている口語表現に、明るいイメージの返答であるSure.（ぜひ）、丁寧な表現であるCertainly.（もちろんです）、No, problem.（いいよ〔問題ないよ〕）など色々ある。
ex. "Do you know 'Ninja'?". "Of course, I'm Japanese".（「忍者って知っている?」「もちろん、私は日本人だからね」）

■ constitution
ex. The First Amendment of Constitution guarantees freedom of speech.（米国憲法修正第1条は、言論の自由を保証している）

■ affect
直接的に影響することを表す。間接的に行動・思想などに変化を起こすのはinfluence。effectは「結果・効果」という意味の名詞。
ex. We are affected by heat and cold.（私たちは暑さや寒さに影響される）、This area was affected by flooding.（この地域は洪水の被害を受けた）、This article will affect my thinking.（この論文は私の思考に影響を及ぼすだろう＝This article will have an effect on my thinking）

■ based on 〜
onは前置詞であり、前置詞の後には名詞か動名詞が続く。
ex. This film is based on a true story.（この映画は実話に基づいています）

■ differentiate
類語discriminateは、人や物を違ったように、特に不公平に扱うこと。

■ classification
＝ categorization; classing; grouping; sorting
動詞はclassify（〜に分類〔区別・類別〕する、等級別にする、格付けする）。

HOLLOWAY: Keeping women out of combat, for example.	**keep A out of B** AをBに寄せ付けない, 加わらせない, 関係させない
RUTH : I'm not sure whether I agree with that example...	
DAUGHERTY: So you think women belong on the front lines now, too?	**belong** （人が）いるべき所にいる
	front-line （戦場・仕事などの）最前線, 第一線
RUTH : No. That's not what... Gender, like race, is a biological, unalterable trait. There is nothing that women are inherently better at than men. Nor vice versa.	**gender** （社会的・文化的役割としての）性, ジェンダー, 性差 ◑
	race 人種 ◑
	unalterable 不変の, 変えることができない ◑
	Nor vice versa. 逆もまた同様にない ◑
HOLLOWAY: Growing a beard?	**nor** AもBも～でない ◑
DAUGHERTY: Lactation?	**lactation** 授乳
The gallery chuckles.	**the gallery** （集合的に）（テニス・ゴルフなどの）観客, ギャラリー, （議会などの）傍聴人
RUTH : No thinking person can possibly imagine that Charles Moritz's gender relates to his abil...	**thinking person** 識者, 思慮深い人
	abil... = ability
Her hand strikes the microphone. And it squeals, leaving the courtroom dauntingly quiet in the wake of her outburst.	**squeal** （ブレーキなどが）キーッという音を出す
	dauntingly 恐ろしいほど, おびえさせるほど
	in the wake of ～のすぐあとに続いて
DOYLE : Why can't we, Mrs. Ginsburg? In most households, aren't women the primary caregivers? Aren't men the breadwinners? Aren't they?	**outburst** （蒸気・エネルギー・笑い・怒りなどの）爆発, 噴出, 噴火 →p.231 outdate参照
	primary 主要な, 第一の
	breadwinner 一家の稼ぎ手, 大黒柱
RUTH : In most households, yes, Your Honor.	
DOYLE : Doesn't that reality suggest that that's the natural order of things?	**reality** 現実, 事実
	suggest ～をそれとなく示す［言う］, 暗示［示唆］する
	the natural order 自然の秩序 ◑
RUTH : Respectfully, Your Honors, I'd like to reserve the remainder of my time for rebuttal.	**Respectfully, Your Honors** 申し訳ございません, 判事
	reserve （万一に備えて, 将来使うために）取っておく, 使わずに残して［備えて］おく ◑
	rebuttal 《法律》（特に訴訟における）反証

ハロウェイ ： 例えば、女性が戦闘から除外されているとか。

ルース ： その例えには同意しかねますが…

ドハティー ： じゃあ、女性も最前線で戦うべきだと君は思うのか？

ルース ： いえ、そうではなく…　性は、人種と同様に変えることのできない生物学的特徴です。女性は男性より本来的に優れた能力はまったくありませんが、その逆も同様です。

ハロウェイ ： 髭は生えるかい？

ドハティー ： 母乳はどうだね？

傍聴人がクスクス笑う。

ルース ： おそらく識者は誰も想像できないでしょう、チャールズ・モリッツ氏が男性であることと彼の介護能力との関係が…

彼女の手がマイクに当たる。キーンと音を立て、彼女の感情が高ぶった直後、法廷は嫌な静寂となる。

ドイル ： なぜ我々には想像できないと、ギンズバーグ夫人？　ほとんどの家庭では、女性が介護をしているのでは？　男性は一家の稼ぎ手では？　そうじゃないかね？

ルース ： ほとんどの家庭ではそうです、判事。

ドイル ： そういった現実が自然の秩序を示してるんじゃないかね？

ルース ： 判事、申し訳ございませんが、残りの時間は反証に使いたいと思います。

■ gender
語源はラテン語"genus"（産む、種族、起源）である。「生まれついての種類」という意味から転じて、性別のことを示すようになった。1980年までに、大半のフェミニストは、"gender"を「社会的・文化的に形成された性」（男らしさ・女らしさ）を表す語、"sex"を「生物学的な性」を表す語として使用するようになった。

■ race
以前は主に皮膚の色を中心として白色人種、黄色人種、黒色人種に分けたが、現在は血液型など遺伝的特質に基づいて、コーカソイド（Caucasoid）、モンゴロイド（Mongoloid）、ネグロイド（Negroid）、Australoid（オーストラロイド）の4つに分けることが多い。

■ unalterable
alterableであれば、「変更できる」。alter（変更する）にable（〜することが可能な）の接尾辞が付いている。

■ Nor vice versa.
ラテン語vice　versa（逆もまた同様）の否定形。前の文There is nothing...が否定文なので、それに合わせnorという否定語を付けている。前の文が肯定文であればandを使う。
ex. I need him, and vice versa.（私には彼が必要で、彼も私を必要としている）
notを使うと、「〜であってその逆ではない」という意味になる。
ex. The government serves the people, not vice versa.（政府は国民に仕えているのであって、その逆ではない）*アメリカの政治家ジョー・ウィルソンの言葉。

■ nor
接続詞orの否定形。以下の文は全て同じ意味になる。
ex. I neither like A nor B., I neither like A or B.*, I don't like either A or B., I don't like A or B.（私はAもBも好きではない）
*neither A or Bとするのは文法上誤りとされてきたが、近年では、norの代わりにorを使うことが一般化している。

■ the natural order
ex. the [natural]order of things（物事の秩序）

■ reserve
ex. I reserve this tablecloth for his birthday party.（彼の誕生日パーティーのためにこのテーブルクロスを取っておく）

Ruth gathers her papers and returns to the appellant's table.

MORITZ : Not sure I followed that. How are we doing?

Mel gestures a falling bomb.

MARTIN : It's okay. It's not over yet.

HOLLOWAY : Mr. Bozarth for the appellee. You may proceed.

BROWN : Don't let them forget what this case is really about, and you'll be fine.

Bozarth steps to the lectern at 9:27.

DAUGHERTY : Ah. Bozarth. The master of citations.

BOZARTH : That's what my family calls me too, Judge.

Daugherty chuckles.

BOZARTH : Your Honors and may it please the court. Congress created this tax deduction to help caregivers go out and work.

: Caregivers. Folks that, if they weren't working, would stay home.

Bozarth gestures to Moritz.

BOZARTH : Now, are we meant to believe that this man would have the skill or even the caregiver's instinct to do that?

Not sure わからない ☉
follow 相手の言うことを理解する, 人(の言葉・話の筋など)を理解する ☉
be over 終わる, 済む, 終了する ☉
yet [副詞]今はまだ, 今すぐには ☉
proceed 進む, 前進する ☉
let (人)が(人・事)に~させる, (人・事)に(~すること)を許す ☉
forget 忘れる, 思い出せない, 失念する ☉
step 歩く, 歩を進める, (短い距離を)歩いて行く
master (of ～) ～を自由に使う能力のある人, ～に精通した人, ～の達人 ☉
citation 引用文, 引用, 列挙 ☉
Congress (通例無冠詞, 単修複数扱い)議会, 国会, その会期(略 C., Cong.) ☉
instinct 本能, ～しようとする衝動, 生まれながらの才能[素質]

ルースは書類をまとめ、上訴人席に戻る。

モリッツ ：私にはよくわからないが。どういう状況なんだ？

メルは爆弾が落下する様子を身振りで示す。

マーティン ：大丈夫だ。まだ終わったわけじゃない。

ハロウェイ ：被上訴人のボザース君。前に出なさい。

ブラウン ：この訴訟の本当の意味を忘れさせるなよ、そうすれば君は勝つ。

9時27分、ボザースは書見台へ進み出る。

ドハティー ：ボザース君か。引用の達人だ。

ボザース ：家族もそう呼んでます、判事。

ドハティーがクスッと笑う。

ボザース ：判事、恐れながら申し上げます。介護者が働きに出られるように、議会はこの税控除を作りました。

：介護者。そういう人たちは、仕事に就いていなければ、家にいます。

ボザースは思わせぶりにモリッツを見る。

ボザース ：さて、この男性には介護者としての技能と本能があると我々は信じられるでしょうか？

■ **Not sure**
= I'm not sure.

■ **follow**
= understand
ex. Can you follow what he is saying?/ Can you follow him?（彼の言っていることがわかりますか）

■ **be over**
=done
ex. School will be over at three.（学校は3時に終わる）

■ **yet**
否定文で、現在・未来時制と共に、またしばしばjustと共に用いる。やがてその事態が発生するであろうということを含意する。
ex. He is not yet old enough to go to school.（彼はまだ学校に行ける年になっていない）

■ **proceed**
= advance; go on[on to, in]
ex. Please proceed to Gate 5.（5番ゲートへお進みください）

■ **let**
使役動詞のletは、[let+人+原形動詞]で「（人）に〜させる」、つまり相手の意志どおりにすることを許す。makeは強制的にも非強制的にも相手にさせる。permitは積極的に許可を与える。allowは禁止しないまたは黙認するという意味の時に用いる。通例受身形は be allowed [permitted] to doで代用される。
ex. Father let me drive his car.（父は私が父の車を運転するのを許してくれた）、I'll let you know the detail later.（詳細は後でお知らせします）

■ **forget**
⇄ remember
to doを伴い、「〜するのを忘れる」、doingを伴い、「〜したことを忘れる」、that節・wh節を伴い、「〜であることを忘れる」。

■ **master (of〜)**
= expert; specialist

■ **citation**
= quotation
判決や証左、書物や典拠などを理由や証拠の例として挙げること。

■ **Congress**
大文字表記で米国、その他中南米共和国の国会や議会のこと。上院（the Senate）と下院（the House of Representative）から成る。日本・デンマークなどは the Diet、英国・カナダは Parliament。

DOYLE : Why can't we believe that? Why does an unwed woman have that instinct, but not an unwed man? Or a widower for that matter?

BOZARTH : Well, respectfully, Judge Doyle, a widower doesn't choose to be a caregiver, it's thrust upon them.

: And as for women, it doesn't take a legal treatise to prove what a hundred thousand years of human history has made indelibly clear.

DOYLE : And Congress can write the tax code to enforce this... natural law?

BOZARTH : Congress can write whatever tax code it wants. All I'm saying, Judge, is that, given the natural order of things, this man, Mr. Moritz hasn't suffered as a result.

: But the country will suffer, if the Court doesn't find for the appellee.

At 9:53, Bozarth is winding down at the lectern.

BOZARTH : Y'Honors, I am certain there isn't a man amongst us who wouldn't try to ease his wife's burdens.

: So, I don't see how we can judge negatively the members of Congress who would do the same. And I'm not alone in that.

: There is a long and honorable tradition in the Courts of upholding laws like this one. I, for one, would rather see my government err on the side of caring too much, of trying too hard to help the ladies of this country. Rather than to be indifferent to their unique burdens.

---

unwed 未婚の

widower 寡夫, 男やもめ ◎

thrust upon （仕事・責任など を）押し付ける, 強制する, (ある立 場・状態などに)追い込む

as for ～について言えば, 関す る限り

treatise （...に関する）(学術) 論文, 専門書

indelibly 消えないように, 永久 に

tax code 税法 ◎

enforce （法律などを)施行する, 実施する

natural law 物事の秩序, 自然 の法則

given [形容詞]～を考える(考 慮する)と

the Court 法廷, 裁判, 裁判 所, 裁判官 ◎

wind down 終わりに近づく, (事 業・活動などを)徐々に終わる[ら せる] ◎

Y'Honors = Your Honors

amongst （主に英・やや古）= among

ease （苦痛・重荷など)を取り除 く

burden 義務, 責任, 重責

uphold （判決・決定など)を支 持する, 維持する

I, for one 私個人としては

err on the side of ～に失する, ～が過ぎる, ～をし過ぎて失敗す る

indifferent （～に関して)無関 心な, 無頓着な, 冷淡な, 平気な

ドイル ：なぜ、信じられない？　未婚の女性には介護者としての本能はあるが、独身男性にないのはなぜか？　寡夫はどうだろう？

ポザース ：はい、恐れながら、ドイル判事、寡夫は介護者になることを選んだわけではありません。その状況に追いやられているのです。

：しかし、女性に関しては、10万年の人類の歴史が永久に明らかにしていることを証明するのに、法律書は必要ありません。

ドイル ：では議会はこの…　自然の法則を施行する税法を制定できるのかね？

ポザース ：議会は望みどおりの税法を作ることができます。判事、私が申し上げたいことは、物事の秩序を考慮すると、この男性、モリッツ氏は結果として不利益を被っていないということです。

：ただ被上訴人が敗訴すれば、国が不利益を被るのです。

9時53分、書見台でポザースはまとめに入る。

ポザース ：判事、妻の負担を減らしてやろうとしない男は我々男性の中にはいないということは確かです。

：従って、同様に考える国会議員たちをどう否定できるのか私にはわかりません。そう思っているのは私だけではありません。

：このような法律を支持する裁判所には長く名誉な歴史があります。私個人としては、むしろ政府はこの国の女性たちを手厚く保護し過ぎていると思います。彼女たちに特有な負担に無関心ではないのです。

■ widower
⇄ widow
妻と死別した男性。通常、その後再婚をしていない男性を指す。

■ tax code
租税に関する法規の総称。

■ the Court
米国では、裁判官の選任には、法曹一元制を採用している。法曹一元制とは、法科大学院を修了し、弁護士その他の大学の教員などの法律専門家としての経歴を数年間積んだ後、裁判官に選任されるという制度である。つまり、大学院を卒業してすぐに、裁判官にはなれない仕組みとなっている。米国には、州裁判所と連邦裁判所があり、州裁判所の裁判官の選任方法は、各州の憲法により規定されており、州ごとに異なる。通常は、特定の任期が定められている。また、連邦裁判所には、一般的な司法裁判所である連邦地方・控訴・最高の各裁判所があるほか、特別な事物管轄を有する裁判所として、連邦倒産・租税・国際通商・巡回控訴・請求・軍事控訴の各裁判所がある。このうち、連邦倒産・租税・請求・軍事控訴の各裁判所を除く各連邦裁判所については、米国憲法第3条の規定に服することから、その任命は米国大統領によってなされ、任期は原則として終身とされており、連邦議会による弾劾の手続で認められなければ解職されない。連邦倒産・租税・請求・軍事控訴の各裁判所については米国議会の立法権の行使により設立された裁判所として理解されており、その裁判官については、それぞれの立法により、選出方法・任期が定められている。

■ wind down
wind は「曲がりくねる」、「（ねじなどを）巻く、ねじる」という意味の動詞で「風」を意味するwind [wínd] と違い、[wáind] と発音する。過去形、過去分詞は共にwoundで、こちらも「傷」を意味するwound [wund] と違い、[wáund] と発音する。「（会議などを）終える」という意味で使う場合、wind up でも同じ意味になる。
ex. Let's wind up[down] today's lesson.（今日の授業はそろそろ終わりにしよう）

BOZARTH : Now, maybe Mr. Moritz disagrees. Or maybe he just doesn't like paying taxes.

In the gallery, Moritz shakes his head in disagreement.

BOZARTH : Personally, I don't believe that. I believe that Charles Moritz is a victim. Not of his government. But of the lawyers who've used his case to achieve their own ends.
: Radical. Social. Change.
: We rest our case on our briefs and argument, and ask that the Court uphold the Tax Court's decision. Thank you.

11 *INT. COURTROOM – DAY – Judge Holloway checks the time.*

HOLLOWAY: Counsel for the appellant. You have four minutes for rebuttal.

Ruth looks around the gallery.

HOLLOWAY: Counsel for the appellant?

As Martin is about to stand, Ruth grasps his arm. He gives her a nod.

MARTIN : Counselor.

ボザース　：まあ、おそらくモリッツ氏の考えは違うでしょう
　　　　　　が。いや彼はただ税金を払うのが好きではない
　　　　　　だけでしょうが。

傍聴席で、モリッツは頭を横に振り不服を示す。

ボザース　：個人的には、そうは思っていません。チャール
　　　　　　ズ・モリッツは犠牲者だと思っています。政府の
　　　　　　ではありません。彼の訴訟を自分の目的達成の
　　　　　　ために利用している弁護士のです。

　　　　　：過激な、社会、改革です。
　　　　　：趣意書と弁論に関する立証を終わり、租税裁判
　　　　　　所の前判決を支持することを求めます。弁論を
　　　　　　終わります。

屋内−法廷−昼−ハロウェイ判事は時間を確認する。

ハロウェイ　：上訴代理人。反証の時間は4分。

ルースは傍聴席を見渡す。

ハロウェイ　：上訴代理人？

マーティンが立とうとすると、ルースが彼の腕をつかむ。彼は彼
女にうなずく。

マーティン　：弁護士さん。

■ shake one's head
⇄ nod one's head（首を縦にふる）*nod
だけでも同じ意味。

■ personally
= as far as I am concerned

■ rest one's case
「（以上で）本件に関する立証（弁論）を終
わります」、または常套句として、「言い分
は以上であります」。

■ for the appellant
for（人）で、「〜の代わりに〔の〕。類義表
現の on behalf of は堅い言い方で、「〜
を表す、〜を代表する」。
ex. The lawyer spoke for the accused.
（弁護士は被告人に代わって話をした）
*accused は刑事事件における被告人。
日本語と同様、審級などによって呼び名
が変わる。第一審（trial court, district
court）における民事裁判（civil case）の
場合、原告はplaintiff、被告はdefendant
（離婚訴訟等ではrespondent）。刑事
事件（criminal case）の場合、検察は
prosecutor、被告人は正式には
defendantと呼ばれるが、上記の例のよ
うに accused も使われる。第二審以降
は、本作で繰り返し使われるように、上訴
（控訴・上告ともに）が appeal、上訴した
側が appellant、された側がappelleeと
なる。

■ be about to do
= be just going to do
be going to doもbe about to doもど
ちらも未来の「〜します」を表すが、be
going to は、漠然とした未来を表すた
め、明確に「いつ」を示さない限り、聞き
手はいつそれが行われるのかわからな
い。一方、be about to doは、「今これか
ら〜します」というニュアンスで使われ
る。そのため、「今すぐ」ではない副詞
（句）を付けると違和感が生まれる。
ex. I am going to call him.（彼に電話
します）、I am going to call him
tomorrow.（明日彼に電話します）、I am
about to call him.（ちょうど今彼に電話
しようとしているところです）、× I am
about to call him tomorrow.

■ grasp
= seize
takeより力を入れて握ること。
ex. Grasp the opportunity!（機会をの
がすな）

Without notes, Ruth approaches the lectern.

RUTH : Radical social change. When I was in law school... there was no women's bathroom.

A murmur of laughter from the gallery. On the bench, Doyle smiles.

RUTH : It's amazing to me now that we never complained. Not because we were timid, we were just astounded to be in law school at all.

: A hundred years ago, Myra Bradwell wanted to be a lawyer. She had fulfilled the requirements for the Illinois bar, but she wasn't allowed to practice because she was a woman.

: An injustice she asked the Supreme Court to correct.

: Illinois was so confident of victory, they didn't even send a lawyer to argue their side. They were right. She lost.

: That was the first time someone went to court to challenge his or her prescribed gender role. A hundred years ago.

: Radical social change.

: Sixty-five years ago. When women in Oregon wanted to work overtime, and make more money, as men could, the Court looked to the precedent in Bradwell and said no.

: So, then there were two precedents.

---

murmur （聞き取れない）つぶやき, ささやき
bench 裁判官〔判事〕席, 法廷, 裁判所

amazing びっくりさせるような, 驚嘆すべき, 見事な
not because ⊙
timid おどおどした, 臆病な；内気な, 気の弱い, 〜を恐れる ⊙
at all （肯定文で）ともかく, まさか

Myra Bradwell マイラ・ブラッドウェル ⊙

(the) bar 法曹界, （裁判所所属の）弁護士団 ⊙

injustice 不当, 不法, 不公平；権利の侵害 ⊙

When women in Oregon wanted to work overtime... p.106, p.124で言及されるミュラー対オレゴン州の訴訟 →p.242

look to 〜 〜に注意を向ける
precedent 《法律》判例法, 判例, 先例 ⊙

原稿なしに、ルースは書見台に向かう。

ルース ：過激な社会改革ですか。私が法科の学生だった頃… 女性用トイレはありませんでした。

傍聴席から笑い声が聞こえる。判事席でドイルが笑みを浮かべる。

ルース ：今では抗議しなかったことは驚くべきことです。臆病だったからではありません。法科に入れたことにひたすら感動していたからです。

：100年前、マイラ・ブラッドウェルは弁護士になりたかった。彼女はイリノイ州裁判所の入所資格を満たしていましたが、女性だという理由で法廷に立つことを許可されませんでした。

：彼女は間違いを正すため最高裁判所に訴えました。

：イリノイ州は勝利の確信がありましたので、弁護士すら立てませんでした。イリノイ州の思惑通り、彼女は敗訴しました。

：規定の性別による役割に対して抗議するために訴訟を起こしたのは、これが最初でした。100年前です。

：過激な社会改革。

：65年前。オレゴン州の女性が男性と同じように残業をして、お金を稼ぎたがったのですが、裁判所はブラッドウェルの先例を引用し、棄却しました。

：これで、先例は2件になりました。

■ **not because**
not because A, <u>but because</u> B（AだからではなくBだからだ）という言い方もする。

■ **timid**
= shy; afraid [of]
ex. He is as timid as a rabbit.（彼は非常に臆病である）

■ **Myra Bradwell**
女性弁護士の先駆者、出版社経営兼編集者、女性の権利活動家（1831 – 1894）。1869年に司法試験に合格したが、イリノイ州最高裁判所は彼女に弁護士資格を許可しなかった。既婚女性は夫から独立した法的存在ではないことがその理由である。1870年の再審査においても、女性であることを理由に棄却された。ブラッドウェルは米国最高裁判所に上訴したが、1873年同裁判所は女性であることを理由にイリノイ州最高裁判所の判決を支持した。その後も彼女は女性の権利活動を続け、女性参政権運動にも加わった。1879年にベルバ・ロックウッドが最初の米国最高裁判所に認定された最初の弁護士になり、1890年に女性として初めて法廷で弁論した。同年イリノイ州最高裁判所はブラッドウェルの最初の申請を認可し、1892年に彼女は米国最高裁判所で弁論する資格を得た。

■ **(the) bar**
法廷で傍聴席を仕切る手すり、棒（bar）から、比喩として、「一般人は入れないエリアに立ち入る権利を持つ」、すなわち「法曹界」という意味で使われるようになった。
ex. bar exam（司法試験、弁護士試験、法曹資格試験）

■ **injustice**
in-は、「無、不〜」を意味する接頭辞。impossibleのように"p、b、m"の前では"im-"、illegalのように"l"の前では"il-"、irregularのように"r"の前では"ir-"となる。

■ **precedent**
裁判所の判決が後の同様な事件の判決を拘束することによって、法と認められるもの。不文法の一種。英国で発達。日本では上級審の判決は、その事件についてだけ、下級審を拘束するにすぎず、最高裁の前判決も大法廷で変更できるが、後の判決への拘束力は強い。

RUTH : Then three. Then four. And on and on, and you can draw a direct line from Myra Bradwell to Gwendolyn Hoyt, told ten years ago she was not entitled to a jury of her peers.

: That is the legacy the Government asks you to uphold today.

: You are being urged to protect the culture and traditions and morality of an America that no longer exists.

: A generation ago, my students would have been arrested for indecency for wearing the clothes that they do.

The gallery laughs.

RUTH : Sixty-five years ago, it would have been unimaginable that my daughter would aspire to a career.

: And a hundred years ago, I would not have the right to stand before you.

At 9:59, the Court Clerk rises to indicate time is nearly up.

RUTH : There are a hundred and seventy-eight laws that differentiate on the basis of sex. Count them. The Government did the favor of compiling them for you.

: And while you're at it, I urge you to read them. They are obstacles to our children's aspirations.

DOYLE : You're asking us to overturn nearly a century of precedent.

---

on and on 延々と, 長々と続く ↺

draw a direct line from A to B AからBへ真っ直ぐに線を引く ↺

Gwendolyn Hoyt, told... ↺

peer(s) (地位・年齢・能力などが)同等の人, 同僚, 同じ専門分野の人, 仲間, 友達

legacy 伝統, 過去からの遺産

no longer ～ もはや～ない, もはや～しない ↺

generation 世代, 同世代の人々 ↺

indecency みだら, わいせつ, 下品, 無作法, 不体裁

unimaginable 想像できない, 理解できない, 思いもよらない

un- [接頭辞] (否定を表して) ～でない, ～と反対の ↺

aspire を熱望する, 求める

clerk (裁判所・町議会などの)書記・事務員 ↺

time is up 時間です, 終了です

do a favor for you (人の)願いを聞いてやる, (人の)便宜をはかる

compile (資料を)収集[編集]する ↺

at ～に(取り組み), ～に従事中で

obstacle (通例比喩的に)(目的達成をはばむ)障害(物), 邪魔(な物) ↺

aspiration 向上心, 大志

ルース	: それから３件目。続いて４件目。その後も次々に、マイラ・ブラッドウェルからグウェンドリン・ホイトまで真っ直ぐ線を引くことができ、10 年前、ホイトは同性の陪審員を得る権利はないと言われました。
	: これが、政府があなた方に堅持するように求めている伝統です。
	: あなた方はもはや存在しないアメリカの文化、伝統そして道徳を守るように強いられているのです。
	: 一世代前なら、現在私の学生たちが着ているような洋服を着ていたら、わいせつ罪で逮捕されたでしょう。

傍聴人たちが笑う。

ルース	: 65 年前。私の娘が職業に就きたいと思うなんて想像できなかったでしょう。
	: 100 年前、私には法廷のこの場所に立つ権利はありませんでした。

9 時 59 分、法廷書記官が時間が近づいていることを示すために立ち上がる。

ルース	: 性別に基づいて差別をしている法律が 178 もあります。数えてみてください。政府が皆さんの便宜を図ってまとめてくれました。
	: そしてその際に、お読みになることを強くお勧めします。子供たちの大志を挫くものです。
ドイル	: 100 年近くの先例を覆せと言うのかね。

■ on and on
この on は「ずっと、どんどん」という意味の副詞。go が前に付くことが多い。It goes on. と on が 1 つだけでも「続く」という意味合いがあるが、ここでは on を繰り返すことで強調している。

■ draw a direct line from A to B
ここにおいては、比喩的に、「直接辿ることができる」という意味で使われている。

■ Gwendolyn Hoyt, told...
= Gwendolyn Hoyt who was told ten years ago (that) she was not entitled to a jury of her peers.

■ no longer ～
= not any longer; not anymore
ex. I no longer trust you.[I don't trust you anymore.]（私はもうあなたを信用していない）、We can no longer wait.[We cannot wait any longer.]（私たちはもうこれ以上待てない）

■ generation
人間の子供が親と代わるまでの約30年周ともされる。同じ時代に属する人々、特に同じ思考や経験を持つ場合に使われる。
ex. lost generation（失われた世代）、There is a gap between younger and older generations.（若い世代と年配の世代の間には隔たりがある）

■ un-
un- 形容詞・分詞・その派生語の副詞・名詞に付けて、「～でない、～がない、～と反対の」という否定の意味を付加する接頭辞。
cf. unhappy（不幸な）、unfinished（未完成の）、unlucky（不運な）、unkind（不親切な）、unbelievable（信じられない）、unthinkable（考えられない）、uncountable（不可算の、数えられない）

■ clerk
（銀行・会社・ホテル・郵便局などの）事務員、係（clerical worker ともいう）、店員という意味でも使う。
ex airline clerk（空港の事務員）、bank clerk（〔英〕銀行員）、front desk clerk（受付係）、salesclerk（〔米〕店員*〔英〕では shop assistant）、desk clerk（ホテルのフロント係）

■ compile
新聞・雑誌・映画の編集は edit。

■ obstacle
= barrier

RUTH : I'm asking you to set a new precedent. As courts have done before when the law is outdated.

DOYLE : But in those cases, the courts had a clear constitutional handle. The word 'woman' does not appear even once in the U.S. Constitution.

RUTH : Nor does the word 'freedom,' Your Honor.

The clock hits 10:00 and the Clerk sits.

HOLLOWAY: Go on. Professor Ginsburg.

RUTH : The principle purpose of Section 214 is not to protect women nor to discriminate against men.

: It is to provide caregivers the opportunity to work outside the home.

: Therefore, as the Supreme Court did in Levy v Louisiana, this court should fix the law most in line with the legislative intent.

: Extend the deduction to never-married men. Help all caregivers equally.

: Charles Moritz was well-raised to be the sort of man we should all hope our sons will become. Charlie deserves our admiration.

: Not only has he taken on the burden of caring for his very strong-willed mother when no one would expect it of him, but in doing so, he has surpassed the limitations the rest of us, and our laws seek to force upon him.

---

outdate 時代遅れなものにする, 古くさいものにする ⊃
have a handle on ～ ～を操作する, 管理する, 指導する

Your Honor （呼びかけ）裁判官 ⊃

principle purpose 主目的

provide 与える ⊃

Levy v Louisiana レヴィ対ルイジアナ州裁判 ⊃
in line with （規則・慣習など）に従って
legislative 立法上の, 立法府の
never-married ⊃
well-raised 立派に育てられた
well- ⊃

admiration 感嘆, 敬服, 賞賛
take on the burden of ～ ～の責任［重荷, 負担］を負う
expect of （当然のこととして）期待する, 期待を寄せる
surpass 上回る, 超える
seek to ～しようとする

ルース	：私は新しい先例を作ってほしいとお願いしているのです。法律が時代遅れになった時、これまで法廷がやってきたように。
ドイル	：しかしそれらの訴訟の場合、法廷には明確な憲法上の理由があった。米国憲法に、「女性」という言葉は一度も記されていない。
ルース	：「自由」という言葉もありません、判事。

時計が10時を打ち、書記官が座る。

ハロウェイ	：続けたまえ。ギンズバーグ教授。
ルース	：税法214項の主な目的は女性を守るためでも、男性を差別するためでもありません。
	：介護者に家の外で働く機会を与えるものです。
	：従って、レヴィ対ルイジアナ州裁判で最高裁判所が判決したように、当法廷でも立法趣旨に従って法律を修正すべきです。
	：生涯独身の男性に対しても控除を拡大すべきです。介護者全員を平等に支援すべきです。
	：チャールズ・モリッツは、誰もが自分の息子にそうなってほしいと望むべき立派に育った男性です。チャーリーは褒められるべきです。
	：頑固な母親の面倒を見るという誰も彼に期待していなかったであろう重荷を背負うだけでなく、そうすることで、彼は他の私たちにはとてもできないような限界を超えているのに、法律は彼に重荷を強制しようとするのです。

■ **outdate**
outdatedは「時代遅れな」という形容詞形。datedも同じ意味だが、一般的に、datedは「流行から外れた」ものに対して使い、outdatedは「時代から遅れて役に立たなくなった」ものに対して使う。*つまりdatedと形容されるものは、「流行りではないが、使える」ものである。
ex. dated design（流行遅れのデザイン）、outdated technology（旧式の技術）
また、outという接頭辞は、「〜の外、外側へ」というイメージを付加する。例えばbound（〜行き）と結合し、outbound（外へ向かう＝国（市）外へ向かう⇄inbound）、lawと結合し、outlaw（法律の外＝無法者）、standと結合しoutstand（外に立つ＝目立つ、傑出する）など、イメージと合わせると覚えやすい。

■ **Your Honor**
高位、高官、閣下。英国では主に地方判事へ、英国では裁判官へ、アイルランドでは高位の人への敬称として使われる呼びかけ。言及する時はHis[Her] Honorとなる。小文字でhonorであれば、名誉、ほまれ、栄光、名誉となるものや人を表す。米語では[ánər]、英国英語では[ɔ́nə]と、どちらも h を発音せず母音から始まるので、It is an honor to be here.（ここにいられて光栄です）のように、不定冠詞は a ではなく an を付ける。

■ **provide**
日常会話にも頻度の多い動詞。本作でも「定める」、「供給する」、「与える」などの意味で何度も使われている。
ex. It is provided that a driver should be fined for speeding.（車の運転者は、スピード違反で罰金を科されると規定されている）、We are well provided with clothing.（私達は、衣類については十分供給されている）

■ **Levy v Louisiana**
訴訟では訴えを起こす原告と訴えられる被告とがおり、先に原告の姓などを記載する。→p.243参照。

■ **never-married**
ハイフンで2語がつながって1語になり、形容詞となる。

■ **well-**
過去分詞と結び付いて合成形容詞を作る。「よく、十分に」という意味を付加する。
ex. well-accepted（広く受け入れられた）、well-balanced（よくバランスの取れた）、well-considered（しっかりと考えられた）、well-informed（十分に情報を得た）

RUTH	: We're not asking you to change the country, that's already happened without any court's permission. We're asking you to protect the right of the country to change.
	: Our sons and daughters are barred by law from opportunities based on assumptions about their abilities. How will they ever disprove these assumptions if laws like Section 214 are allowed to stand?
	: We all must take these laws on, one by one for as long as it takes for their sakes.
	: You have the power to set the precedent that will get us started.
	: You can right this wrong.
	: We rest our case on our briefs and argument, and ask that you reverse the Tax Court's decision.

The room is silent as Ruth returns to her seat.

EXT. TENTH CIRCUIT COURTHOUSE – DAY - Ruth, Martin, Jane and Moritz leave the court building. Mel comes running up.

WULF	: Kiki! That was perfect. That was perfect.
RUTH	: We don't even know who won.
WULF	: It doesn't matter. It was right.
RUTH	: This is just the beginning.

Mel gives her a kiss.

WULF	: I'm gonna go gloat.
MORITZ	: Martin. Thank you.
MARTIN	: Of course.
MORITZ	: Jane. Ruth.
RUTH	: I'll be in touch.

---

that's = that has

permission （書類・口頭による）許可, 認可, 承認, 同意

bar ［動詞］（人）が～するのを妨げる, ～を除外する

ever かつて, （疑問文で）これまでに, いつか ⮡
disprove （断言・主張などの）誤り［不正確さ］を立証する, 反証をあげる
stand （規則・決心などが）変わらないでいる, 元のままである, 有効である
for as long as ⮡
as long as ～する限り ⮡
take （時間・労力などを）必要とする ⮡
for one's sake ～の（利益の）ために, ～の理由で, ～を目的として
right ［動詞］（誤り・不正などを）正す, 直す, 訂正［矯正］する ⮡
wrong ［名詞］不正, 誤り ⮡
reverse 《法律》（判決など）を破棄する, 取り消す, 覆す

return （～から／元の場所・位置に）戻る, 帰る ⮡

Circuit 巡回裁判所 ⮡

go gloat 満足する, 満足した気持ちになる
gloat 満足すること, 満足した気持ち

be in touch 連絡する

ルース	：国を変えることをお願いしているのではありません、法廷の許可なくすでに変化は起きているのですから。国が変わるための権利を守ってほしいのです。
	：私たちの息子や娘たちは、彼らの能力についての想定に基づく法律によって、機会を阻まれています。税法214項のような法律が有効とされているなら、彼らはどのようにしてこれらの想定が誤りであることを立証できるでしょうか？
	：彼らのために必要である限り、私たちはその法律の一つ一つに取り組まなくてはなりません。
	：あなた方は基盤となる新しい先例を作る力をお持ちです。
	：あなた方はこの過ちを正すことができるのです。
	：趣意書と弁論に基づいて、本件の審理をお願いいたします、そして租税裁判所の前判決を破棄することを求めます。

ルースが席に戻ると法廷は静まる。

屋外－第10巡回裁判所－昼－ルース、マーティンそしてモリッツが裁判所の建物から出る。メルが駆け寄ってくる。

ウルフ	：キキ！　完璧だよ。完璧だった。
ルース	：勝敗はわからないわ。
ウルフ	：勝敗は問題じゃない。あれが正義だ。
ルース	：まだ始まったばかりよ。

メルは彼女にキスをする。

ウルフ	：満足してるよ。
モリッツ	：マーティン、ありがとう。
マーティン	：どういたしまして。
モリッツ	：ジェーン、ルース。
ルース	：また、連絡します。

■ ever
everは「かつて」「いつか」のように過去にも未来にも用いることができる。ここでは未来について用いている。everが過去形と一緒に用いられる時は「経験」を表すだけた言い方。
ex. Did you ever see a kangaroo?（今までにカンガルーを見たことがありますか）

■ for as long as
ここのforは「〜の間」という時間的な意味を表す前置詞。ここでの「必要である限り＝必要な間は」に見られるように、as long asが時間的な条件を述べるとき、forを伴うことが多い。「〜する限りずっと」という意味合い。

■ as long as
= so long as
条件を表す接続詞だが、ifとは違い、仮定法とともには使わない。
ex. As[So] long as he is here, we are safe.（彼がここにいる限り、我々は安全だ）、The government is allowing certain businesses to reopen as[so] long as they comply with strict public health measures.（政府は、厳格な公衆衛生措置に従う場合に限り、特定の事業の再開を許可している）

■ take
ex. what it takes（必要なもの〔欠かせないもの〕）

■ right
ex. right someone's wrongs（人の不正を正す）

■ wrong
= incorrectness
判断や方法などが間違っていて妥当ではないことを意味する。ここでは名詞として使われている。

■ return
go [come] backより堅い語。「すぐに戻る」は be back soonが普通。returnにはbackの意が含まれているので return back（to [from] …）とは言わない。

■ Circuit
= Circuit Court（巡回裁判所; 略. CC）。米国に存在する裁判所の1種。裁判所の設置が未整備な時代に判事が各地を巡回（circuit）して法廷を開いたことから名付けられた。日本でも米国統治下の沖縄で設置されていた。

As he walks off, Martin turns to Ruth and gives her a long kiss.

MARTIN	: You did it.
RUTH	: We did it.
MARTIN	: Oh, I say we celebrate.

As the Ginsburgs leave the building, a caption reads, "Denver's Tenth Circuit Court of Appeals unanimously reversed the Tax Court's decision and concluded that Charles Moritz was entitled to the caregiver deduction."

EXT. UNITED STATES SUPREME COURT – DAY – Ruth approaches the imposing building as we hear recordings of historic court cases.

VARIOUS JUDGES : (v.o.) We'll hear arguments next, in number four, Reed against Reed, 71-1694 Frontiero against Laird, Weinberger against Wiesenfeld, Kahn against Shevin, Edwards against Healy and others.

A caption reads, "Moritz v. Commissioner and Reed v. Reed became the first federal cases to declare discrimination on the basis of sex unconstitutional."

CHIEF JUSTICE BURGER : (v.o.) Mrs. Ginsburg.
RUTH : (v.o.) Mr. Chief Justice and may it please the Court. Amicus views this case as kin to Reed v Reed...
: The sex criterion stigmatizes when it is used to limit hours of work for women only.

---

walk off 立ち去る ↩

You did it. やったね!, よくやった

I say さあ, おい, なあ

leave ～を去る, 出発する, 離れる ↩
read [自動詞] (本・掲示などが) ～と書いてある ↩
conclude ～と結論を出す, 判断を下す

Supreme Court 米国においては, (国, または州の)最高裁判所 ↩

hear (職務として)～を聞く, (裁判官などが)公式に聴取する, (事件)を審理する ↩
Reed against Reed リード対リード判決 →p.243
Frontiero against Laird フロンティエロ対レアード判決 →p.244
Weinberger against Wiesenfeld ワインバーガー対ヴィーゼンフェルト裁判 →p.244
Kahn against Shevin カーン対シェヴィン裁判 →p.244
Edwards against Healy and others エドワード対ヒーリー裁判 →p.244
discrimination 差別, 不当な扱い ↩
first federal cases ↩

amicus 《法律》法廷助言者 (通常は弁護士) ↩
be kin to ～に類似している, ～に近い
stigmatize 汚名または徴候により特徴づけられる, 汚名を着せる, 非難する, ～に烙印を押す

モリッツが去ると、マーティンはルースの方を向き、長いキスをする。

マーティン ：君はうまくやったじゃないか。
ルース ：私たちでやったのよ。
マーティン ：さあ、みんなでお祝いしよう。

ギンズバーグ一家が裁判所を去ると、字幕が出る。「デンバーの第10巡回控訴裁判所は全会一致で前判決を破棄し、チャールズ・モリッツは介護者控除の資格があると判決した。」

屋外－米国最高裁判所－昼－ルースが壮大な建物に近づく。この時、歴史的な裁判の録音が流れる。

様々な判事たち：(画面外) 次は、4番のリード対リードの弁論、71-1694番のフロンティエロ対レアードの弁論、ワインバーガー対ヴィーゼンフェルト弁論、カーン対シェヴィンの弁論、エドワード対ヒーリー他の弁論。

字幕 「モリッツ対国税長官裁判とリード対リード裁判は、性差別を違憲と決定した初めての連邦裁判所案件となった。」

バーガー主任判事：(画面外) ギンズバーグ夫人。
ルース ：(画面外) 判事、恐れながら申し上げます。弁護人はこの訴訟をリード裁判と類似するものとみています。
：女性だけ労働時間を制限するというのは、性別基準が女性に烙印を押すことになります。

■ walk off
= go away from
offが持つイメージは「～から離れる・外れる」。

■ leave
= depart from; go away from; go from
⇄ arrive
ex. The train left Nagoya for Tokyo at 8:00.（列車は東京に向かって8時に名古屋を後にした）

■ read
ex. A sign board reads "Keep off the grass."（看板には「芝生に立ち入り禁止」と書いてある）

■ Supreme Court
米国の連邦最高裁判所は、1789年に設立され、首都ワシントンD.C.に設置されている。1名の主席判事（Chief Justice）と8名の陪席判事（Associate Justices）から構成されている。判事（裁判官）は、大統領に指名され、その身分は終身保証であり、大統領の意見を直接体現することのないように定められている。司法審査を通じて、社会全体に大きな影響力を持っている。他に（多くの州の）最高裁判所（High Courtともいう）や、（若干の州の）第一審裁判所をSupreme Courtと呼ぶことも。

■ hear
ex. The judge heard the case.（裁判官が事件を審理した）

■ discrimination
個人的価値とは関係なくなされる人または集団に対する差別的な待遇などのこと。
ex. We should forbid racial discrimination.（私たちは人種差別を禁止すべきだ）

■ first federal cases
firstは「最初の」という意味であるが、casesと複数形になっているので、性差別を違憲とする判決が同時期に下され始めたというニュアンスが含まれている。

■ amicus
= amicus curiae
amicusはfriend（友）や、comrade（同志）を、curiaeはcourt（裁判所）を意味するラテン語。裁判所からの要請を受け、情報や意見を提出する第三者のことである。

RUTH : It assumes that all women are preoccupied with home and children.

: These distinctions have a common effect: they help keep women in her place, a place inferior to that occupied by men.

: The law must stop using sex as a shorthand for functional...

: The judgement then joins enforcement of the statute, insofar as it discriminates on the basis of sex.

: Practical effect, laws of this quality help to keep women not on a pedestal, but in a cage.

: Sarah Grimké said, I ask no favor for my sex, all I ask of our brethren, is that they take their feet off our necks.

As Ruth's words continue and slowly fade, she climbs the Supreme Court steps with confidence. The real Ruth Bader Ginsburg, here 84 years-old and Associate Justice of the U.S. Supreme Court, takes her younger self's place, in a matching, contemporary outfit, as she ascends the final steps.

A caption reads, "Ruth Bader Ginsburg co-founded the ACLU's Women's Rights Project. She became the leading gender rights lawyer of her generation, winning several landmark cases before the U.S. Supreme Court."

be preoccupied with 〜のことで頭がいっぱいである
preoccupied ［形容詞］すっかり気をとられている
help ［動詞］(主に米)(事を)助長する ◐
inferior (地位・位置などが)下級の, 下(位)の
a shorthand for 〜の別の言い方
shorthand 簡潔な言い方
functional 機能本位の, 実用的な, 便利な
judgement 裁判, 審判, 判決
enforcement 1 (法律などの)施行, 実施
statute 《法律》制定法, 成文法
insofar as 〜する限りでは ◐
practical 実用的な, 実際の役に立つ, 効果的な ◐
quality 性質, 属性, 特質, 特性
keep 〜 on a pedestal (間違いに気づかず)〜をあがめる, 崇拝する, 祭りあげる
keep 〜 in a cage かごで〜を飼う ◐
Sarah Grimké サラ・ムーア・グリムケ ◐
ask no favor(s) 何も求めない ◐
favor 恩恵, 好意
brethren (やや古)同志, 仲間
take one's foot off one's neck 妨害をしない, 邪魔をしない, 足を引っ張らない ◐
fade 色あせる, (次第に)薄れる, 消えていく
confidence 自信, 確信
Associate Justice 判事, 陪席裁判官 ◐
take one's place 引き継ぐ, 入れ代わる, 取って代わる, 交代する
contemporary 現代の, 当代の
outfit 服装一式(帽子や靴など身につけているもの一式)
ascend 登る, 上がる ◐
co-found 共同で設立する
Women's Rights Project 女性権利プロジェクト ◐
leading ［形容詞］一流〔一級, 一位〕の, 卓説した, 主要な

ルース　：女性は家庭や子供のことに終始するものと想定
　　　　　されています。

　　　　：これらの差別は共通の影響を及ぼします。それ
　　　　　は女性を女性の立場に、男性が占有しているよ
　　　　　りも劣る位置付けに留めるのを助長しているの
　　　　　です。

　　　　：法律は機能上の別の言い方として、性別を使用
　　　　　することを止めるべきです…

　　　　：法律が性に基づいて差別している限り、判決は
　　　　　法律を強化することになります。

　　　　：実際的な影響力を持つこのような法律は女性を
　　　　　あがめるのではなく、檻に閉じ込めているので
　　　　　す。

　　　　：サラ・グリムケは言いました、女性のために何か
　　　　　してほしいとは思わない、ただ女性の足を引っ
　　　　　張らないでほしいと男に望むだけ、と。

ルースの言葉は続き次第に消えていく中で、彼女は自信に満ちて
米国最高裁判所の階段を昇る。若いルースに代わって、84歳の米
国最高裁判所陪席判事である本物のルース・ベイダー・ギンズバー
グが現代の服装で現れ、最上段を昇る。

字幕　「ルース・ベイダー・ギンズバーグは全米自由人権協会の女性
権利プロジェクトを共同設立した。彼女は男女差別撤廃の当時の
先導的弁護士となり、米国最高裁判所でいくつもの主要な裁判に
勝利した。」

■ help
［help ＋ 目的語 ＋ to不定詞］で「目的語
が〜するのを助ける」という意味だが、こ
こでのように目的語を省略したり、不定
詞のtoを省略することができる。口語で
はtoを省略する方が一般的で、文語表現
でも、toを付けるか付けないか使用率は
半々ぐらいとされる。ただし、受動態で
toを省略することはできない。
ex. Grandma would be helped to sit
up on her bed by mom.（おばあちゃん
は母にベッドで上体を起こすのを手伝っ
てもらっていた）

■ insofar as
＝ in so far as; as far as
法律や契約書などの硬い文書で使われ
る。p.233の as long as と違い、「範囲
的な条件」を表す。
ex. insofar as I know（私の知る範囲
では＝私の知る限り）

■ practical
⇄ impractical

■ keep 〜 in a cage
ex. keep a bird in a cage（鳥をかごに
入れて〔から出さないで〕飼う）

■ Sarah Grimké
Sarah Moore Grimké（1792-1873）
は、米国の奴隷制度廃止論者、女性参政
権運動の母、女性の権利活動家。サウス
カロライナ州の裕福なプランターの家庭
に生まれ育ち、自身の体験から早い時期
に奴隷制度廃止や男女平等に対する強
い信念を抱く。クェーカー教徒となり、聖
書に基づいた見解で講演や執筆活動を
含む活動をした。南北戦争（1861-65）
中は、アブラハム・リンカーン大統領を支
持する講演や執筆活動をした。

■ ask no favor(s)
ex. ask a favor of a person（人に事
を頼む）

■ take one's foot off one's neck
⇄ set [have, put] one's foot on the
neck of 〜（〜の首を踏みつける、〜を完
全に征服する）

■ Associate Justice
合衆国連邦最高裁判所はchief justice
（長官）1人とassociate justice（判事）
8人から成る。

■ ascend
⇄ descend

■ Women's Rights Project
ACLUの女性権利プロジェクト。ギンズ
バーグが共同設立者。

A caption reads, "Martin Ginsburg became one of America's preeminent tax attorneys and a beloved professor at Georgetown University Law Center. He died of cancer in 2010, a few days after he and Ruth's fifty-sixth wedding anniversary."

A caption reads, "Jane Ginsburg graduated from Harvard Law School in 1980. Today she is a professor of law at Columbia University."

A caption reads, James Ginsburg produces classical music and is the founder of Cedille Records."

A caption reads, "On June 14, 1993, Ruth Bader Ginsburg was nominated to the U.S. Supreme Court. The Senate confirmed her nomination: 96-3."

preeminent　きわめて優秀な, 抜群の, 卓越した
beloved　最愛の, 大切な
die of　〜で死ぬ ➡
wedding anniversary　結婚記念日 ➡

produce　(米) (映画・劇など) 製作する[上演]する ➡
founder　創設者, 開祖, 基金寄付者 ➡

nominate　指名する, 推薦する
confirm　(契約・協定・人などを正式に) 承認する, (任命などを) 承認する ➡

字幕　「マーティン・ギンズバーグは税法に卓越した弁護士であり、またジョージタウン大学法律センターの敬愛される教授となった。2010年、結婚56周年の数日後、癌のため亡くなった。」

字幕　「ジェーン・ギンズバーグは、1980年にハーバード法科大学院を卒業した。現在、コロンビア大学法学部の教授である。」

字幕　「ジェームズ・ギンズバーグはクラシックの音楽プロデューサーとなり、セディル・レコード会社を設立した。」

字幕　「1993年6月14日、ルース・ベイダー・ギンズバーグは米国最高裁判所の判事候補に指名され、上院はそれを96対3で承認した。」

■ die of

死因が病気・老齢にはof、怪我などにはfromを用いる。

■ wedding anniversary

日本では主にsilver anniversary（銀婚式）とgold anniversary（金婚式）が知られているが、その他にも名前の付いた結婚記念日はたくさんある。元々は5年ごとだったが、1937年に、アメリカの宝石商組合がさらに数を増やし、現在では、15年目までは1年ごと、その後は5年ごとに名前が付けられており、それに応じた贈り物を交換する風習もある。ちなみに、1年目はpaper（紙婚式）、5年目はwood（木婚式）、10年目はtin（錫婚式）と基本的には徐々に固い材質に変わっていく。マーティンが亡くなる前年に2人が迎えた結婚55周年はemerald anniversaryと呼ばれる。

■ produce

ex. There are some new techniques for producing special effects in movies.（映画の特殊効果をつくりだす新技術がある）

■ founder

CEO（chief exective officer：最高経営責任者）やchairperson（議長）など、その会社や組織で唯一の役職や地位を表す単語は無冠詞で使うことができる。特に補語として使われている場合、「その役職の人」という可算名詞ではなく、「その役職」という不可算名詞として捉えられるため無冠詞になる。

ex. He was the founder and first president of Medical Society.（彼は医学協会の創設者でもあり初代会長でもあった）, People elected Biden president.（人々はバイデンを大統領（という役職）に選んだ）

■ confirm

ex. The appointment was confirmed by Congress.（その任命は議会で承認された）

この映画について

　映画『ビリーブ 未来への大逆転』(2018) *On the Basis of Sex* は、アメリカ合衆国最高裁判事となったルース・ベイダー・ギンズバーグが弁護士時代に自身にとって初の男女平等裁判に挑んだ実話をもとに描かれている。P.72 でのコラムでも取り上げられているように、「法廷は、その日の天候には影響されるべきではないが、しかし時代の思潮には影響されるだろう。」と映画の中で何度も繰り返されるこのフレーズの通り、時代の思想によって、法廷が転機を迎える瞬間を捉えた作品である。その転機をもたらすのが、ルース・ベイダー・ギンズバーグその人であり、この映画を見て彼女の素晴らしさに共感した人は多い。今では当たり前に思っている法律上の男女平等は、こういう勇気ある女性の挑戦によって獲得されてきたことがよく分かる。

　この映画の脚本は、ダニエル・スティエプルマンが書いたものである。実は、彼はルース・ベイダー・ギンズバーグの甥である。スティエプルマンは、ルースの夫マーティンが 2010 年に亡くなった時を振り返り、「おじさんの友人の弔辞で、ルースとマーティンが一緒に手掛けた訴訟のことを聞いて、これはいい映画になると思ったんだ。」(パンフレット production notes 参照) と話している。スティエプルマンは即座に脚本を書きたいと思ったが、別のいくつかのインタビューで述べているように、おじの葬儀の席で、映画の題材を探してしまう自分を律し、それゆえに一定期間寝かせた後、ルースに脚本を書く許可と協力を依頼した。彼女は、スティエプルマンがそのことに時間を使いたいなら良い (if that's how you think you'd like to spend your time.) と許可を出してくれたという。本作のラストで聞かれるように、ルースの弁論は音声記録が残されているものも多い中、モリッツの訴訟での弁論の音声記録は残っていない。スティエプルマンは繰り返しワシントン D.C. のおばの元を

訪ね、ルース自身にも脚本の下書きに何度も目を通してもらい、訴訟の詳細を描き出した。その他にもルースは作品に協力的であり続け、マーティンの名物料理レバーパテや、ルースの"食べられたものではない"ツナキャセロールへの言及、そしてルース本人の特別出演を実現させるなど、この映画には、甥という立場だからこそ引き出せたものが数多くあることは疑いようもない。

　この作品については、もう一つのポイントがある。スティエプルマンの脚本を読んだミミ・レダー監督が、この映画を是非とも作りたいと監督を引き受けてくれたのだ。作品内容に魅かれたことはもちろんのこと、レダー監督には、もう一つ理由があった。レダー監督がインタビューの中で、「ギンズバーグが判事になるまでの道のりにすぐさま共感した。」「彼女と私がたどってきた道のりには、共通点があると感じたの。」と述べているように、監督自身も逆境や差別を体験し、男性社会で仕事を自分のものにするために闘ってきた人物である。さらには、彼女もまた母親であり、ユダヤ人女性であり、夫とは愛に溢れた平等な関係性を築いてきたのである。彼女はこうも言っている。「私たちは二人とも、それぞれのやり方で"ガラスの天井"を打ち破ってきた。その影響の度合いは違えど、私たちは、変化を起こす意義も、目の前で扉をピシャリと閉められることがどういうことかも知っている。」(こう語る監督は、今回の作品に携わった各部門のリーダーを、肌の色や性別において平等になるよう砕心したことも付け加えている。)だからこそ、レダー監督は、ルースのことを是非とも世界中の人々に伝えたかったのである。

　自分の行うべきことに邁進して、かつ人生や人格を深めようとするルースの生き方から、世界中のすべての女性が勇気をもらえることであろう。

寶壺　貴之 (岐阜聖徳学園大学)

p.34

■ Hawkins versus McGee

1914年、当時10歳のジョージ・ホーキンス
は、自宅で感電し、右の手の平に傷が残る
やけどを負う。数年後、後遺症が日常生活
に支障をきたし始めていた。医師エドワー
ド・マッギーは「100％良い手にする」と約
束するが、結果は、傷跡が消せなかっただけ
ではなく、移植にホーキンスの胸の皮膚を
使ったため、ホーキンスの手の平に胸毛を
生やしてしまった。ホーキンスは医療過誤
ではなく、契約違反として訴えを起こした。
本件で採用された契約違反に対する損害
賠償の算定方法は、約束された結果と実際
の結果の差で計るというものだった。p.38
でルースが指摘する通り、もしマッギーが大
風呂敷を広げていなければ、「元から傷跡
がある手」と「胸毛が生えた手」の差を補う
金額を支払うだけでよかった可能性がある
ところ、マッギーは「元から傷跡があるホー
キンスの手」よりも回復した「100％良い
手」を約束してしまっていた。なお、苦痛に
対する慰謝料は、どのような結果であれ、
手術に痛みが伴うことは合意の上であると
みなされ、却下された。この判例は、the
"Hairy Hand" Caseとして知られ、法にお
ける救済措置・損害賠償とは何か、また損
害額をどのように計算すべきかを学ぶ判例
として重用される。ハーバード法科大学院
を舞台とした1973年の映画『ペーパー・
チェイス』の冒頭場面でもこの訴訟に関す
る講義が描かれている。ちなみに、その時
も、教授は主人公の他にMr. Pruitという名
の学生を指名している。

p.56

■ Brown v Board of Education

公立学校での人種隔離教育をめぐり争われ
た裁判。カンザス州に住むリンダ・ブラウン
という黒人少女が最寄りの公立小学校への
入学を、人種を理由に拒否され、遠方の学校
へ通うことを余儀なくされたため、親が教育

委員会を相手取って訴訟を起こした。最高
裁まで争われ、1954年にアール・E・ウォーレ
ン首席判事は、人種で生徒を分離する公立
学校の設立を認める人種隔離制度そのもの
が不平等で、違憲であると判決を下した。つ
まり、1886年に、白人と黒人の利用できる施
設を分けることを合憲とした「プレッシー対
ファーガソン裁判」の最高裁判決以来続い
てきた「分離すれど平等」を否定すること
になる画期的な判決であった。

p.76

■ Hoyt versus Florida

ルースが授業で取り上げる訴訟。当時ホイ
トの地元の陪審員候補者リストには1万人
が記載されていたが、そのうち女性はたった
10人しかいなかった。だが、女性を陪審候
補から除外するのは、恣意的ではなく、家を
守るという女性の社会的役割に配慮したも
ので、正当な理由であるとみなされた。

p.106、124、226

■ Muller v Oregon

1905年、クリーニング店オーナーのカー
ト・ミュラーは、工場やコインランドリーで
の女性の労働時間を10時間に制限するオ
レゴン州の法律に違反して罰金を科せられ
た。ミュラーは判決を不服として上訴した
が、州最高裁判所、米国最高裁はいずれも
この法律の合憲性を支持した。

p.106

■ Goesaert v. Cleary

1945年ミシガン州で、人口5万人以上の都
市にあるバーでは、女性がバーテンダーの
ライセンスを取得することを禁じる法律が
できた。だが、男性オーナーの妻、または娘
であれば、ライセンスを得ることが可能と
された。建前は、女性を倫理的あるいは社
会的な問題から守るためとされたが、この
法律の背景には、稼ぎのいいバー経営者の
地位を男性だけで占めたいという思惑の

バーテンダー組合のロビー活動があったと言われている。当時、ミシガン州でバーを経営していたヴァレンティン・ゲザートは、この法律は憲法修正第14条に反しているとし、施行差し止めを求めた。連邦地裁・最高裁は、いずれも州法は合憲であると判決を下した（1947年、48年）。

p.150

■ Bolling v Sharpe. 347 U.S. 497

スポットウッド・トーマス・ボーリング他、対メルビン・シャープコロンビア教育委員会長他。原告は、人種を理由に公立学校への入学を拒否されたことで集団訴訟を起こす。アール・E・ウォーレン首席判事は、ワシントンD.C.の公立学校における分離は、米国憲法修正第5条によって保証された法の適正な過程の下において、黒人の子供たちに対する否定で、違憲であるとし、全会一致で判決を下した。同じ日に判決が言い渡されたブラウン対教育委員会で、州レベルの同様の法律が違憲とされたのに加え、このボーリング対シャープの判決は連邦レベルでも違憲であるとする画期的な判断である。*（347 U. S. 497）ボーリング対シャープの後ろに表記されている数字：前の数字は判例集の「巻」、後の数字は判例が載っている「最初のページ数」を表わす。数字に挟まれているU.S.は、判決集の種類。ここでは連邦最高裁の判例集"United States Reports"を指す。

p.152

■ Welsh v United States

1970年、エリオット・アシュトン・ウェルシュⅡの米国最高裁での上訴審。当時、良心的兵役拒否は、宗教的信念が理由である場合のみ認められていた。個人の倫理観を理由に兵役を拒否したウェルシュは、有罪判決を受け上訴。最高裁は、良心的兵役拒否者の定義を拡大解釈し、戦争への反対が宗教的信念が理由でなくとも認めるべきと判断した。

p.152

■ Reed v Reed

リード夫妻は、亡くなった息子の財産の管理者としてどちらが指名されるかをめぐって争っていた。リード夫人が訴えを起こし、アレン・ダーが彼女の弁護士を務める。アイダホ州エイダ群遺言検認裁判所は、「男性は女性に優先する」というアイダホ州法により夫を指名した。妻サリーは上訴し、1971年、最高裁は遺産執行者として男性を優遇するアイダホ州法を違憲とし、米国最高裁史上、性に基づく区別が初めて憲法違反とする画期的な判決を下した。この時、上訴趣意書執筆者に名を連ねていたルースは、ドロシー・ケニオンとパウリ・マリーの考えを参考にしながら論理を構築した。

p.188

■ Kirk v Commissioner

1950年2月2日にボストンにある第1巡回控訴裁判所で行われた裁判。課税逃れを目的とし、所得額を過少申告していたことを税務署が発見し、加算税を課したのが、納税者の死後であった。故人となっている場合、納付を免除され得るのかが争点となった。納税者の死後であっても、加算税の納付責任は消滅しないと判断された。

p.230

■ Levy v Louisiana

ルイーズ・レヴィは未婚の母だった。彼女は医者の過失により死亡したとして彼女の子供たちが損害賠償請求の訴訟を起こしたが、ルイジアナ州地裁は、州法により非嫡出子には提訴する権利はないとして訴訟を却下した。子供たちは上訴したが棄却され、さらにルイジアナ州最高裁もそれを棄却した。その後1968年に米国最高裁は、憲法修正第14条の下、子供たちは提訴する権利を認められており、ルイジアナ州法は違憲であると判決した。

The CASES

p.234

■ Frontiero against Laird

空軍将校シャロン・フロンティエロが、夫に対する扶養家族手当と医療費補助金を請求した。しかし、女性軍人に限っては、その家族の生活費の2分の1以上を負担していることを証明することが求められており、彼女の申請はその基準を満たしていないという理由で却下された。女性と男性で扶養家族手当の申請基準が違うことに対して夫婦は地裁に提訴したが、棄却され、米国最高裁に上訴。1972年、ルースは、ACLUのamicus（法廷助言者）として法廷に立ち、性別に基づく法規定は違憲であると判決を得た。メルヴィン・レアードはニクソン政権下の国防長官（在任期間1969-1973）である。

p.234

■ Weinberger against Wiesenfeld

スティーブン・ヴィーゼンフェルトの妻ポーラは、結婚後も教師の仕事を続け、夫よりも収入が多くあった。だが、彼女は出産で命を落としてしまい、スティーブンは遺族給付金を申請する。ところが、給付金は寡婦を対象としており、寡夫は対象外であると告げられる。メル・ウルフとともに担当を引き受けたルースは、社会福祉法の条項は男性であることを理由にスティーブンを差別していると同時に、ポーラが生前納めてきた社会保障税についても、同額を納めた男性と比べ過小評価するものであり、つまり女性であることを理由にポーラを差別していると主張した。1975年、米国最高裁は、条項は性別に基づく差別があり違憲であると判決を下した。キャスパー・ワインバーガーは当時の保健教育福祉長官（在任期間1973-1975）である。

p.234

■ Kahn against Shevin

フロリダ州の税法では、寡婦に年間500ドルの固定資産税免除を認めていたが、寡夫となったメル・カーンが税免除を申請したところ、却下された。カーンは、巡回裁判所に確認を求めたところ、寡夫に税免除しないのは性に基づく分類にあたり、憲法修正第14条に反しているとして、違憲であるとされた。しかし、フロリダ州最高裁は、この法律の目的は、男女の経済力格差を減らすことにあり、違憲ではなく、法律上有効であると巡回裁判所の判決を覆した。1974年に彼は米国最高裁に上訴し、ルースが代理人として法廷に立ったが、最高裁はこの法律の立法趣旨は、公平で実質的であるとして、フロリダ州最高裁の判決を支持した。この訴訟は、ルースにとって最高裁における初めての、そして唯一の敗訴となった。シェヴィンは、税務署の担当者。

p.234

■ Edwards against Healy and others

ルイジアナ州法では、女性が陪審員になるためには、文書で希望を提出しなければならないとしていた。これに反対するマーシャ・ヒーリーを代表とする女性たちが起こした集団訴訟。ルースは、本来「義務」であるべき陪審員を女性のみ志願制とすることは、「女性を守る」という名目の裏に、女性は家庭にいるべきであるという考えが根底にあるからだと見ていた。彼女は、この法律により権利や機会を侵害されていると考える女性の他に、同性の陪審を認められなかった裁判経験がある女性、また、女性陪審員が選択制であるが故に、陪審員になり得る義務をより多く課されていると考える男性をも原告団に引き込んだ。ルイジアナ州裁判所は、陪審員規定は陪審員の義務から女性を保護しているため合法であると決定したが、米国最高裁は、その決定を棄却し、地裁に差し戻す判断をした。最終的に地裁はルースの立場を支持する判断を下した。エドウィン・エドワーズは、断続的に4期16年を務めたルイジアナ州知事。

Comprehension Quiz

次の文が各章の内容に合っていれば True を、合っていなければ False を選びなさい。
括弧内のページにヒントがあります。答えは 247 ページの下部にあります。

Chapter 1
Ruth is upset about the question she was asked at the Dean's dinner. (p.30)
(True   False)

Chapter 2
Doctor Leadbetter promises Martin that he will survive cancer and go back to a healthy happy life. (p.50)
(True   False)

Chapter 3
Dean Griswold rewards Ruth with a Harvard law degree. (p.62)   (True   False)

Chapter 4
Ruth teaches the legal rights of gnomes and fairies at Rutgers Law School. (p.74)
(True   False)

Chapter 5
Mel thinks working with young children is harder than working at ACLU. (p.104)
(True   False)

Chapter 6
Ruth believes Jane deserves an A for her writing skills. (p.122)   (True   False)

Chapter 7
Millicent has to type the brief again because she has mistyped. (p.144)
(True   False)

Chapter 8
At the moot court, Mel points out that Ruth must focus on her client's argument. (p.180)
(True   False)

Chapter 9
Ruth says she is obligated as Mr. Moritz lawyer to convince Moritz to take the offer. (p.198)
(True   False)

Chapter 10
Judge Doyle asks Martin to make a claim including categories other than the tax matter. (pp.210-214)
(True   False)

p.22	**But you've got it wrong.**	意味	でも君は間違えている。

英文解析	I got it!（わかった！）という表現がある通り、get には「〜を理解する」という口語的な意味がある。get it wrong を直訳してみると「それ（物事）を間違って理解する」となることから想像できる通り、これは「勘違いをする、間違った思い込みをする」という口語表現。ここでは現在完了を使い、「あなたが勘違いしていることに今気づいた」というニュアンスを付加している。
使用方法	相手の勘違いを強調して指摘したいときは、all を付け、You've got it all wrong.（完全に誤解だよ）と表現できる。また、it の部分を（人）に置き換えると、「その人のこと（考え方）を誤解する」となる。ex.) Don't get me wrong. I'm not that kind of guy.（〔僕を〕誤解しないで。僕はそういうタイプの男じゃないんだ）

p.38	**Words matter.**	意味	言葉が重要です。

英文解析	ここでの matter は「重要である」という意味の完全自動詞なので、補語や目的語を必要とせず、主語（S）と動詞（V）のみで構成される第一文型の文として使える。この文を言い換えると、Words are important / significant / crucial. などと言えるが、「弱い動詞（＝意味的・役割的に軽い動詞）」とされる be 動詞を使うよりも、Words matter. の方が、力強く断言している印象を与えられる。
使用方法	Black Lives Matter（BLM）に見られるように、matter は一語で強い意味を伝えられるため、スローガンにも多く使われる。余談になるが、助詞を必要とする日本語で、BLM をどう訳すか（「黒人の命は（が）（も）（こそ）大切だ」など）、議論の対象となっている。また、強調構文の形で、It is words that matter.（重要なのは言葉です）とすることも可能（この場合、words が複数形だが、"It is" の形であることに注意）。

p.42	**Ruthless Ruthy strikes again!**	意味	無慈悲なルーシーはまたしても襲いかかる!

英文解析	頭韻（alliteration：複数の語の語頭の子音を同じものにする韻のふみ方）は、詩歌によく使われる技法だが、ここでマーティンは語頭の子音だけではなく、彼女の名が丸々使われている形容詞でリズミカルな言葉遊びをしている。容赦無く勝ち星を稼ぐルースを Ruthless（非情な）と揶揄しながらも、賞賛の気持ちがこもった表現である。
使用方法	実際に、Coca-Cola、Krispy Kreme、PayPay、Marilyn Monroe など商品（標）名や芸名として使われることも多いように、頭韻を使うと（音として読んだ場合だけでなく、文字として読んだ場合でも）サービスの利用率が上がるという研究結果がある（*Journal of Retailing*, March 2016 参照）。自分のイニシャルと頭韻を踏む形容詞などを探し、自分だけのキャッチフレーズを作ってみるのも面白い。

p.76	**And that's where our story begins.**	意味	私たちにとっての問題はここから始まります。

英文解析	where という関係詞は、場所を表す先行詞と共に用いる。と覚えている方も多いのではないだろうか。だが、実際 where が使用できる場面はかなり多岐にわたる。この文に省略されている先行詞を考えてみると、the point や the moment などが挙げられるだろう。それでも where を使えるのは話し手が「その事柄が起こった時」を「空間的な場所＝場面」として捉えているからと言える。
使用方法	近年、ビジネスの場において重要性が増しているスキルに storytelling がある。プレゼンなどの内容に物語性を持たせ、聞き手の関心・共感を得る手法のことである。このセリフの直後、学生たちの表情や姿勢が変わるのをぜひ確認してほしい。グッと聞き手の注意を引くフレーズであることがよくわかる。このようなフレーズを意識的に聞き、話し手のトーンや表情も真似て使ってみていただきたい。

p.80	**Don't take it out on me.**	意味	八つ当たりはやめてくれよ。

英文解析	take it out on someone は「（人）に八つ当たりをする、怒りをぶちまける」という意味の口語表現。take out という句動詞そのものに「感情をぶちまける、発散する」という意味がある。この句動詞は「動詞＋副詞」なので、代名詞 it は動詞 take と副詞 out の間に置く（take out it とは言わない）。ここでの on は「〜に対して」という動作の対象を表す役割。
使用方法	自分と直接関係ないことで非難されている（と感じている）場合や、言いがかりだと主張したい場合に使うフレーズ。it を他の名詞（句）に置き換え、具体的な原因に言及したり、（人）を（もの）に置き換え、対象を人以外にすることもできる。ex.) Don't take out your stress on me.（あなたのストレスを私にぶつけないで）、Don't take your anger out on things.（怒って物に当たっちゃだめだよ）

この2ページは、この映画で当社編集部がぜひ覚えていただきたいセリフの解説です。

セリフ ベスト *10*

p.114	**Tell me in your own words**	意味	あなたの自身の言葉で話してください。

英文解析：in は、ここでは「〜の中に」という意味ではなく、「〜で、〜を用いて」という意味の手段や方法を表す前置詞として機能している。ex.) in another way（別のやり方で）、in an alphabetical order（アルファベット順で）形容詞 own は所有格（my, your, our など）と合わせて使い、「〜自身の」と強調する役割を果たす。ex.) I believe in my own self.（自分自身を信じる）

使用方法：この場面のように、第三者として事情を知っていても、その人自身の言葉で話して聞かせてほしいという時に使える。言い争いや行き違いの仲裁をしなければならない時など、当事者にこのフレーズを使って促してみよう。ex.) I'll tell you what really happened in my own words.（本当は何が起こったのか、僕自身の言葉で話すよ）

p.128	**I don't have all day.**	意味	あまり時間がないの。

英文解析：all day（一日中）を使った口語的な慣用表現。have all day で「（〜をするための）時間がたっぷりある」という意味。ここでは否定形なので、反対に「（〜するための）時間がたっぷりあるわけではない＝だから急いでくれ」という意味になる。言い方にもよるものの、少し苛立っているニュアンスがある。

使用方法：この場面のように、時間がないので急いでほしいと相手を促す時に使う。ex.) I came here because you said you wanted to show me something. Well, I don't have all day!（見せたいものがあるって言うから来たんだ。早くしてくれよ）また、現在完了の I haven't got all day. としても、同様の意味で使える。

p.144	**May I make an observation?**	意味	ちょっと意見を言ってもよろしいでしょうか？

英文解析：make an observation（on / about）で、「（〜に関する）所見を述べる」observation は「観察する」という意味の動詞 observe の名詞形。つまり「自分の価値観や考えを元にした意見」というニュアンスの opinion と比べ、「観察した結果得られたもの」ということである。ここでは May I 〜？という丁寧な表現で許可を求めており、立場をわきまえた印象付けるフレーズとなっている。

使用方法：目上の人に対して、控えめな態度を保ちつつ意見を述べる時に使える表現（しかしここではその後のあけすけな物言いとの対比が笑える場面である）。このフレーズのように自分の意見を述べる時の前置きとしては稀だが、observation に形容詞を付けることも可能。ex.) make an interesting observation（興味深い意見を述べる）、make an objective observation（客観的な意見を述べる）

p.152	**Then you've done more harm than good.**	意味	そうなると君は利益よりも損害を与えることになる。

英文解析：do more harm than good は「有害無益である」という表現。ここでメルは未来の話をしているが、（もしルースが勝ったならば）次に起こる事態は確定していると考えているため現在形を使っている。さらに上記のセリフは、「控除が廃止されるという事態になった時点ではルースがしたことはすでに終わってしまった行為（だがその時点でも影響は残っている）」を表すため完了形になっている。

使用方法：harm と good を入れ替え、「害を与える以上に利益になる」というフレーズでもよく使われる。do の後に、あるいは to 〜の形で、その影響を受ける対象を示すこともできる。ex.) The treatment did <u>him</u> more harm than good.（その治療は彼にとって有害無益となった）、The law will do more good than harm <u>to our company</u>.（その法律は我々の会社にとって害をもたらす以上に有益となるだろう）

p.192	**Now, listen to me for a second.**	意味	なあ、ちょっと聞いてくれ。

英文解析：Listen to me.（私の話を聞いてて）と単独でも使うフレーズに、for a second（1秒）という短い時間を示しながら、それほど一瞬でもいいから自分の話を聞いてほしいという話し手の必死さが伝わる表現。相手にまくし立てられるなどして、口を挟む隙がなく、話し手が苛立っていることが多い。

使用方法：just や please を付けた表現、will you 〜？と依頼表現にする言い方など、色々なバリエーションがある。ex.) Just listen to me for a second.（ちょっと聞いてよ）、Please listen to me for a second.（お願いだからちょっと聞いてよ）、Will you listen to me for a second?（ちょっとでいいから聞いてくれないか）また、second を moment や minute に置き換えてもほぼ同義として使える。

表示のページを開いて、セリフが登場する場面の前後関係とともに、その使用法を完全にマスターしてください。

アバウト・タイム　iPen 対応

父から譲り受けたタイムトラベルの能力を使ってティムが試行錯誤ののちにたどり着いた人生の楽しみ方とは。

中級

1,760 円（税込）
四六判変形 208 ページ
【978-4-89407-562-7】

雨に唄えば　iPen 対応

サイレント映画からトーキー映画の移行期を描いたミュージカル映画の傑作！

初級

1,540 円（税込）
四六判変形 168 ページ
【978-4-89407-548-1】

英国王のスピーチ　iPen 対応

幼い頃から吃音という発音障害に悩まされている英国王と一般人スピーチセラピストとの友情を描いた感動作。

中級

1,760 円（税込）
四六判変形 168 ページ
【978-4-89407-473-6】

オズの魔法使　iPen 対応

ドロシーと愛犬トトはカンザスで竜巻に巻き込まれ、オズの国マンチキンに迷い込んでしまう。

初級

1,540 円（税込）
四六判変形 168 ページ
【978-4-89407-469-9】

カサブランカ 改訂版　iPen 対応

第2次大戦中、モロッコの港町カサブランカでカフェを営むリックの元に昔の恋人イルザが現れる…。

中級

1,540 円（税込）
四六判変形 256 ページ
【978-4-89407-604-4】

グレース・オブ・モナコ　iPen 対応

世紀の結婚から6年、グレース・ケリーと夫、モナコ公国大公は、外交面と夫婦関係で問題を抱えていた。

中級

1,760 円（税込）
四六判変形 176 ページ
【978-4-89407-541-2】

幸せになるための27のドレス　iPen 対応

花嫁付き添い人として奔走するジェーン。新聞記者のケビンは、取材先で出会った彼女をネタに記事を書こうと画策する。

中級

1,760 円（税込）
四六判変形 200 ページ
【978-4-89407-471-2】

市民ケーン　iPen 対応

かつての新聞王ケーンが死に際に残した謎の言葉「バラのつぼみ」をめぐって物語は進んでいく…。

中級

1,540 円（税込）
四六判変形 200 ページ
【978-4-89407-492-7】

シャーロック 忌まわしき花嫁　iPen 対応

B・カンバーバッチ、M・フリーマン主演、大人気海外ドラマ『SHERLOCK』初のスピンオフ映画。

上級

1,760 円（税込）
四六判変形 184 ページ
【978-4-89407-584-9】

シャレード　iPen 対応

パリを舞台に、夫の遺産を巡って繰り広げられるロマンチックなサスペンス。

中級

1,540 円（税込）
四六判変形 232 ページ
【978-4-89407-546-7】

ショーシャンクの空に　iPen 対応

妻殺害容疑で終身刑に服すアンディー。無罪を主張するも絶望的な状況下で、ただ一人「希望」への路を削りゆく。

上級

1,760 円（税込）
四六判変形 184 ページ
【978-4-89407-555-9】

紳士協定　iPen 対応

反ユダヤ主義に関する記事の執筆を依頼されたフィル。は、ユダヤ人と偽って調査するが、予想以上の差別や偏見を受ける。

上級

1,540 円（税込）
四六判変形 208 ページ
【978-4-89407-522-1】

紳士は金髪がお好き　iPen 対応

ダイヤモンドのティアラを巡って起こる大騒動。マリリン・モンローのチャーミングな魅力が満載のミュージカルコメディ。

1,540 円（税込）
四六判変形 192 ページ
【978-4-89407-538-2】

素晴らしき哉、人生！　iPen 対応

クリスマス前日、資金繰りに悩み自殺を考えるジョージに、二級天使クラレンスは彼を助けようと…。

中級

1,540 円（税込）
四六判変形 224 ページ
【978-4-89407-497-2】

食べて、祈って、恋をして　iPen 対応

忙しい日々を送り、人生の意味を考え始めたリズが、夫と離婚して、自分探しの3カ国旅に出ることに。

上級

1,760 円（税込）
四六判変形 192 ページ
【978-4-89407-527-6】

ニュースの真相 iPen 対応

二大オスカー俳優が、自らの信念を貫くジャーナリストを演じ、『報道の在り方』を観る者に問いかける骨太な名作。

上級

1,760 円（税込）
四六判変形 240 ページ
【978-4-89407-594-8】

バック・トゥ・ザ・フューチャー iPen 対応

高校生のマーティは 30 年前にタイム・スリップし、若き日の両親のキューピットに。人気 SF ストーリー。

初級

1,760 円（税込）
四六判変形 168 ページ
【978-4-89407-499-6】

パパが遺した物語 iPen 対応

ニューヨークを舞台に孤独なヒロインの苦悩と作家の父との絆を描いたヒューマンドラマ。

中級

1,760 円（税込）
四六判変形 152 ページ
【978-4-89407-553-5】

陽のあたる場所 iPen 対応

叔父の工場で働く青年は、禁止されている社内恋愛を始めるが、上流階級の令嬢ともつきあうことに。果たして、彼が選ぶのは…。

中級

1,540 円（税込）
四六判変形 152 ページ
【978-4-89407-530-6】

ヒューゴの不思議な発明 iPen 対応

駅の時計台に一人で住むヒューゴ。父の遺品である機械人形に導かれ、映画監督の過去を隠す老人の人生を蘇らせる。

中級

1,760 円（税込）
四六判変形 160 ページ
【978-4-89407-535-1】

プラダを着た悪魔 再改訂版 iPen 対応

THE DEVIL WEARS PRADA
プラダを着た悪魔

この映画の 1000 のセリフが あなたの英語をパワーアップさせる。 [ここをクリックしてください]

ジャーナリスト志望のアンディが、一流ファッション誌の編集長ミランダのアシスタントとなった…。

中級

1,760 円（税込）
四六判変形 200 ページ
【978-4-89407-587-0】

フリーダム・ライターズ iPen 対応

ロサンゼルスの人種間の対立が激しい高校で、新任教師が生徒に生きる希望を与えるようと奮闘する、感動の実話。

上級

1,760 円（税込）
四六判変形 184 ページ
【978-4-89407-474-3】

ラブ・アクチュアリー 改訂版 iPen 対応

人恋しくなるクリスマスの季節。様々な関係の 9 組の人々から浮かびあがるそれぞれの「愛」のかたち。

中級

1,760 円（税込）
四六判変形 200 ページ
【978-4-89407-602-0】

ローマの休日 iPen 対応

王女アンは、過密スケジュールに嫌気がさし、ローマ市街に抜け出す。A・ヘプバーン主演の名作。

中級

1,540 円（税込）
四六判変形 200 ページ
【978-4-89407-467-5】

THE LIVES AND TIMES OF MOVIE STARS iPen 対応

『映画スター』を 30 名取り上げた、映画英語教育の新しい教材。高校・大学用テキストブックです。

黄瀬 貴之 他 1 名 編著／
井土 康仁 他 2 名 共著
A5 判 136 ページ
1,760 円（税込）
【978-4-89407-600-6】

嵐が丘 DVD 付

荒涼とした館「嵐が丘」を舞台にしたヒースクリフとキャシーの愛憎の物語。

中級

1,650 円（税込）
四六判変形 168 ページ
【978-4-89407-455-2】

或る夜の出来事 DVD 付

ニューヨーク行きの夜行バスで出会った大富豪の娘としがない新聞記者の恋の結末は…。

中級

1,650 円（税込）
四六判変形 204 ページ
【978-4-89407-457-6】

イヴの総て DVD 付

大女優マーゴを献身的に世話するイヴ。その裏には恐ろしい本性が隠されていた。

中級

1,650 円（税込）
四六判変形 248 ページ
【978-4-89407-436-1】

失われた週末 DVD 付

重度のアルコール依存症のドンは、何とか依存症を克服しようとするが…。

中級

1,650 円（税込）
四六判変形 168 ページ
【978-4-89407-463-7】

サンセット大通り DVD 付

サンセット大通りのある邸宅で死体が発見された…。その死体が語る事件の全容とは？

中級

1,650 円（税込）
四六判変形 192 ページ
【978-4-89407-461-3】

出版物のご案内 ― 最新情報はホームページをご覧ください（ www.screenplay.jp ）

ナイアガラ　DVD付

ローズは、浮気相手と共謀し夫を事故に見せかけ殺害しようと企むが…。

中級

1,650 円（税込）
四六判変形 136 ページ
【978-4-89407-433-0】

欲望という名の電車　DVD付

50年代初頭のニューオリンズを舞台に「性と暴力」、「精神的な病」をテーマとした作品。

上級

1,650 円（税込）
四六判変形 228 ページ
【978-4-89407-459-0】

レベッカ　DVD付

後妻となった「私」は、次第にレベッカの見えない影に追い詰められていく…。

中級

1,650 円（税込）
四六判変形 216 ページ
【978-4-89407-464-4】

アイ・アム・サム

7歳程度の知能しか持たないサムは、娘のルーシーと幸せに暮らしていたが、ある日愛娘を児童福祉局に奪われてしまう。

中級

A5 判 199 ページ
【978-4-89407-300-5】

赤毛のアン

赤毛のおしゃべりな女の子、アンの日常はいつも騒動で溢れている。世界中で読み継がれる永遠の名作。

最上級

A5 判 132 ページ
【978-4-89407-143-8】

麗しのサブリナ

ララビー家の運転手の娘サブリナ、その御曹司でプレイボーイのデヴィッドと仕事仲間の兄ライナスが繰り広げるロマンス。

初級

A5 判 120 ページ
【978-4-89407-135-3】

風と共に去りぬ

南北戦争前後の動乱期を不屈の精神で生き抜いた女性、スカーレット・オハラの半生を描く。

上級

1,980 円（税込）
A5 判 272 ページ
【978-4-89407-422-4】

クリスティーナの好きなコト

クリスティーナは仕事も遊びもいつだって全力。クラブで出会ったピーターに一目惚れするが…。女同士では、しゃぎまくるラブコメ。

上級

A5 判 157 ページ
【978-4-89407-325-8】

交渉人

映画『交渉人』を題材に、松本道弘氏が英語での交渉術を徹底解説。和英対訳完全セリフ集付き。

上級

1,980 円（税込）
A5 判 336 ページ
【978-4-89407-302-9】

サンキュー・スモーキング

タバコ研究アカデミー広報部長のニックは巧みな話術とスマイルで業界のために戦うが、人生最大のピンチが彼を襲う！

上級

四六判変形 168 ページ
【978-4-89407-437-8】

シンデレラマン

貧困の中、家族の幸せを願い、命を懸けて戦い抜いた男の半生。実在のボクサー、ジム・ブラドックの奇跡の実話。

中級

A5 判 208 ページ
【978-4-89407-381-4】

スーパーサイズ・ミー

1日3食、1カ月間ファストフードを食べ続けるとどうなる？ 最高で最悪な人体実験に挑むドキュメンタリー映画。

上級

A5 判 192 ページ
【978-4-89407-377-7】

スラムドッグ＄ミリオネア

インドのスラム出身のジャマールは「クイズ＄ミリオネア」に出演し最終問題まで進む。オスカー作品賞に輝く感動作。

上級

A5 判 168 ページ
【978-4-89407-428-6】

チップス先生さようなら

何千人もの子供たちを我が子のように愛し導いた、チップス先生の生涯を描く感動作。第12回アカデミー主演男優賞受賞作。

初級

四六判変形 208 ページ
【978-4-89407-606-8】

フィールド・オブ・ドリームス

アイオワ州で農業を営むレイは、ある日、天の声を聞く。以来、彼は、えも言われぬ不思議な力に導かれていくのであった。

中級

A5 判 96 ページ
【978-4-89407-082-0】

価格表示のないものは 1,320 円 (税込)

ミルク

アメリカで初めてゲイと公表し、公職についた男性ハーヴィー・ミルク。だが、その翌年最大の悲劇が彼を襲う…。

四六判変形 192 ページ
【978-4-89407-435-4】

中級

メイド・イン・マンハッタン

マンハッタンのホテルで客室係として働くマリサ。ある日次期大統領候補のクリスが宿泊に来たことでラブストーリーが始まる。

A5 判 168 ページ
【978-4-89407-338-8】

中級

モナリザ・スマイル

名門大学に赴任したキャサリンは、教科書通り完璧に振る舞う生徒達に、新しい時代の女性の生き方を問いかける。

A5 判 200 ページ
【978-4-89407-362-3】

中級

ロミオ＆ジュリエット

互いの家族が対立し合うロミオとジュリエットは、許されぬ恋に落ちていく。ディカプリオが古典のリメイクに挑む野心作。

A5 判 171 ページ
【978-4-89407-213-8】

最上級

ワーキング・ガール

証券会社で働くテスは、学歴は無いが、人一倍旺盛な努力家。ある日、上司に企画提案を横取りされてしまい…。

A5 判 104 ページ
【978-4-89407-081-3】

中級

Business English in Movies

映画史に残る名シーンから、ビジネス用語をテーマ別、場面別に幅広く学べます。

鶴岡 公幸／
Matthew Wilson ／
早川 知子 共著
B5 判 152 ページ
1,760 円 (税込)
【978-4-89407-612-9】

アメリカ映画の名セリフベスト 100

AFI がアメリカ映画 100 周年を記念して選んだ名セリフ！最多ランクインは名画『カサブランカ』から！

曽根田憲三・菁盛貴之 監修
A5 判 272 ページ
1,760 円 (税込)
【978-4-89407-550-4】

おもてなしの英語表現集

来日観光客を安心して迎えるための即戦力！多様な場面で役立つ 5,000 以上の会話表現を収録した総合表現集です。

曽根田憲三監修
四六判 480 ページ
1,980 円 (税込)
【978-4-89407-596-2】

音読したい、映画の英語

声に出して読みたい映画の英語を、50 の映画から厳選してピックアップ。

映画英語教育学会／
関西支部 著
藤江 善之 監修
B6 判 224 ページ
【978-4-89407-375-3】

映画の中のマザーグース

176 本の映画に見つけた、86 編のマザーグース。英米人の心のふるさとを、映画の中に訪ねてみました。

鳥山 淳子 著
A5 判 258 ページ
1,430 円 (税込)
【978-4-89407-142-1】

もっと知りたいマザーグース

『映画の中のマザーグース』に続く第 2 作。映画だけでなく文学、ポップス、漫画とジャンルを広げての紹介。

鳥山 淳子 著
A5 判 280 ページ
【978-4-89407-321-0】

英語でひもとく風と共に去りぬ

『風と共に去りぬ』のすべてがわかる「読む映画本」。世界中が感動した名セリフを英語と和訳で解説。裏話も紹介。

大井 龍 著
A5 判 181 ページ
【978-4-89407-358-6】

オードリー at Home　改訂版

息子が語る女優オードリー・ヘップバーンが愛したものすべて。家族ならではの思い出が詰まったレシピや写真も必見！
オードリー・ヘップバーンのファンにとって、また食べ物を愛する者にとっても、ぜひ手に取ってほしい愛情たっぷりの「おいしい」一冊をどうぞお召し上がりください。

ルカ・ドッティ 著
B5 変形判 264 ページ
3,960 円 (税込)
【978-4-89407-590-0】

サウンド・オブ・ミュージック・ストーリー

映画公開 50 周年を記念して発売され、瞬く間に全米で話題となったベストセラーがついに日本上陸！『サウンド・オブ・ミュージック』にまつわるすべてが分かる究極のファンブック！感動の名シーンや撮影の合間のオフショット、50 年後の出演者たちの再会シーンなどお宝写真も必見！

トム・サントピエトロ 著
B5 変形版 360 ページ
3,190 円 (税込)
【978-4-89407-567-2】

※ 2021 年 8 月現在

iPen の案内

iPen とは？

- **i**（わたしの）**Pen**（ペン）は内蔵音声データを再生する機器です。
- 先端に赤外線読み取り装置が組み込まれており、ドットコードを読み取ります。
- 上部にスピーカーとマイクロフォンが付いています。

読んでる時が聞きたい瞬間

- 特殊加工（ドットコード）印刷された英文にペン先を当てると、
- スキャナーがドット番号を読み取り内部のシステムを介して…
- microSD 内データを呼び出し、音声を再生します。

早送りも巻き戻しも必要なし

- 聞きたいセリフ箇所にペン先を当てるだけで直ちに聞こえます。
- DVD・ブルーレイ・USB など映画ソフト、プレイヤー・パソコンなどハードは必要なし。
- 面倒なチャプター探し、早送り、巻き戻しも一切不要です。

その他の機能紹介

用途	音声録音	USB 対応	ヘッドホンと microSD 対応
内容	本体内部にはデジタルメモリーが内蔵されており、本体上部のマイクにより外部（あなたの）音声を一時的に録音させることができます。また、録音音声をドットコードとリンクさせ、再生させることもできます。	付属の USB ケーブルを使用してパソコンと接続することができ、パソコンで音声データ編集が可能です。単語毎、文章毎、画像の音声化などあなたの用途に応じてさまざまな音声編集をすることができます。	本体には一般的なヘッドホン・スピーカーを接続できます。個人学習・グループ学習など使い方は様々。 また、音声データは基本的に microSD カード（iPen 本体に付属）に保存してご利用いただけます。
実用例	シャドーイング学習・発音確認	音声カードやフラッシュカード作り	通勤通学学習・グループ学習

iPen の使い方 ①

音声を再生する	音声データのコピー（移動）
電源ボタンで iPen を ON にします。 **❶ セリフ毎の音声再生** スクリーンプレイの英語文字周辺にペン先をあわせると、印刷行の区切りまで（：マークが一区切り）音声を再生することができます。同一人物のセリフでも、長いセリフは途中で分割されています。繰り返し聞きたいときは、再度、ペン先をあわせます。 **❷ チャプター毎の音声再生** チャプター毎にまとめて、連続してセリフを聞きたい時は、スクリーンプレイの目次や各ページに印刷されている　🔊（DVD）チャプター番号にペン先をあわせます。 **❸ スクリーンプレイ・シリーズの目次** スクリーンプレイ・シリーズの目次は原則「10」で編集しますが、🔊（DVD）チャプター番号は日本発売の標準的 DVD チャプターの区切りに準じます。	iPen では任意の microSD で PC と双方向に音声データのコピーができます。そのため、microSD は一枚でも結構です。各映画の音声データは PC のフォルダーに保存し、随時入れ替えて使用できます。 **❶ 音声データをダウンロードします** 必要な音声データを PC 内フォルダーにダウンロードします。 **❷ iPen と PC を接続します** iPen 電源オフで付属 USB ケーブルを PC に接続します。 **❸ 音声データをコピーします** PC 内の音声データを iPen の所定フォルダーにコピーします。 **❹「所定フォルダー」や切断方法など** iPen の所定フォルダーや PC との切断方法など、詳しい内容は iPen 付属の取扱説明書をご覧ください。

スクリーンプレイから「音」が出る新時代

iPen の構造

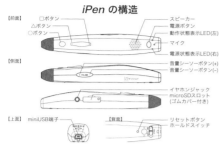

【前面】
- □ボタン
- △ボタン
- ○ボタン
- スピーカー
- 電源ボタン
- 動作状態表示LED(左)
- マイク
- 電源状態表示LED(右)

【側面】
- 音量シーソーボタン(+)
- 音量シーソーボタン(-)
- イヤホンジャック
- microSDスロット(ゴムカバー付き)

【上面】miniUSB端子　　【背面】
- リセットボタン
- ホールドスイッチ

主な仕様

製品名	スクリーンプレイ iPen	製造元	Gridmark Inc 型番GT-16010J
サイズ	145×25×21mm	保証期間	購入日より1年
重量	約40グラム	媒体	microSDカード
マイク	モノラル	音声	専用音声データ (別売り)
音声出力	モノラル100mW/8Ω	印刷物	ドットコード付き書籍 (別売り)
使用電池	リチウムイオン電池3.7v (400mAh)	動作温度	0～40℃
充電時間	約3時間 (フル充電で約2時間作動)	外部電源	5V/0.8A

(詳しくは本体説明書をご覧ください)

注意：❶ 「ドットコード音声データ再生技術」は吉田健治ならびにグリッドマーク株式会社の保有する特許です。
❷ 電子機器名「iPen」、雑誌・書籍名「screenplay」は株式会社フォーインの登録商標です。
❸ グリッドマーク株式会社は現在、様々な企業ならびに製品にその特許使用を許諾しています。グリッドマーク社製品「G-Talk」と「iPen」は製品名の異なる同一製品であり、互換性がありますが、そのほかの「音が出るペン」とは互換性がありません。ご注意ください。

入手方法

2021年8月現在、書籍とiPen (2GB以上、microSDカード装着済み) は書店でご注文いただけますが、音声データは当社への直接注文に限ります。
下記までご連絡ください。

郵便、電話、FAX、メール、ホームページ
株式会社フォーイン　スクリーンプレイ事業部
〒 464-0025　名古屋市千種区桜が丘 292
TEL：(052)789-1255　　　FAX：(052)789-1254
メール：info@screenplay.jp

ネットで注文
https://www.screenplay.jp/ をご覧ください。
(以下の価格表示は 2021年8月現在のものです)

iPen の価格
スクリーンプレイ iPen 一台　9,680 円 (税込)
(microSDカード「4GB」以上、一枚付属)
(当社発売ドット出版物全てに共通使用できます)

専用書籍
iPenを使用するには、専用の別売り 📙 ドットコード印刷物と音声データが必要です。
ドット付き 新作　　スクリーンプレイ 1,760 円 (税込)
ドット付き クラシック スクリーンプレイ 1,540 円 (税込)
ドット付き その他の出版物　表示をご覧ください。

microSD カード
追加で microSDカードが必要な場合、家電量販店などでご購入ください。推奨容量は「4GB」以上です。

音声データ (ダウンロード)
音声データ(1タイトルダウンロード) 標準　1,320 円 (税込)
(音声はクラシック・スクリーンプレイシリーズは映画の声、それ以外はネイティブ・スピーカーの録音音声です)

送料
音声データ等のダウンロード商品以外は送料が必要です。ホームページをご覧いただくか、当社営業部までお問い合わせください。

iPen の使い方 ②

音声を録音する	音声を書籍にリンクする
❶ **録音モードに切り替える** 待機状態で「○ボタン」を2秒以上長押ししてください。LED(左)が赤く点灯し【録音モード】になります。 ❷ **録音する** 【録音モード】になったら「○ボタン」を離してください。すぐに録音が開始されます。 ❸ **録音の一時中止** 録音中に「○ボタン」を押すと録音を一時停止します。もう一度「○ボタン」を押すと録音を再開します。 ❹ **録音を終了する** 「□ボタン」を押すと録音を終了します。 ❺ **録音を消去する** 【一部消去】、【全消去】とともに説明書をご覧ください。	リンクとは録音音声をスクリーンプレイ左ページ最下段に印刷された 🔊 マーク (空き番号) にリンクすることです。🔊 マークにペン先をあわせると録音音声が聞こえるようになります。 ❶ **【リンクモード】に切り替える** リンクしたい音声を選択し、その音声の再生中／録音中／一時停止中に「△ボタン」を2秒以上長押ししてください。LED(左)が橙に点灯し【リンクモード】になります。 ❷ **リンクを実行する** 【リンクモード】になったら、「△ボタン」を放してください。リンクの確認メッセージが流れます。その後、🔊 マークにタッチするとリンク音が鳴り、リンクが完了します。 ❸ **リンクを解除する** 【一部解除】、【全解除】、その他、説明書をご覧ください。

スクリーンプレイ**リスニング・シートのご案内**

●リスニングシートは以下の『目的』『方法』『シートについて』『注意』をよく読みご利用ください。
●該当の映画メディア（DVD、ブルーレイ、3D等）を購入するか、レンタルするか、準備が必要です。
●映画音声で聞き取りにくい方は、まず『音声データ』（別売）または『リスニングCD』（別売）で練習してください。

目的

　リスニングシートは、ドット印刷書籍スクリーンプレイ・シリーズとして発行されている名作映画を対象に、メディア（DVDやブルーレイ、3D等）と併用して、リスニング学習を応援するためのものです。

　リスニングシートは、あなたが『字幕なしで映画を楽しめるようになる』ことを目指して、何度も映画スターのセリフを聞き取りながら「完全英語字幕」を作成、リスニング学習の楽しさと喜びを感得し、英語音声の特徴と口語英語のリズムを習熟、リスニング能力向上の実現を目的にしています。

方法

映画　リスニングシートは、書籍スクリーンプレイ・シリーズの中で「ドット印刷」として発行されているタイトルだけです。タイトルは順次、追加します。

種類　シートは4コース（初級Aコース、中級Bコース、上級Cコース、最上級Dコース）あります。

選択　ご希望のコースを選んでください。通常は『初級Aコース』から順にご利用ください。

印刷　シートは印刷（プリント）できます。標準B4サイズで印刷してください。

記入　メディアを鑑賞しながら、リスニングシートのアンダーライン部分にセリフ文字を記入します。

禁止　メディアには英語字幕がある場合がありますので、これを表示しないでリスニング学習します。

解答　解答、日本語訳、語句解説などはご購入された書籍スクリーンプレイをご覧ください。

リスニングシートについて

・初級Aコースのアンダーラインは、JACETレベル1までの中学学習単語の中から設定しました。
・中級Bコースのアンダーラインは、JACETレベル3までの高校学習単語の中から設定しました。
・上級Cコースのアンダーラインは、JACETレベル6までの大学学習単語の中から設定しました。
・最上級Dコースのアンダーラインは、JACETレベル8までの8000単語全てです。
・JACETとは大学英語教育学会のことで、JACET 8000の詳しい内容は以下をご覧ください。

http://www.j-varg.sakura.ne.jp/about/log/#2

初級Aコース（見本）

登場人物	セリフ（太字）、アンダーラインの□に英単語を入れなさい				
MA	: Pa, what, what is it?	**MARTY**	: Whoa. Listen,	**MARTY**	: I just wanna use the ____.
	What? What is it, Pa?		you gotta help me.	**LOU**	: Yeah, it's in the back.
PA	: It ____ ____ an airplane...	**WOMAN**	: Don't stop, Wilbur, don't!		
	without wings.	**MARTY**	: It can't ____.	**MARTY**	: Brown, Brown, Brown.
SHERMAN	: That ain't no airplane.		: ____ ____ nuts!		____. You're alive.
	____.		: ____ ____.		: Ah, come on.
			: Perfect.		: Do you know
MARTY	: Listen... whoa!				1640 riverside...
		CAMPAIGNER	: Fellow citizens,	**LOU**	: You gonna ____ somethin', kid?
	: Hello?		the future is in your hands.	**MARTY**	: Uh, yeah.
	Uh, excuse me...		If you ____ in progress,		Gimme, gimme a Tab.
	____ about your barn.		re-elect mayor Red Thomas.	**LOU**	: Tab? I can't ____ you a tab
SHERMAN	: It's already mutated.		Progress is his ____ name.		unless you order somethin'.
	into human form. Shoot it!		Mayor Red Thomas'	**MARTY**	: Right.
PA	: Take that,		progress platform means more ____,		Gimme a Pepsi ____.
	you mutated, ____ of a bitch!		____ education,	**LOU**	: You want a Pepsi, pal,
	: Hold it.		bigger civic improvements,		you gotta ____ for it!
DAUGHTER	: Shoot him, Pa!		and lower taxes.	**MARTY**	: Well,
PA	: My pine!		On election ____,		just give me somethin'
	: Why you...		cast your vote for a proven leader.		without any ____ in it, okay?
	you ____ bastard!		Re-elect Mayor...	**LOU**	: Somethin' without sugar.
	You killed my pine!	**MARTY**	: This has gotta be a ____.		
		LOU	: Hey, kid!		
MARTY	: Fine, fine.		What'd you do, ____ ship?		
	Okay, McFly, get a grip on yourself!	**MARTY**	: What?		
	It's all a ____.	**LOU**	: Well,		
	Just a... very... intense dream.		what's with the ____ preserver?		

氏名　_____　　正解　　／ 28

（ドット印刷）スクリーンプレイ購入者に 無料特典

リスニングシートはスクリーンプレイのホームページにあります！

https://www.screenplay.jp/

『ユーザー名』に半角「screenplay」、『パスワード』に本書の ISBN コード下4桁を半角「ハイフン」付きで入力ください。

- 複数形、進行形、過去（完了）形、比較（最上）級、否定形、結合単語等も全て含まれます。
- レベルを超えた単語は全て記入済みです。
- 人名や固有名詞は初めて登場する時は記入済み、2回目からはアンダーラインの場合があります。
- セリフをよく聞き取って、正確に英語字幕を記入してください。「I am」と発声していたら「I am」、「I'm」と発声していたら「I'm」です。
- 「wanna」は「wanna」で、「want to」は不正解です。その他、同様です。
- 辞書を使用することは可能です。英語字幕を表示・参照することは禁止です。
- リスニングシートは転載・引用・コピー・第三者への貸与・販売等一切禁止です。

注意

基本 ①発声されたセリフを良く聞き取って、正確に文字化し、完全な英語字幕を作成します。

②動物の鳴き声や自然物等の擬声語、擬音語は原則的に文字化する対象になりません。

③大文字と小文字の区別、コンマ、ピリオド、ハイフォンなども必要です。

④文字は半角文字で記入です。数字は算用数字の場合と文字の場合があります。

⑤正しい英文法や標準的な表記法に準拠した文章表示が大切です。

⑥実際のセリフが文法的に間違っている場合は、発声に従います。

⑦英語以外の言語が登場する場合は、あらかじめ表示されています。

ライン ①一つのアンダーラインに一つの単語が入ります。

②一つのアンダーラインに2単語以上記入があると「不正解」です。

③ただし、中には「-」や「'」で結合された複合単語などがあります。

④アンダーラインの長さは、半角英数で、正解単語の長さとほぼ一致します。

⑤「.」「,」「!」「?」などは、基本的に初めから表示されています。

最上級Dコース（見本）

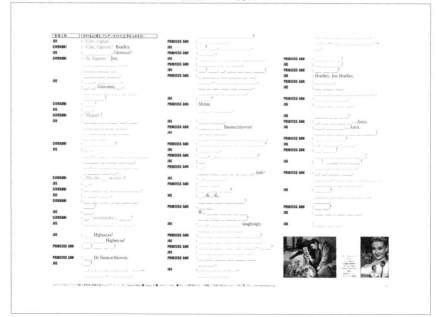

名作映画完全セリフ集

スクリーンプレイ・シリーズ 188

ビリーブ　未来への大逆転

2021 年 9 月 18 日初版第 1 刷

監　　　修：子安　惠子
翻訳・解説・コラム：子安　惠子／井澤　佳織／石塚　杏樹／
　　　　　　　　大達　誉華／大橋真砂子／黒澤　純子／白木　玲子／
　　　　　　　　高橋　本恵／松原知津子／武藤美代子
コ ラ ム：杉浦恵美子／寳壺　貴之
英 文 担 当：Mark Hill
編 集 者：小寺　巴
発 行 者：久保　鉄男
発 売 元：株式会社フォーイン　スクリーンプレイ事業部
　　　　　〒 464-0025　名古屋市千種区桜が丘 292
　　　　　TEL：(052) 789-1255　FAX：(052) 789-1254
　　　　　振替：00860-3-99759
印刷・製本：株式会社チューエツ
特　　　許：吉田健治／グリッドマーク株式会社（ドット印刷）